學前融合教育

理論與實務

吳淑美　著

作者簡介

吳淑美

學歷
美國密蘇里大學（University of Missouri-Columbia）特殊教育博士
美國密蘇里大學（University of Missouri-Columbia）兒童發展與家庭發展碩士
美國密蘇里大學（University of Missouri-Columbia）統計碩士
政治大學心理學系學士

經歷
1987年8月至新竹教育大學（現改為清華大學）初等教育學系任教（擔任副教授），並兼任特殊教育中心主任
1989年開始實施學前融合教育實驗，向當時的教育廳申請學前語障及聽障融合計畫
1993年創立特殊教育學系，擔任特殊教育學系教授兼第一任特殊教育學系系主任
1994年創立新竹教育大學附小（現改為清華大學附小）融合班，向教育部申請設立特教實驗班，擔任特教實驗班計畫主持人三年，之後繼續指導融合班
2000年創立新竹市育賢初中融合班
2000年成立財團法人福榮融合教育推廣基金會，擔任董事長至今
2004年興建完成融合教育校區
2004年基金會創立體制外國中融合班
2015年至2016年擔任非學校型態國中融合教育團體實驗計畫主持人
2016年至2018年連續三年擔任香港教育大學幼教系學前融合學分班（Certificate in Professional Development Programme: Catering for Diverse Needs of Young Children）外審（External Examiner）
2000年至2019年拍攝了四部融合教育紀錄片（同班同學、聽天使在唱歌、晨晨跨海上學去、不可能啦啦隊），並擔任導演

2011年以後出版之著作物

吳淑美（2011）。**同班同學（DVD）**。臺北市：新聞局。

吳淑美（2011）。**聽天使在唱歌（DVD）**。新竹市：財團法人福榮融合教育推廣基金會。

吳淑美（2013）。**天使的農場電子書**。臺中市：長晉數位。

吳淑美（2014）。**孩子教我們的事（第一輯）**。臺中市：長晉數位。

吳淑美（2014）。**孩子教我們的事（第二輯）**。臺中市：長晉數位。

吳淑美（2016）。**晨晨跨海上學去紀錄片（DVD）**。新竹市：財團法人福榮融合教育推廣基金會。（獲休士頓影展紀錄片銅牌）

吳淑美（2016）。**融合教育理論與實務**。新北市：心理。

吳淑美（2016）。**融合教育教材教法**。新北市：心理。

吳淑美（2016）。**幼兒園小班教學活動課程設計：配合新課綱設計的120個活動**。新北市：心理。

吳淑美（2016）。**幼兒園中班教學活動課程設計：配合新課綱設計的120個活動**。新北市：心理。

吳淑美（2016）。**幼兒園大班教學活動課程設計：配合新課綱設計的120個活動**。新北市：心理。

吳淑美（2018）。**融合教育理論與實踐**。北京市：華夏出版社。（簡體字版）

吳淑美（2018）。**融合教育教材教法**。北京市：華夏出版社。（簡體字版）

吳淑美（2019）。**學前融合教育：理論與實務**。新北市：心理。

從1989年無心插柳設立了新竹教育大學（現改為清華大學）學前融合班、國小及國中融合班，2016年融合教育實驗結束，我和融合班的孩子相處了27年，這個機緣不但成為我人生中的一個重大轉捩點，更讓我有機會接觸融合教育的實務，得以撰寫融合教育的著作及拍攝融合教育的紀錄片。

作者序

1989年，無心插柳設立了學前融合班，在班上的16名3～5歲幼兒中，有5名為特殊幼兒，普通幼兒人數是特殊幼兒人數的兩倍，難度非常高。由於當時的課程採用高瞻課程模式（High-Scope Curriculum Model），非常有特色，讓普通幼兒的家長願意送孩子來就讀，而讓普通幼兒與特殊幼兒一起融合的班級型態得以持續下去，且向上延伸至1994年設立國小融合班，2004年設立國中融合班。當年尚無「融合教育」一詞，至今「融合教育」已是教育界耳熟能詳的名詞，大家都聽過，但怎麼做、怎麼執行就少見討論了。目前，有很多幼兒園招收特殊幼兒和普通幼兒一起上課，一個班級以3名為限。雖然學前階段的融合教育愈來愈普遍已是一種事實，然而教育界一提到融合教育，都會說立意良好，但執行起來卻困難重重，坊間有關如何實施學前融合教育的書籍少之又少，亟須出現融合教育之教學指引。

本書之所以能撰寫完成，完全歸因於竹大附小融合班提供了一個可供課程實驗的場所；經過多年來的實驗，讓理念及實務都變為可行。本書中提及的教學方式是針對學前融合班中的普通幼兒及特殊幼兒而設計，班上普通幼兒人數是特殊幼兒的兩倍，教學設計則是以普通幼兒為參考指標，在普通班的架構中加入特殊幼兒的需求。本書有很多表格及撰寫教案的例子，這些實例都是在竹大附小（現稱為清大附小）的學前融合班試驗過，且證明可行者。

本書不只是一本教科書，也是一本實施學前融合教育的必備參考書及教學手冊，提供了融合班的理念及教學策略，讓老師知道如何執行學前融合班的課程與教學。最重要的是，本書和當今以幼兒為中心的理念契合，提及如何在學前融合班從事教學工作，教導如何擬定整學期的課程計畫，以及如何設計小組教學、主題教學、活動教學、多層次教學、角落教學，並且論及幼兒需要什麼樣的學習環境及如何設計教學活動，以傳遞學習經驗。

本書可適用於普通班中融入少數特殊幼兒的情境，因為普通幼兒仍是班上的多數，除了適用於班上普通幼兒人數是特殊幼兒人數兩倍的情境（如竹大附小融合班），更適用於班上只有一、兩位特殊幼兒，甚至全班都是普通幼兒的一般幼兒園之情境。期待本書之出版，能帶給普通教育及特殊教育界一些衝擊，引發更多人投入教育模式的實驗。

吳淑美 謹誌

目 次 ■■■

第一章

認識融合教育

融合教育自1990年代興起以來，影響各國特殊教育之發展甚巨。融合教育之興起並非單獨、偶發之概念，它是經過特殊教育長期發展、理念之思辨及修正，從而成形。美國於1990年提出融合的概念，為普通教育改革之一環，指的是特殊生進入普通班成為普通班之一分子，並能在普通班接受所需的服務。融合教育的相關理念包括怎麼看待人，怎麼看待教育，保障人權、教育權等理念，這些理念也是各國在努力推動實踐融合教育時重要而穩固的基礎。

第一節　融合教育的緣起

融合教育的發展是有其脈絡可循的：1950年之前，特殊教育的推動方式係採取「特殊班及特殊學校」的隔離式教育為主；1960年開始訴求「正常化」教育理念，主張特殊兒童亦應回到主流社會的正常學校生活。Dunn（1968）對特殊班的批評為：缺乏研究證明特殊班的績效比普通班好、特殊班帶給學生負面的標記，以及特殊班內多為少數種族或社經地位不利的學生。隨之產生1970年的回歸主流（mainstreaming）思潮，特殊教育服務的傳送方式主要採取抽離式（pull-out）的方案及資源教室（resource classroom）方案；1980年代初期，普通教育改革運動（regular education initiative, REI）強調統合（integration），認為普通教育及特殊教育的二分法不應存在，普通教育及特殊教育應結合成「一元系統」，重視整個「支援系統」的建立與提供（吳淑美，2016；鈕文英，2015）。1990年

代融合教育（inclusive education）的興起，主張在單一的教育系統中，提供教育服務給所有學生，強調「全面的參與」、「完全的接納」及「自然的調整」，徹底「特殊教育普通教育化」。1990年代中期，興起完全融合（full inclusion）的理想，指的是不分障礙類別與程度，一律採用單一的普通教育安置系統（Kirk, Gallagher, & Coleman, 2015）。隨著融合教育的興起，國際智能障礙者聯盟（International League of Societies for Persons with Mental Handicap, ILSPMH）更於1995年更名為國際融合教育聯盟（Inclusion International）組織（何英奇，2004）。

法令也是促成融合教育興起的原因，例如：1975年聯合國的《身心障礙者權利宣言》強調機會均等、全面參與及回歸主流社會的權利；1975年美國的《身心障礙兒童之教育法案》（Education for All Handicapped Children Act of 1975），即《94-142公法》（Public Law 94-142），提出零拒絕、個別化教育方案及最少限制的環境（意指普通教育環境）三大保證；1990年的《身心障礙者教育法案》（Individuals with Disabilities Education Act, IDEA）、1997年的《身心障礙者教育法案修正案》（Individuals with Disabilities Education Act Amendments of 1997），以及2004年的《更新IDEA法案》（Individuals with Disabilities Education Improvement Act of 2004），顯而易見是由對「最少限制環境」的重視轉化到強調融合教育的精神。

聯合國教科文組織（United Nations Educational, Scientific and Cultural Organization, UNESCO）的三次世界級教育大會對融合教育的形成、發展、推進有著重大影響，詳述如下。

一是1990年，聯合國教科文組織（UNESCO）在泰國宗迪恩（Jomtien）召開了「世界全民教育大會」（World Conference on Education For All），大會通過了「世界全民教育宣言」，為融合教育的提出搭好了舞臺。這次大會提出的「全民教育」強調：教育是人的基本權利；教育對於個人的發展和社會進步極為重要；必須普及基礎教育和促進教育平等；全民教育的目標是滿足所有人基本的學習需求。由此發起為實現所有兒童、青年及成人享有基礎教育的全球運動。

　　二是1994年6月10日，聯合國教科文組織（UNESCO）在西班牙薩拉曼卡（Salamanca）召開的「世界特殊需求教育大會：入學和質量」（World Conference on Special Needs Education: Access and Quality），通過「薩拉曼卡宣言」（The Salamanca Statement），拉開了融合教育的序幕，正式提出「融合教育」，宣導尊重、接納、平等的理念。「薩拉曼卡宣言」的基本主張如下：

- 每位兒童應有機會達到一定水準的學習成就。
- 每位兒童有獨特的特質、興趣和學習需求。
- 教育制度與教育方案應充分考量兒童特質與需求的殊異性。
- 特殊需求兒童應進入普通學校，而普通學校應以兒童中心的教育滿足其需求。
- 融合導向的普通學校最有利於建立一個融合的社會，達成全民教育的目標，對全體兒童與教育效能也有助益。

更號召世界各國廣泛開展融合教育，並呼籲各國政府：

- 把改進教育制度、促進全民教育列為最高的政策，並在預算上優先考量。
- 在教育方法與政策上採取融合教育的原則，除非有特別的理由，原則上應讓所有兒童在普通學校就讀。
- 發展示範性方案，鼓勵國家間融合教育經驗的交流。
- 特殊教育的規劃、監督與評鑑，應採取分權制，共同參與。
- 鼓勵家長、社區及殘障者團體參與特殊教育的規劃與決策。
- 加強早期鑑定、早期療育及在融合教育中的職業輔導。
- 系統地辦理職前與在職的師資培育工作，以使教師在融合式學校中提供特殊教育服務。

　　三是2008年11月，聯合國教科文組織（UNESCO）在瑞士日內瓦（Genève）召開第四十八屆國際教育大會，掀起了融合教育的國際思潮。大會的主題是「融合教育：未來之路」（Inclusive Education: The Way of the Future）。大會明白確認了融合教育是不斷變化的進程，其宗旨是向所有人平等提供有品質的教育，尊重兒童和社區的多樣性以及不同的需求、能力、特點和學習願望，以消除一切形

式的歧視。此次會議是希望國際教育系統能夠認識到現存社會和教育體制仍存在多種形式的排斥現象，最為重要的是應從長遠角度觀察與反思進行切實變革，制定與實施新政策，從而建立融合社會，實現全民教育目標及終身教育。

我國《特殊教育法》第18條規定：「特殊教育與相關服務措施之提供及設施之設置，應符合適性化、個別化、社區化、無障礙及融合之精神」（教育部，2019a）。除了法令，融合的理由也包括下列幾點：

1. 倫理角度：特殊兒童權益及接納多元文化。
2. 社會角度：平等的社會地位。
3. 發展角度：早期經驗的重要性、早期課程及有品質的早期教育。
4. 經費角度：融合教育能節省經費。

第二節　了解融合教育

美國教育改革及融合中心（National Center on Educational Restructuring and Inclusion）將「融合教育」界定為：「對所有學生，包括障礙程度嚴重者，提供公平接納而有效教育的機會，將其安置在住家附近學校且合乎其生理年齡的班級，使用所需的協助與相關服務，使學生日後能成為充分參與社會，且對社會有用的一分子」（吳武典，2004）。Mittler（2000）認為，融合教育把「大家」視為一個整體的過程，認同及珍惜共同組成之「共同體」，雖然大家各不相同，但都站在立足點平等線上，學校教育的對象沒有殘障與非殘障的分別，對學生的安置一開始即予以統合，再提供適性的教育服務。Kirk等人（2015）亦指明，融合教育的目標是對所有的學生提供教育，以及提供每一個學生學習所必須的支援，融合教育的發展目標讓所有人都能平等地接受適合其獨特需要的高品質教育，支持可持續發展教育和終身教育，最終走向融合社會。

融合（inclusion）指的是一起教所有的孩子，不管孩子的能力如何。Stainback與Stainback（1992）將融合學校定義為：「每個人皆為其同儕和其他學

校社群成員所接受、支持並有所歸屬，且能滿足個別教育需求，在該學校中，不論兒童的障礙本質或嚴重程度如何，所有孩子一起學習。融合教育強調的是適合所有人的教育，認為學校的教育對象沒有障礙與非障礙的區別。因為每位兒童都是獨一無二的個體，有他的特點、能力、興趣和學習需要，從而尊重兒童的差異，為兒童們提供適性的教育和支援系統，讓兒童成為最好的自己。」同質的環境產生競爭和壓制，異質的環境則產生包容和合作，因此在教育過程中需不斷增強與不同人相處的能力，一個班級裡就必須有不同能力的兒童。

吳淑美（2016）認為，融合教育給予特殊兒童的是使他們的生存機會和個人發展得到最大化，給予普通兒童的是個體潛能的發展和更具同理心、責任感與合作精神，這些都是現行普通教育無法給予兒童的部分。每位兒童的發展能力是不同的，是有個別差異的，當普通兒童和特殊兒童同組上課時，如果普通兒童能學會主動參與及學業必備的技巧，並協助特殊兒童，而特殊兒童也能得到符合其能力的教學並獲得更多幫忙，彼此在融合班都能各取所需時，融合就達到預期的效果。

壹、融合教育的班級氣氛

融合教育的特色為尊重差異、合作、友誼及多元化（Reinertson, 1993），在融合班的教室應該營造出有利於建立合作、父母參與、友誼及多元化的氣氛。下頁是用來檢核班級氣氛是否達到上述指標的「班級氣氛檢核表」。

貳、融合的要素

融合包括物理的統合（特殊兒童與普通兒童身處一室）、心理／社會的統合（相互接納）及教學的統合（即課程的彈性），換言之，融合包括課程、空間、接納特殊兒童與提供特殊兒童所需的服務。某些幼兒園老師害怕教室有特殊幼兒，不知道如何照顧特殊幼兒，便用各種理由排斥特殊幼兒，例如：怕特殊幼兒的肢體動作傷到普通幼兒，或者以無法符合特殊幼兒的需求，而告訴家長將特殊

班級氣氛檢核表

合作

是　否

☐　☐　教室座位的安排是否有利於同儕之間的合作？

☐　☐　教學安排有沒有一起合作的機會？

☐　☐　教師是否鼓勵同儕間互相支持與協助？

父母參與

是　否

☐　☐　家長是否為學校團體的一分子？

☐　☐　家長是否為學校計畫及決策的一員？

☐　☐　學校是否提供家長資訊？

☐　☐　父母能否有效的與孩子溝通他們的想法？

友誼

是　否

☐　☐　是否使用不同的分組及活動方式，以促進與各種兒童之間的
　　　　互動及友誼的建立？

☐　☐　是否會因為個人的需求而安排「互動課程」？

☐　☐　特殊兒童是否能參與課外活動及校外的社交活動？

多元化

是　否

☐　☐　是否意識到兒童之間的個別差異，並提出來討論？

☐　☐　課程內容是否能免除對特殊兒童之刻板印象？例如：特殊兒
　　　　童都是需要特別照顧。

☐　☐　教學主題及活動是否會彰顯班級的多元化？

☐　☐　「對殘障的覺知」是否納入課程的一部分？

幼兒送到特教班。「融合班」並不只是將普通兒童與特殊兒童放在一起上課，還需提供普通兒童及特殊兒童適性的課程，因此融合教育強調有意義的融合，一方面滿足特殊兒童的個別教育需要，而另一方面，普通兒童亦得到配合他們的優質教育，也就是融合班級要充分考慮到所有兒童的個性和發展水準，並提供多樣的教具及環境上的設計，以滿足不同兒童的興趣和需要，為每一個兒童提供成功的機會。在教學方法方面則採用多層次教學，兼顧普通兒童和特殊兒童的教學及情感需求。教師對特殊兒童的態度和行為直接影響到普通兒童對特殊兒童的態度和行為，教師要帶頭接納特殊兒童，讓普通兒童的家長接納特殊兒童，更要根據特殊兒童的不同需求隨時做出相應的調整。

第三節 學前融合教育

　　綜上所述，學前融合教育的目的是提供一個支持的環境，教導幼兒認識差異、學會幫助別人、尊重和看重別人的能力。當看到大人幫忙及支持幼兒時，幼兒也會學習幫助別人。依據融合的精神，特殊幼兒依據其年齡參與普通班級，他們不須被安置到另一間教室而是在普通班學習，普通班的課程也經過調整以符合幼兒需要，有時只需稍稍地調整課程就可達到融合，例如：當幼兒無法參與動態大團體活動時，只需提供一個靜態的活動就可讓幼兒參與。在幼兒園裡，老師很容易看到幼兒的障礙而放棄幼兒，以為幼兒尚未準備好上學。老師常想要改變他們，想讓他們和其他幼兒一樣「正常」。眼光始終都聚焦在他們的「問題」上，而不願意接納其現在的樣子。融合教育認為老師應該接納幼兒的現況，依照幼兒的需要，幫助他成長為最好的自己。

　　美國特殊教育學會（Council for Exceptional Children, CEC）學前分會（Division for Early Childhood, DEC）和美國幼兒教育協會（National Association for the Education of Young Children, NAEYC）於2009年曾針對學前融合教育發表聯合聲明，聲明中揭櫫學前融合教育之定義為：「學前融合教育涵蓋一系列的價

值觀、政策和實務作法，以支持每位嬰幼兒及其家庭皆有權利以家庭、社區和社會之成員的身分參與各式活動和情境。」而優質的學前融合教育需具備三個要素：可及性（access）、參與及支持，詳述如下：

1. 可及性：指的是提供進入幼兒園的學習機會，提供特殊幼兒參與幼兒園活動、情境、材料及環境的機會，確保特殊幼兒能自由使用教學環境以及環境中的各種設施和活動，而非因其障礙而處處受限。這些都是高品質融合幼兒園必備的要素，很多幼兒園只需簡單改變幼兒園活動就可讓特殊幼兒參與。

2. 參與：即使特殊幼兒能進入幼兒園，有些障礙程度較嚴重的特殊幼兒仍須額外、個別化的調整，以使特殊幼兒能完全參與遊戲及和同儕的學習活動，確保特殊幼兒有意義地參與遊戲和活動。

3. 支持：須提供從教師到家長的完整支持體系，例如：提供訓練及合作機制。

Thompson等人（1993）則針對年幼兒童提出融合的假設，包括：

1. 所有幼兒都是特殊的。
2. 所有幼兒都是能幹的。
3. 特殊幼兒彼此都是不同的。
4. 每種障礙都對幼兒能力有不同的影響。
5. 幼兒可能有同樣的障礙類別但是不同程度。
6. 學前課程必須鼓勵幼兒發揮他們的能力。
7. 所有幼兒都需要受到注意及照顧，有些則要給予比較多的支持及照顧。
8. 強調幼兒的長處、興趣及需要。
9. 強調需要而不是障礙。

學前班級對「融合」一詞的一致共識是融合班級是身心障礙幼兒和一般幼兒共同參與的場所。重要的是，融合所提供的教育機會要適合一般幼兒及特殊幼兒，幼教人員要準備好替各種發展程度的幼兒調整實務作法（劉學融譯，2015）。

　　依據美國衛生和公共服務部（U.S. Department of Health and Human Services）的融合照顧品質指標，指出了五項符合融合照顧品質的關鍵指標：(1)正向及健康的學習環境；(2)依法配置師生比；(3)受過訓練的員工；(4)將父母視為合作夥伴；(5)著重孩子的發展。

　　這五項指標也是具品質的幼兒園該具備的條件，與美國幼兒教育協會（NAEYC）於1997年出版的《發展合宜實務指引》（*Developmentally Appropriate Practice, DAP*）一書所提倡之理念不謀而合。在《發展合宜實務指引》一書中，所謂的發展合宜（developmentally appropriateness）是指幼教專業人員需要根據三種知識：(1)一般幼兒的發展特性；(2)個別幼兒的獨特性；(3)社會文化的影響，來判斷其實務是否發展合宜。發展合宜的實務包括教學必須能增強幼兒的學習與發展、建構適合發展和個別差異的課程、使用評量來了解幼兒的學習和發展、建立與家庭合作的關係（陳淑芳，2002）。課程指引將年齡層區分為嬰幼兒、3至5歲，以及6至8歲。NAEYC認為，必須培養幼兒在成為成人時具備四方面的能力：(1)良好的溝通能力，能尊重他人，能和不同意見的人一起工作，並成為有能力的團體成員；(2)能分析情況，做理性的判斷，解決問題；(3)能經由各種方式獲得資訊，包括口說和書寫語言，以及使用各種新發展的複雜工具和科技；(4)持續地學習新方法、技巧和知識，以應付改變的狀況和需要（Bredekamp & Copple, 1997）。在適合發展的實務中，兒童啟發、兒童主導、教師支持的遊戲是最重要的部分。

　　Thompson、Wickhan、Wegner、Ault、Shanks與Reinertson（1993）認為，讓特殊幼兒進入幼兒園的原因為：

　　1. 相信所有幼兒都有潛力學習。

　　2. 幼兒園了解幼兒發展，知道發展的順序。

　　3. 特殊幼兒和普通幼兒是相同的。

　　4. 鼓勵幼兒獨立。

　　5. 幼兒園能計畫適合所有幼兒的活動。

　　6. 幼兒園能與父母及其他專業形成夥伴關係。

幼兒融合研究機構（The Early Childhood Research Institute on Inclusion, ECRII）指出，融合教育成功的六個要素為：(1)熱忱；(2)尊重及考量別人的看法；(3)政策；(4)經費；(5)合作和溝通；(6)父母和倡議者。

很多人以為融合教育就是針對特殊兒童而設，事實上融合教育是為普通及特殊兒童而設，同時增進普通及特殊兒童的學習達到雙贏，其成效包括對普通和特殊兒童的教育成效（學業成就和社會行為），以及對教師教學品質的影響。融合教育也是一種生活態度，融合經驗對普通及特殊兒童與其家庭產生的預期成果包括：獲得歸屬感、良好的社會關係和友誼，以及能充分發揮其潛能的發展和學習。以下分述融合教育對幼兒園、普通幼兒、特殊幼兒的優點：

1. 對幼兒園：融合能增進幼兒園的經驗及技巧，有助於幼兒園的成長。融合幼兒園可以看到所有幼兒一起學習及成長，幫特殊幼兒創造一個環境，以便有更多的社會互動。

2. 對普通幼兒：在學前融合的班級裡，普通幼兒會注意到特殊幼兒的需求而去幫忙，例如：幫忙行動不便的特殊幼兒推輪椅，普通幼兒會因此感覺到被需要，看到自己的強項及能力，產生願意關懷他人的心，會更有包容心、自信、以助人為樂，學會尊重、理解並接受個體與個體之間的不同。此外，普通幼兒可以成為特殊幼兒的榜樣，幫助他們學習社交技能，例如：怎麼問問題、怎麼回答問題、如何玩玩具、如何與人互動，從而得到自信，往正面方向發展。普通幼兒在與特殊幼兒相處的過程中，能學到很多在教室學不到的東西，比如同理心、設身處地為別人著想。這些特質都會讓普通幼兒終身受益，當他看到自己的付出正在正向地、真實地影響著另一個幼兒時，會從心底感到滿足與快樂。

3. 對特殊幼兒：特殊幼兒在開放的環境中接觸到普通幼兒，會出現很多自然的學習機會，例如：增進和普通幼兒遊戲的機會，學習及模仿普通幼兒的行為，當普通幼兒向特殊幼兒伸出友誼的手，也會增進特殊幼兒的學習動機、快樂及自信，這是在個別治療課、特殊班或家裡不太可能獲得的機會。

第四節　融合成功的要素

　　雖然融合教育環境能為特殊及普通兒童的學業及社會行為帶來正面的效益，同時融合教育的理念亦可為教師帶來思想上和教學上創新的啟發與激勵，然而當融合教育的配合條件不夠時，就無法發揮融合教育的美意。亦有學者指出，融合教育要徹底實施，學校必須重建（restructure），因此乃有普通教育改革運動（REI）的提出，以促使融合教育理想的實現。

　　在融合教育的情境中，老師能否因應特殊兒童及普通兒童的需要調整教學，將是使融合教育成功的一大要素。舉例來說，老師必須學會結合團體教學及個別化教學的技巧，透過小組或團體來實施個別化教學的目標，以引起兒童自發性的技巧，和同儕產生互動。Booth 與 Ainscow（1998）認為，實施融合教育的條件為建立融合教育的文化、建立融合教育的政策及發展融合教育的實務，融合教育的成敗關鍵因素為「支持」，包括行政的支持、課程教學的支持、家庭參與的支持、學校氣氛與文化的支持，以及社區的支持。吳淑美（1997）發現，專業的師資、教師的理念及執行教學的能力、父母參與，以及課程與教學的資源充足為融合成功的要素。

第五節　融合的障礙

　　雖然從1990年代就提出了融合教育，至今在實施的過程中，仍出現了很多障礙和挑戰，分述如下。

壹、對融合教育觀念的理解

融合教育的出發點是基於所有人，而不僅僅是為了特殊兒童；大多數教育工作者對於融合教育認知，仍然只停留在字面意義的粗淺理解；學校人員擔心班上有特殊兒童會造成普通兒童受到忽略，難以兼顧學生所需。因此，爭取校長、行政人員與教師對融合教育的認同與支持非常重要，有了行政上的配合，教師才能調整環境、教學與課程。

貳、對融合教育實踐的挑戰

絕大部分的普通教師雖然有接受融合教育的理念，但缺乏讓特殊兒童在普通教室中發展的成熟經驗和技能，例如：缺乏融合式班級教學策略、缺乏個別化教育計畫（Individualized Education Program, IEP）方面的相關知識。因此，普通學校如何創造融合環境，落實融合教育，滿足兒童不同的學習需求，是學校實踐融合教育面臨的一個巨大挑戰。

參、教育制度及政策方面

特殊教育和普通教育雙軌制造成學校行政上的困難。實施融合教育必須要制訂一定的政策或法律規定，這樣才能在實施過程中具有充分的保障。

綜上所述，雖然實施融合教育的道路艱難，但仍可透過努力解決障礙，解決之道為把融合教育目標加入到學校教育目標中、強化融合教育的配套措施或支持系統、逐漸縮小融合教育的理想與實務之間的差距。所有老師，不管是特教教師還是普通教師都應接受融合教育的研習以建立共識，並加強合作關係，以了解彼此的角色。此外，縮減班級人數、應用協同教學模式、設置相關專業人員、讓家長了解融合教育的好處等，都是解決障礙的方法。

第六節　融合教育模式

　　Baker與Zigmond（1995）認為，美國將學習障礙生融合至普通班中的作法，大致可分為兩種：(1)六到八個不同類別的學習障礙生在同一班；(2)同一類型（如學習障礙）的兒童分散到不同班級，也有集中到同一班。

　　美國在1980年開始實施統合（integration），讓原本在特殊班的兒童進入普通班與普通生融合，為了達到融合的效果，會將特殊生集中在一個普通班，集中資源照顧這個有著普通生及特殊生的普通班，融合的時間則視特殊生的障礙而定。Gaylord-Ross（1989）認為，將特殊生集中在一個班級實施融合，特教老師就不需在班級間移動，既可專心在一個班級提供特教服務，也可以集中特教資源，尤其在實施中重度障礙生融合時，如將其分散至不同的普通班級，教師將不易兼顧其他班級的特殊生，至於一個班級中特殊生及普通生的比例應如何分配則見仁見智，作法都不盡相同。秉持這樣理念者有下列幾所學校。

壹、全學校（whole schooling）模式

　　Santamaría與Thousand（2004）認為，一個能做到融合的學校才是一個完整的學校（whole schooling）。融合不只是讓特殊生及普通生融合，更是推動民主的一個途徑，希望全世界各個學校都能推動融合的理念，創造一個融合和民主的社會。學校要教導學生有照顧及合作的觀念，使學生學習如何做出決定、使用權力，並有責任感，讓學生在生活中學習。融合教育在乎的不是班上特殊兒童人數多寡，而是經由融合是否產生學校的改變及融合文化。全學校模式認為，融合教育的首要目標是保障所有兒童獲得高品質、適合其特點的教育，追求的是公平與優異。全學校模式認為融合教育具有下列原則：

1. 所有兒童必須在一起學習，民主才能發揮功能。
2. 在多元的環境中生活與學習，和不同特質的人互動，才能學得好。

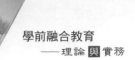

3. 在異質的教室中學習才能學得更深入。

4. 提供一個跨越文化、種族、語言、能力、性別及年齡的學習環境，能力分班及抽離在那裡都是很少發生的。

　全學校模式包含民主、多層次教學、支持學習、多元評量、多功能空間、夥伴關係、包含所有的人、社區參與等八個要素（如圖1-1所示），以建立一個支持所有學生適性學習及成為民主公民的環境。

● 圖1-1　全學校的主要要素

這八個要素的涵義如下：

1. 教導學生學習在社會上真正實用的工具及技能。

2. 讓學生了解同儕間的關係，學習照顧及社會互動。

3. 所有學生都在良好的融合環境下學習。

4. 透過教室裡的同儕和老師來鼓勵學習。

5. 發展出學生與老師、家長和社會之間自然地相處關係。

6. 透過多層次教學與真實情境、經驗、聲音和文化的連結，來吸引不同程度

學生的學習興趣。

貳、紐約州的愛德華史密斯小學 （Edward Smith Elementary School）

其融合式課程涵蓋幼兒園至八年級，是美國歷史最悠久的完全融合學校。一個班級大約有25至30人，每一個年級的特殊生及普通生人數不一，其四年級的某一班就只有1至2個自閉症光譜障礙兒童融合至普通班中，然而其五年級的某一班就有6位特殊生融合至普通班，全班人數共29人。老師人數及班級數都不同，美國愛德華史密斯小學的概況如表1-1所示。

● 表1-1　美國愛德華史密斯小學的概況

年級	教師人數	普通兒童人數	特殊兒童人數	普通／特殊比率	班級數
幼兒園	2	21	6	3.5	1
一年級	2	25	6	4.2	1
二年級	2	15	2	7.5	3
三年級	2	25	6	4.1	1
四年級	1	22	1	22.0	1
五年級	2	23	6	4.0	1
六年級	1	17	5	3.4	1

參、希望科技學校（Hope Technology School） （http://www.hopetechschool.org）

2001年設立於美國加州，以提供普通生及特殊生完全融合，是一所招收3歲至八年級學生的私立融合學校，除了幼兒園、小學、中學外，還設有一個職業訓練中心，充分運用科技培育學生溝通、科技及資訊處理能力。早期全校的普通生與特殊生比率為6：4，現在則為5：5。一個班級約有12名兒童，每班由1位老師

及1位助理教師負責，老師與學生的比率是1：6。

肆、臺灣集中式融合班

參酌美國將不同類別的特殊生融合至同一班，以集中特教資源的作法，1989年筆者就開始嘗試做特殊幼兒和普通幼兒的融合，將5個特殊幼兒與11個普通幼兒融合成一個班級的方式，在新竹師院設立學前融合班。這個模式於1992年納入竹大附小成為正式的學前融合班，開啟了體制內學前階段的融合。早上普通幼兒與特殊幼兒以2：1的比率混合，下午普通幼兒與特殊幼兒以1：1的比率混合，其中特殊幼兒包括中重度殘障程度幼兒。結果證明只要課程設計得當，即使是中重度殘障幼兒亦能完全融入普通班中（吳淑美，1992）。學前融合班的概況如表1-2所示。

● 表1-2　竹大附小融合班的概況

竹大附小融合班（學前設立於1989年，於2014年停辦）					
班別	每班教師人數	教師助理員	普通兒童人數	特殊兒童人數	班級數
4～5歲組（全日班）	2	三個班共用1位	12	6	3

第七節　教師訪談

問：你覺得這樣對小孩有什麼好處？就是普通跟特殊孩子放在一起上課。

答：以我自己來講，我覺得特殊孩子有很多可以模仿的對象。那對普通生來講，他有很多的機會可以去學習，比如說，請他來當小老師。來參觀的人也跟我說，他們覺得我們這邊的特殊孩子比別的地方活潑，普通孩子比較有包容性且比較有方法。

第二章

特殊幼兒早期療育

　　所有幼兒都需要得到注意及照顧，有些幼兒則需要較多的支持及教導。每位幼兒發展速度不同，有些幼兒出生就有障礙，影響了他們的成長與發展；但有些幼兒出生時可能尚未出現障礙，一直要到上幼兒園前才會出現發展遲緩及發展障礙。劃分幼兒的障礙類別雖有助於知道如何支持一個幼兒，然而教育應著重在幼兒的需要，而不是殘障類別。

第一節　早期療育的相關法令

　　誰是特殊幼兒？是發展遲緩還是高危險群幼兒？有些幼兒外表看不出來，卻有著行為、發展或健康的問題，影響了家庭照顧他們的能力。至於誰是特殊幼兒，找到他們需要時間及方法。

壹、美國法令對特殊幼兒的定義

　　1960年代，美國聯邦政府於特殊教育所扮演的角色一直是有限的，一直到1970年代立法才對早期療育有實質的影響力。和早期療育相關法令如下：

1. 1965年「啟蒙方案」（Project of Head Start）：這是美國政府在各種幼兒教育與兒童福利政策中，為貧窮學前幼兒所做的最完整計畫，透過學校、社區與家庭合作指導家長改善教養方法，以避免兒童因缺乏文化刺激而發

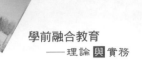
展落後,其中規定必須保留10%名額給身心障礙嬰幼兒。

2. 1968年《障礙兒童早期教育協助法案》(Handicapped Children's Early Education Assistance Act, P.L. 90-538):美國聯邦政府開始重視早期介入,該法案成立了「障礙兒童早期教育計畫」(Handicapped Children's Early Education Program, HCEEP),稱之為「首要機會方案」,以實質經費補助支持規劃早期教育方案和實驗學校(Shonkoff & Meisels, 1990)。

3. 1975年《身心障礙兒童之教育法案》:亦稱為《94-142公法》,其指出身心障礙包括了以下十個類別:盲/聾、重聽和聾、智能障礙、多重障礙、形體損傷、其他健康損傷、嚴重情緒困擾、特殊學習障礙、說話損傷、視覺損傷。凡是3至21歲的殘障兒童都可獲得「免費」且「適當」的公立學校教育(free appropriate public education)。其六大主張如下:

   • 確保所有身心障礙兒童皆能接受免費且合適的公立教育。

   • 非歧視的評量(nondiscriminatory assessment):保障學生可以接受公平的評量,不會因為語言、種族而對其評量結果有不良影響,進而造成錯誤的鑑定、分類、安置而接受不合適的教育。

   • 最少限制環境(least restrictive environment, LRE):以確保身心障礙學生就讀普通班為原則,並適時給予輔具的協助。

   • 個別化教育計畫(IEP):個別化教育計畫是實現適性教育的手段,也是本法的重點。

   • 父母參與(parental involvement):確保父母在身心障礙兒童受教過程中的各項權益。

   • 法律保障程序(due process):父母享有學生教育決定過程中的權利(如被告知權、同意權、參與權、決定權等),以確保過程的公平性。

4. 1986年《身心障礙兒童教育法案修正案》:1986年,《94-142公法》再次修正,稱為《身心障礙兒童教育法案修正案》(Education of the Handicapped Act Amendments of 1986),又稱為《99-457公法》,主要將障礙兒童接受免費教育的年限往下延伸至3至5歲的障礙兒童,提供學前特

殊教育與相關服務及最少限制環境（LRE），另外一部分則強調提供0至3歲發展遲緩兒童的早期介入服務（early intervention services），針對這些特殊需求嬰幼兒及其家庭應提供「個別化家庭服務計畫」（Individualized Family Service Plan, IFSP），家庭逐漸扮演了重要的角色。由於嬰幼兒發展是多面向的，包含：生理、認知、語言、社會互動與生活自理能力，因此由多專業團隊共同提供服務是必要的。《99-457公法》法案中首次正式納入「多專業團隊」（multidisciplinary team）服務的概念。

5. 1990年《身心障礙者教育法案》（IDEA，又稱為P.L.101-476）：1990年時，《94-142公法》的名稱改為《身心障礙者教育法案》，其中C部分法案包含了嬰幼兒接受早期介入之資格條件，美國每一州均須設立一個代辦處用以負責早期介入的診斷。

6. 1997年《IDEA修正案》：美國聯邦政府在1997年通過此修正案，即《105-17公法》，其中在A部分（一般條款）裡提到，在定義3至9歲的身心障礙兒童時，除了將身心障礙分為十三個類別外，亦加入「發展遲緩」（development delay）這個名詞，對「發展遲緩」做兩個階段的定義，用以補充兒童在9歲以前未能被確認鑑定類別的不足，其內容為：(1)經由州政府的定義以及適當診斷測量工具與程序的測量，在身體發展、認知發展、溝通能力發展、社會與情緒發展、適應行為發展有一個或一個以上面向的遲緩現象，或是有理由相信需要「特殊教育及相關服務」之3至9歲兒童；(2)除了上述發展面向有遲緩情形之外，亦包含在身體、心智方面已被診斷出有問題，且有很高機率會導致發展遲緩，即高危險群幼兒，需要早期介入服務之0至2歲嬰幼兒。

有些地方州政府則更明確地指出遲緩的標準，例如：科羅拉多州（Colorado）以1.5個標準差作為發展遲緩的標準，或由專業團隊（至少兩名幼兒專業人員及父母）一致決定此嬰幼兒確實具有發展遲緩的現象，或如果沒有早期介入的服務計畫，預期將有發展遲緩現象的發生（McLean, Bailey, & Wolery, 1996）。

　　IDEA的C部分法案規定，對嬰幼兒及其家庭的服務系統，儘量在自然環境中實施。融合的環境可視為自然的環境，在融合式的場域中接受服務，與在隔離的場域中服務相比，成果是類似的。

貳、臺灣法令對特殊幼兒的定義

　　1993年，《兒童福利法》第42條規定：「政府對發展遲緩及身心不健全之特殊兒童，應按其需要，給予早期療育、醫學、就學方面之特殊照顧。」從此，正式開啟了早期療育服務。1994年，《兒童福利法施行細則》第12條指出，早期療育服務「係指由社會福利、衛生、教育等專業人員以團隊合作方式，依發展遲緩特殊兒童之個別需求，提供必要之服務。」2004年，《兒童及少年福利法施行細則》第5條明白指出：「本法所稱早期療育，指由社會福利、衛生、教育等專業人員以團隊合作方式，依未滿6歲之發展遲緩兒童及其家庭之個別需求，提供必要之治療、教育、諮詢、轉介、安置與其他服務及照顧。」綜合上述早期療育相關法令，可看到相關法令開始強調團隊之間的合作。完整的早期療育服務系統包含「兒童發展篩檢」、「發展遲緩兒童的通報與轉介」、「發展遲緩兒童的評估與鑑定」、「療育評估與個別化家庭服務計畫的擬定」、「提供早期療育服務方案」等階段（張秀玉、孫世恆，2017）。早期療育專業團隊服務模式有多專業團隊模式（Multidisciplinary Model）、專業間團隊模式（Interdisciplinary Model），以及跨專業團隊模式（Transdisciplinary Model），其中的多專業團隊模式是最早被提出之模式，是指各個專業人員直接提供服務給孩子，專業人員之間沒有正式溝通（廖華芳譯，2005）；專業間團隊模式則是指，在團隊中有所謂的團隊協調者，可依評量結果召集大家一起討論後擬定出具有整合性的服務計畫；跨專業團隊模式則強調在評估與療育的過程中，團隊成員相互溝通並整合資訊一起設定目標（楊靜青，2011）。

　　根據2013年1月23日修正通過的《特殊教育法》第3條規定：

「本法所稱身心障礙，指因生理或心理之障礙，經專業評估及鑑定具學習特殊需求，須特殊教育及相關服務措施之協助者；其分類如下：

一、智能障礙。

二、視覺障礙。

三、聽覺障礙。

四、語言障礙。

五、肢體障礙。

六、腦性麻痺。

七、身體病弱。

八、情緒行為障礙。

九、學習障礙。

十、多重障礙。

十一、自閉症。

十二、發展遲緩。

十三、其他障礙。」

根據以上的分類，身心障礙共分為十三類，由於學前階段的特殊幼兒不易鑑定，故統稱為發展遲緩幼兒。

又根據2015年12月16日修訂通過之《兒童及少年福利與權益保障法》第23條第二款：

「直轄市、縣（市）政府，應建立整合性服務機制，並鼓勵、輔導、委託民間或自行辦理下列兒童及少年福利措施：……

二、建立發展遲緩兒童早期通報系統，並提供早期療育服務。……」

再根據2015年11月11日《兒童及少年福利與權益保障法施行細則》第9條：

「本法所稱發展遲緩兒童，指在認知發展、生理發展、語言及溝通發展、心理社會發展或生活自理技能等方面，有疑似異常或可預期有發展異常情形，並經衛生主管機關認可之醫院評估確認，發給證明之兒童。發展遲緩兒童再評估之時間，得由專業醫師視個案發展狀況建議之。」

目前，早期療育服務所指稱的發展遲緩兒童，除了發展遲緩的面向與美國的規定近似之外，其最大的不同即在於界定的年限，臺灣的服務對象為0至6歲有發展遲緩之現象或疑似有發展遲緩現象的孩子都是早期介入的對象，美國則從出生至9歲皆涵蓋在內。

第二節　早期療育的定義及目的

根據2015年11月11日《兒童及少年福利與權益保障法施行細則》第8條的規定：

「本法所稱早期療育，指由社會福利、衛生、教育等專業人員以團隊合作方式，依未滿六歲之發展遲緩兒童及其家庭之個別需求，提供必要之治療、教育、諮詢、轉介、安置與其他服務及照顧。
經早期療育後仍不能改善者，輔導其依身心障礙者權益保障法相關規定申請身心障礙鑑定。」

Ramey與Ramey（2004）提出「早期療育」一詞，指的是生命初期從出生至未滿6足歲之前設計並執行任何促進嬰幼兒發展的活動。此活動的起訖係從嬰幼兒能力與需求及家庭功能與需求評估開始，提供適當的支持與服務，一直到主動監控及評估嬰幼兒發展的整個過程。未來的自力更生是早期療育的最終目標，其目的為讓有發展遲緩或是可能有發展障礙的孩子能夠儘早克服發展遲滯的現象，

減少以後生活產生障礙的機會。早期療育提供整體性服務，包括：醫療復健的協助、特殊教育的訓練、親職教育的提供、家庭心理情緒的支持、福利服務的諮詢等服務 。

美國幼兒教育協會（NAEYC）建議一般兒童的班級，照護者與嬰兒的比例是1：3，24至36個月大幼兒是1：6，而對3歲的兒童則是1：8。美國特殊教育學會學前分會（DEC）建議為提高早期療育品質，早期療育的照護者和兒童之比例應提高至1：3。早期介入服務需由合格人員提供，建議具有下列特質：

1. 了解兒童的發展和障礙。
2. 能支持和回應兒童與家長的需求，但加強兒童和家長的獨立性。
3. 能快速適應新的和必要的環境。
4. 能管理和詮釋學齡前測驗工具。
5. 能與同事、兒童和父母進行有意義的互動。
6. 能定期並有系統地評估方案成效。
7. 能尋求資源協助兒童及其家庭，並滿足其需求。
8. 在不同環境中皆能有效地執行計畫。
9. 能適應不同家庭文化的差異。
10. 能接受來自於家庭或其他人的建議。

第三節　早期療育模式

早期療育模式分為幾種，分述如下。

壹、中心本位模式

又分為日間托育及時段療育兩種。

一、日間托育

　　指的是以機構為中心提供的服務，通常是安置3至6歲的幼兒，由家長定期送到中心接受教育與訓練，其優點為能提供家庭所無法提供的設施與同儕之間的互動機會，家長之間也能彼此交換教養的資訊與心得。其特點如下：

1. 依托育時間的長短，分為全日式與半日式托育。
2. 障礙程度多為中、重度，且以重度居多數。
3. 日間托育班的師生比約為1：4或1：5。
4. 考量障礙特質與學習狀況，多將同障礙類型幼兒編為一班，但考量幼兒接受不同特質同儕刺激可能對其有幫助，近年來傾向混合障礙的編班模式。
5. 教師需為每位幼兒擬定個別化教育計畫，課程中進行一對一、小團體、大團體教學型態，兼顧個別輔導與同儕互動，且視幼兒狀況，家長可陪同就讀。
6. 最大優勢是能夠提供跨專業的服務內容。

二、時段療育

　　特點如下：

1. 幼兒障礙程度多為輕、中程度。
2. 主要托育型態以幼兒園為主，輔以中心時段療育。
3. 每星期有一至兩小時接受個別一對一療育課程或一對二或小團體教學，視狀況調整，教保員需擬定個別化教育計畫。
4. 家長可選擇各種療育，如語言治療、藝術治療或一般早期療育課程。
5. 幼兒在時段療育所習得的行為或技能，較難類化至其他環境。
6. 上課時間短，接送時間是一大考驗。

貳、幼兒園本位模式

幼兒園本位模式指的是特殊幼兒到一般幼兒園接受服務,偏重一般幼兒教育,師生比約1：15,一個老師帶15個幼兒,若收托特殊幼兒,比較無法照顧特殊幼兒的需求。優點是幼兒園屬於普通幼兒融合的環境,能提供特殊幼兒與普通同儕互動之機會,特殊幼兒可藉觀察與模仿,學習符合該年齡的發展行為;缺點為幼兒園無法提供相關輔具及無障礙空間,且幼兒園教師缺乏特教專業知能,無法提供特殊幼兒所需的個別化教學。

參、醫院本位模式

通常是安置身體極度病弱,或需要特殊醫療照顧的幼兒(如患有癌症),考量外界環境對其健康之影響,無法到中心或幼兒園學習而必須長期居住於醫院,可視每位幼兒的個別需要提供服務,有住院方式與門診方式之別。此種服務模式多半是在無其他適合的服務方式可提供之情況下,當有適當服務出現時即進行轉介。在早期,醫學界將自閉症歸類為兒童精神科,臺大醫院精神科曾有提供自閉症日間留院服務。

肆、家庭本位模式

1990年《身心障礙者教育法案》(IDEA)施行細則H部分「身心障礙嬰兒與幼兒早期介入方案」(Early Intervention Program for Infants and Toddlers with Disabilities)規定,障礙嬰兒和學步兒的療育方案需在自然環境中進行,對於這些最年幼兒童的療育方案,應以家庭而非以兒童為中心,也就是採取家庭本位模式。家庭本位模式被定義為「將服務送到家的模式」,亦稱為「到宅服務」或「在宅服務」,通常是安置0至3歲有特殊需要的嬰幼兒,由專業人員定期到家裡進行輔導,其目的是運用自然環境提供適當刺激,協助家長學習訓練及照顧的技

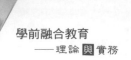

能，並學習如何觀察孩子的學習與發展。此種安置模式的優點是能夠讓家庭成員充分地參與，並使照顧者得到教養的支持，讓幼兒能在自然環境中得到充分的發展，也可利用中心本位服務以外的時間，由家長直接對幼兒執行療育或教學活動。Bailey、Buysse、Edmondson與Smith（1992）認為，家庭本位療育效果最佳化的原因有兩個：

1. 兒童的療育效果受其與父母互動的品質所影響，促使幼兒生活產生影響的方法是讓家庭參與療育方案。
2. 嬰兒和學步兒與父母在一起的時間，比與其他成人在一起的時間長，故父母對其發展有最大影響。

Bricker與Cripe（1997）建議，早期療育服務可同時結合家庭和中心本位模式，原因如下：

1. 以家庭為基礎的策略通常適用於3歲以下的嬰幼兒。
2. 有別於家庭本位模式，以中心為基礎的模式採取結構式的教室活動，有助於特殊幼兒習得新技巧。
3. 能與其他特殊幼兒互動。
4. 能在中心練習兒童在家庭所習得之新技能。

根據美國聯邦法令，「家庭有權力去決定他們優先考慮點，他們的需求及什麼是他們願意去做的」，家庭有權決定什麼是對他的孩子及整個家庭最重要的，家庭成員必須能選擇對方案計畫、做決定和服務傳遞等的參與程度。服務提供者主要是協助家庭去探究可能的解決方法，為家庭尋求適當的資源及其他專業人員的協助，以增強家庭的能力，達成家庭的目標，且有效地處理他們擔憂之處。早期療育人員的主要考量之一，應是如何提供有效的服務，其服務不能因不同語言、文化和經驗的家庭而不同，建議專業人員把父母視為夥伴，分享問題、資源和解決方案，以強化孩子的療育效果。

廖華芳（2005）建議，到家中訪視時，必須尊重家庭的自主性，提供無侵入性的家庭服務，配合幼兒及家庭的日常作息，事先約好時間及告知要訪視的內容，訪視時不要使用太多專業術語，並鼓勵父母、傾聽父母。訪視時可提供下列

資料給家長（廖華芳，2005）：

1. 提供活動概念及建議在家可進行的活動，並評估所建議的活動是否有效果，如無，則要修改。

2. 示範或提示父母如何與幼兒互動和遊戲，讓父母與幼兒皆有愉快的互動，一下子不要提供太多資訊。

3. 提供幼兒發展的相關訊息，並確認幼兒最近接受的醫療及復健服務。

4. 選擇及提供能增進幼兒與照顧者社會互動的玩具。玩具應是一般家庭中可以取得，或早期介入者能夠自製的教具，也可以教導家長自己做教具，增進取得資源之能力。

5. 提供資源、訊息及支持網絡，支持網絡可以幫助家庭尋找有關特殊幼兒家庭的資訊，得到或提供支持給其他家庭。

6. 提供文字、圖片或玩具訪視紀錄。

　　以家庭為中心之療育方案日趨重要，從2015年9月開始，健保局試行「早期療育門診醫療給付改善方案計畫」，嘗試把「以家庭為中心」的觀念帶入早期療育之中。有別於過往僅單純以發展遲緩兒童為主要介入對象，現在的家長跟發展遲緩兒童都成為早期療育中重要的一環，透過這個試辦計畫，讓家長積極參與早期療育，發展遲緩兒童進步更多，家庭功能和親職關係也會提升，更能從生活上改善兒童的狀況。

第四節　早期療育中的建議執行方式

　　Carta、Atwater、Schwartz與McConnell（1993）建議，最佳的早期療育實務操作包括下列要素：

1. 能提供以幼兒需求為基礎之不同深度範圍的服務。

2. 提供個別化教學或服務計畫，該計畫應包括分析幼兒的優劣勢，以及未來學校和非學校環境所要求之技能為基礎的長、短期目標。

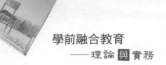

3. 提供定期且適當的監測幼兒進步之跨專業評估。

4. 提供有效果、有效率、功能性和標準化的教學，課程計畫應該設計能夠促進幼兒與家人的參與。

5. 強化家庭「培養孩子發展和促進常態化社區適應」能力的活動。

6. 早期療育服務應依據常態化、融合原則來執行，因此仍須安排與普通同儕互動。融合教育之成功有賴幼兒教育和早期療育的教育人員能夠一起合作，設計符合特殊幼兒需求的教育方案，師資培育課程應融合幼兒教育與早期療育兩者之專業知能。幼教教師應有能力實施兒童主導、以遊戲為主的教育，提供特殊幼兒正常的環境，減少特殊幼兒溝通及社會技能的缺陷。而早期療育教師專精於個別化指導方式，能增進特殊幼兒的發展能力，因此早期療育方案必須結合不同機構和領域，例如：結合早期療育教師及幼兒園教師。

7. 早期療育已不只是在教室或治療室裡進行的單調訓練，而是強調教學必須整合不同的發展領域，並且必須在自然情境下實施。服務提供者可使用視覺與聽覺的提示，並在自然情境下進行遊戲及活動。

8. 活動本位教學也可用在特殊幼兒的早期療育，其強調以幼兒為中心，以有計畫的自然策略來誘發幼兒自發性的學習與意願，從而學習到功能性和可類化的技能。療育方案偏好活動本位教學的原因如下：
   • 促進學習者主動參與。
   • 透過例行事物以及自然的機會誘發學習。
   • 透過有意義及具功能性的活動誘發學習。
   • 活動可執行多元目標，包括例行活動及特別安排的活動。
   • 從參與活動中得到回饋。
   • 活動提供行為前因及行為後果。
   • 提供功能性技巧。
   • 以幼兒為中心，讓幼兒分享及合作。

第五節　早期療育課程模式

選擇早期療育課程時應問的問題如下：

1. 課程與教學是否有意義及適當？

2. 課程具發展性且符合年齡嗎？

3. 課程使用何種策略？

4. 課程可以使用在不同的年齡族群嗎？

5. 課程可以被家長或照顧者執行嗎？

6. 對於所有家庭，課程是否具有文化敏感？教材或教學策略是否有文化上的考量，例如：只適用於歐美人？

7. 課程當中包括評估的過程嗎？

8. 課程的費用合理嗎？

早期療育計畫或課程之模式主要有下列兩種，分述如下。

壹、發展模式或發展取向課程

為達有效性，療育必須以基本發展理論、發展模式或發展取向課程為基礎。發展模式強調兒童的生物學狀態和成熟度，主要以Arnold Gesell、Piaget、Dewey、Erikson的理論為基礎，依此模式為基礎的療育方案假設，發展是順著兒童內在的自然發展時間表，身心障礙兒童無論障礙的輕、中、重程度，皆依循一般正常兒童的常模接續發展，因此大多數早期療育計畫都採用發展本位取向設計療育課程或擬定身心障礙幼兒的個別化教育計畫。其主要特色為：

1. 強調生活自理、情緒、語言、認知、社會等五大發展領域的學習。

2. 教師主導教學。

3. 無論普通或障礙嬰幼兒，皆依一般常模的發展順序，將各年齡層出現的能

力列為評估與學習目標。

國內早期療育機構常用的發展本位取向之早期療育計畫或課程設計有「學前特殊教育課程」、「AEPS嬰幼兒評量、鑑別和課程計畫系統」等。

貳、行為模式

此模式以行為心理學為基礎，並不強調個人內在動機，對特定目標行為是以增強、塑形和示範作為鑑別和教導，仰賴獎酬和懲罰原則。國內早期療育機構常用的發展行為取向之早期療育計畫或課程設計有「Portage早期療育課程」及「自閉症與溝通相關障礙兒童的治療與教育」（Treatment and Education of Autistic and Communication Handicapped Children, TEACCH）等。

一、Portage早期療育課程

1969年，美國Portage Wisconsin在發展「殘障發展早期教育計畫」時，研訂了一套適合出生至5歲的早期療育課程，並提供評量記錄的方法。1987年，雙溪啟智文教基金會出版本套課程的中文版（邱紹春，1987）。這套課程主要以行為學派理論為基礎，運用行為改變技術等技巧教學，係以指導家長運用Portage教養子女，課程包含檢核表、課程指引、發展過程表、使用手冊及卡片。方案的指導步驟與應用原理如下：

1. 教學步驟：(1)填寫紀錄檢核表；(2)選定學習目標；(3)學習目標的具體化；學習目標須涵蓋對象為何、什麼條件、做什麼及到什麼程度為止等四項。

2. 運用「工作分析」，即將目標行為依邏輯順序分析成細小步驟化的教學策略。

3. 選定一週內可以達成之行為目標，或需要協助才能完成的目標即作為教學目標。根據檢核表之發展評估結果（採可獨自完成打「✓」、需協助才能完成打「Δ」、即使協助仍不能完成打「×」之三等級評量），打Δ的目

標即為浮現技能目標（即將學會的目標）。

4. 指導家長，並將紀錄檢核表給家長在家裡訓練兒童。

5. 學習目標之決定：根據嬰幼兒的發展評估結果決定學習目標，確定終點行為，並根據現況能力決定起點行為，再根據起點行為，列出此學習目標的先備技能（prerequisite ability），並編製評量，評估學生是否已具先備技能，始可進行教學。

6. 教學後的評量：教學後隨即評量，即所謂的形成性評量，以掌握嬰幼兒的學習情形，並隨時調整教學。

二、TEACCH

是專為自閉症兒童設計的課程與教學，係於1960年由美國北卡羅萊那大學的Mesibov及Schopler教授等歷經多年教學經驗發展而成，採結構化教學，根據行為理論操弄行為前因與行為後果，以便對行為產生即刻的效果。發展領域包括：模仿、知覺、粗大動作、精細動作、手眼協調、生活自理、認知技能、認知表現。行為處理包括：自傷行為、妨礙行為、重複行為、缺陷行為等。

三、丹佛早療模式（Early Start Denver Model, ESDM）

此模式又稱為丹佛早期干預模式，其奠基於西方發展心理學及應用行為分析的知識及技術，教學策略重視遊戲為本位、關係為核心的實踐方式，提供結構化且容易上手的工作程序，對兒童在個別及團體情境中，促發下列關鍵能力的發展：模仿、溝通、社交、認知、動作、適應行為、遊戲能力。每位兒童的個別化教育計畫內容，必須經由丹佛早療模式課程檢核表評估之後才能擬定（姜忠信、劉瓊瑛、朱思穎譯，2014）。丹佛早療模式要求採取一對一的教學方法（即一個治療師／專業人員對一個孩子）。在家裡或任何其他自然的環境中，由家長按照既定的療育目標對自己的孩子進行療育。丹佛早療團體模式（Group-Based Early Start Denver Model, G-ESDM）則是將丹佛早療模式應用在團體環境中，不僅能

在治療時教導較多孩子，並可提供一對一場域所欠缺與同儕互動的機會，讓缺乏溝通能力的孩子因為參與合作性活動，而達成在社會領域落實教育目標之目的（張美惠，2018）。

第六節 早期療育課程強調的重點

　　Sandall、McLean與Smith（2000）認為，在執行早期療育介入計畫之前，應該要先考量下列幾點：

1. 確定幼兒目前具備的能力。

2. 了解幼兒的優點、興趣及想法。

3. 了解家庭的考量與想法。

4. 了解幼兒每日作息與活動。

5. 能在一天中及不同環境中提供多樣化的學習機會。

6. 確定能夠協助執行介入計畫的團隊成員。

7. 確定能執行介入計畫並能評估介入結果的團隊成員。

　　在考量上述情況後，就可以選擇適合的早期療育課程。早期療育課程強調的重點不一，常見的課程重點包括：

1. 以遊戲為基礎的方案：如Linder（1993, 2008）發展的跨領域遊戲本位評量及介入。大部分的早期療育從業人員都認同，遊戲是每一個早期療育方案的重要要素，以及採用兒童主導、以兒童為中心而大人只是扮演引導的角色之觀點。

2. 學業導向的方案：在學齡前積極教導讀、寫、算等預備技能，讓幼兒提早為就學做準備，大部分時間皆從事教師主導的活動。

3. 以語言為基礎的方案：「讓家長成為孩子的老師方案」（Improving Parents As Communication Teachers, ImPACT），是一項以家長引導的介入法（parent-mediated intervention），此方案特別適用於6歲以下、有明顯語

言發展困難的自閉症及社會溝通障礙的兒童，其採用自然且具發展性的行為介入法（Naturalistic Developmental Behavioral Intervention, NDBI），強調在遊戲及日常生活作息中，教導家長提升自閉症兒童四項核心社會溝通能力的發展，依次是社會參與、語言、社會模仿及遊戲（Brooke & Anna, 2019）。

4. 社交技巧訓練的方案：與語言密切相關的發展技能為社交技能。對伴隨著行為問題或其他障礙的兒童而言，以社交技能為基礎的訓練方案可能是適當的療育方案。McEvoy與Odom（1987）提出了促進特殊幼兒與其家庭社交互動及情緒發展的方法，建議嬰兒和學步兒的療育方案應著重於支持幼兒與主要照顧者的正向互動及建立穩固關係，對於學齡前幼兒的療育方案應著重與同儕互動、建立穩固的同儕關係及特定社交技能。自閉症類群障礙幼兒的核心問題為社交，因此在針對自閉症幼兒的訓練中，必須以改善社交為核心、以結構化教育為框架，開展有組織、有計畫的療育（同時注重隨機化的訓練），採用應用行為分析（Applied Behavior Analysis, ABA）作為改善社交技巧的基本手段，在家庭和自然環境中隨時隨地對幼兒進行訓練（姜忠信等人譯，2014）。

第七節　早期療育方案評估

Snyder與Sheehan（1996）將評估定義為：「系統性地蒐集、整合並詮釋，以協助做決定的可靠和有效資訊。」方案開始前的評量主要是用來提供幼兒安置決定和發展IEP或IFSP所需的重要資訊，當療育方案開始，評量則繼續進行。最後階段是進行方案評估，早期療育方案成功與否主要是從三個方面加以評估：服務傳遞的有效性、孩子的成果、家庭獲致的成果。換言之，方案評估主要是檢視方案的執行成效及判定方案計畫對於兒童和家庭造成的影響，從專業團隊和家庭成員所設計之IEP或IFSP中的目標達成情形，了解幼兒進步情形，據此調整與修

改幼兒的療育方案。Guralnick（1997）指出，早期療育成效如下：

1. 接受早期療育之兒童群體在入學後，安置在特殊教育和留級的情形比未接受早期療育者少了許多。
2. 接受早期療育之兒童有較佳的學業成績，且較能完成學業。
3. 接受早期療育之兒童在校外較無偏差行為或觸犯法律的行為。
4. 若兒童接受早期療育，則他們會較具生產力，且在校內外表現也較佳。
5. 早期療育具有經濟效益：學齡前障礙兒童在愈小年紀接受早期療育服務，則可能獲得較大的經濟效益。

Yoshinaga-Itano（2003）發現，聽力喪失的孩子若在6個月大前就開始接受早期療育方案，在語言習得上，這些孩子會比在6個月大後才接受早期療育方案的孩子有更顯著的進展。

第三章

學前融合班的環境及作息管理

第一節 環境管理

　　Evans等人（1989）以生態系統的觀點將環境分為三種類別：生理環境、社會心理環境及物理環境。生理環境包括健康和有機組織的因素；社會心理環境包括情感、情緒、價值和期望等因素；物理環境包括教室、桌子、紙張、溫度、採光、功課表及其工作區等情境因素（引自湯志民，2006）。在幼兒環境中，社會心理環境之成人提供給幼兒的心理準備尤其重要。所有環境中的成人（家長和老師），都是幼兒學習的對象，成人的態度、語言、動作，都會影響幼兒。

　　在此所講的物理環境指的是提供孩子發展（如動作、語言等）的環境。近代最著名的兒童教育家Piaget說過：「動作是心理發展的源泉。」6歲之前孩子學習的方式主要是透過感官與環境互動，幼兒的發展僅僅需要老師提供材料、提供可讓幼兒活動的物理環境、提供足夠的活動機會，就可支援幼兒觀察、探索和實驗；經由活動機會與物質環境的提供，幼兒就可透過主動的操縱，證實其想法是否為真，例如：當教師希望幼兒能輕輕地拿取物品，教師應該提供的是玻璃或陶瓷而不是塑膠的材質，因為這些物品會告訴幼兒：玻璃和陶瓷的東西容易破，要

輕輕地拿。當教師希望幼兒能夠有自信,只需要讓幼兒做自己能做的事,讓幼兒透過自己動手去證明再難的事情他都可以做到,幼兒自然就有了自信(林朝鳳,1986)。

　　學前融合班中有普通幼兒,也有特殊幼兒;特殊幼兒可能是發展遲緩、肢體障礙、自閉症、聽覺障礙、視覺障礙或語言障礙等類別。對於某些特殊幼兒,例如:視覺障礙幼兒,安全的考量就特別重要,因而在安排環境及空間設計時,除了提供幼兒一個多元學習的環境,考量某些特殊幼兒對環境的特別需求就顯得特別重要。

壹、環境安排的原則

　　根據Bailey與Wolery(1992)的看法,建議提供幼兒反應性的環境(responsive environment)。所謂反應性的環境指的是符合以下標準:(1)提供兒童使用適當的材料;(2)提供機會使兒童能夠了解其他兒童與大人的口語及非口語的訊號,並能適當反應;(3)鼓勵兒童更具自動性。

　　在安排環境前,首先要問的是:應提供給特殊幼兒怎樣的學習環境?它是否和為普通幼兒安排的環境一樣?答案是普通幼兒及特殊幼兒的環境應是一樣的,只需針對特殊幼兒的環境需求做調整就好。舉例來說,對於行動較不便、須坐輪椅或拿助行器的幼兒,座位及空間可能需要做一些調整,例如:提供輪椅活動的空間,讓輪椅可以通過。基本上,普通幼兒及特殊幼兒的差異是在學習的速度上,不需因此而安排普通幼兒及特殊幼兒不同的學習環境,因此環境的安排須符合下列原則。

一、安排時間及空間給予技巧的學習及類化(應用)

　　其中,學習及類化的定義如下:
1. 學習:老師主導幼兒學習一些技巧。學習一個技巧通常需透過個別或小組教學,由老師設計課程及教學。

2. 類化：指的是將所學技巧運用到真實的日常生活情境中。換言之，教師應提供幼兒日常生活經驗，激發幼兒學習動機，讓幼兒能把所學的技巧統整。

因此，環境的安排須考量到是否製造了學習及類化的機會，例如：教室有角落的設置，並在角落放置各種類別的玩具或教具，都是提供類化機會的一種方法。

二、讓所有幼兒都有參與及歸屬的感覺

例如：為每位幼兒準備適合的活動及玩具，並安排放置私人物品的空間。每一個幼兒應有放置屬於其個人物品的空間，如工作櫃。

三、環境中的教材及教具必須能符合幼兒的需要

準備足夠的活動及材料，讓幼兒選擇適合其程度的材料。太簡單或太難的活動都不適合，應選取具挑戰性、符合幼兒程度的活動及材料，提供幼兒成功及獨立的機會，給予每一個幼兒足夠操作教具的空間及足夠的材料，以增進其獨立的機會。提供輔具（如助聽器），以確保障礙幼兒能完全參與作息及活動。又如提供調整的蠟筆及剪刀給精細動作遲緩幼兒。

四、配合教育理念

環境反映出教育理念，當幼兒園強調開放式教育理念時，教室環境會營造出開放、寬敞無死角的明亮空間，幼兒畫作及勞作就是最佳裝飾，教室可定期隨著幼兒手作及彩繪更換布置，讓教室角落增添無比豐富的活力色彩，在寬敞不擁擠空間下的每一個區域都是主題遊戲區。教育理念鼓勵社會互動與個人活動時，應有足夠的空間可進行個別及團體活動。桌椅高度適中，符合幼兒的身高；盡量共用桌面，好安排桌面活動讓幼兒一起玩及眼神接觸，才能引發幼兒之間的互動及合作。

五、安排固定的作息

　　固定的作息可以讓幼兒對環境產生預期的心理，例如：幼兒每天可以預期什麼時候要吃點心、什麼時候要去戶外場，如此的環境才能提供幼兒安全感，以及讓幼兒具有控制環境的能力。建議提供圖畫式的作息表，讓特殊幼兒能看得懂作息並遵守日常作息。

六、提供符合無障礙環境設施

　　安排肢體不便的幼兒在離廁所較近的教室上課。提供無障礙設施，如無障礙廁所、無障礙坡道、樓梯高低扶手、電梯等設施。幫特殊幼兒申請輔具，例如：為聽障幼兒申請FM調頻系統。

七、提供安全的戶外環境

　建議：

1. 要區分幼兒及年紀較大的學前兒童之遊戲場所。

2. 允許足夠的監督。

3. 確定戶外有足夠的器材供幼兒使用。

4. 要教導幼兒如何使用遊戲場所中的設備。

貳、物理空間的安排

　　一般而言，理想的空間設計應該要做到開放性、人性化的要求。所謂開放性空間，指的是教室以櫃子隔開，每一區都以傢俱及材料填滿，中間留一大區域。教室中每一區域視覺分化得很清楚，例如：用不同的顏色，或者以地墊、地磚的方式區隔，讓每一個區域一目了然，每一個區域都可看到另一個區域，以便於班級管理。在學前融合班的教室中，應儘量避免使用太高的櫃子做為角落或學習區的區隔，以免幼兒在某些區域工作時，教師看不到角落內幼兒的活動，甚至幼

兒發生危險時無法察覺，因此欲符合開放空間的原則，空間的安排須注意下列數點：

1. 空間大小適當：安排各種教學型態的空間時，一個人、小團體（2至4人）、角落、小組、大團體時間使用的空間，可固定一個區域，作為大團體時間活動的空間。另外，還要區隔靜態及動態的空間、休息的空間、操作的空間。

2. 提供寬敞的空間：擁擠的空間會造成擦撞，且容易干擾彼此的學習，因此通道必須寬敞，才能讓行動不便者方便移動，也要避免走道堆放障礙物。教室如要設置多幾個角落，空間的需求會更大。

3. 提供隱密的空間：儘量避免干擾的學習環境，例如：避免離走道或馬路近的教室；將動態與靜態的活動空間隔開，例如：將個別區及靜態活動區放在一起，個別區不應靠近走道或門口，如此幼兒較易集中注意力。

4. 提供探索環境的空間及機會：為了讓幼兒便於探索，教室中的材料及器材應置放在開架式的櫥櫃及書架內，方便讓幼兒自由拿取相關的圖書或教具。

5. 安排互動式的座位：大團體活動時的座位最好圍成圓圈，上小組課或吃點心、午餐時是可以看到對方的座位，如此可讓幼兒之間較有合作的機會，產生合作學習。小組教學或吃點心及午餐時，也可讓特殊幼兒和普通幼兒坐在一起。

6. 配置學習區及幼兒作品展示空間：學習區間宜建立視覺的屏障、動線流暢。學習區內擺設之玩具、教具和教材應符合幼兒需要，以及幼兒身體動作、語言、認知、社會、情緒和美感等領域發展之需求，並依幼兒需要布置學習區（角落），如扮演區、藝術區、積木區、益智區等。楊淑朱（1995）指出，在設計室內學習環境時，需注意學習區的安排、材料的選擇、器材的貯存。每一個角落放置各種不同的材料、設備及工具，讓幼兒學習收拾整理。利用教室以外的地區作為學習區，如走廊的空間，以增加學習空間。幼兒可自由選擇學習角落，以培養獨立自主、穩定性、自動自

發和積極的個性。以文字、圖片或符號為每一個學習區命名。每一個學習區的幼兒人數要有所限制，可由椅子、角落牌、地毯的數目、圖片等來達到人數的限制。

7. 避免有專屬特殊幼兒使用的區域（如廁所），以免造成標記。空間上的區隔，例如：個別區的設置是為了提供特殊幼兒個別指導，乃是教學功能的區分，而不是為了隔離特殊幼兒。

8. 提供物理環境支援策略：

(1)老師和幼兒坐在一起可隨時提供協助。

(2)作息結構化：固定的作息讓幼兒清楚每段時間的規則及期待，減少挫折。

(3)透過環境安排來預防問題行為：安排特殊幼兒背對出口，以免不專心或是亂跑。

(4)避免大面積開放空間，以免幼兒不知道該做什麼。

(5)使用視覺提示，例如：可在地板上畫一圓圈，作為大團體活動區域之識別，讓幼兒知道大團體活動的位置。

(6)所有的遊戲空間有較明顯的活動範圍界限。

參、環境及空間安排範例介紹

以下介紹學前融合班教室及國外學前融合班教室的空間分配圖各一（如圖3-1和圖3-2所示），可發現兩者之教室均有區隔且使用不同形狀的桌子，以達到不同教學型態（如小組教學、團體教學及角落教學）所需的空間。

● 圖3-1　學前融合班教室的空間分配範例

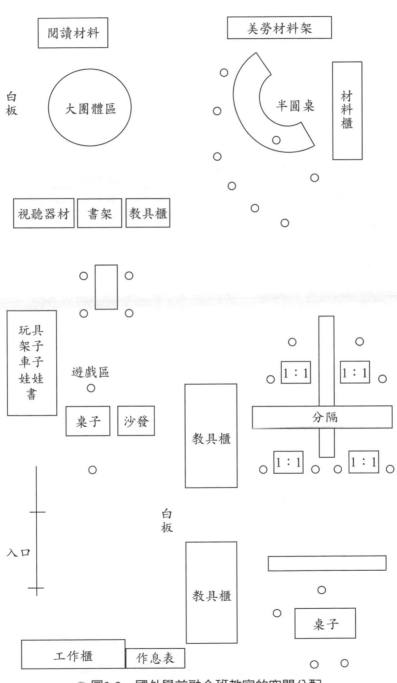

● 圖3-2　國外學前融合班教室的空間分配

肆、學前融合班無障礙環境與輔助科技

筆者請竹大附小學前融合班6名教師針對學校無障礙環境與輔助科技提供意見並舉例說明，結果如表3-1所示。

● 表3-1　學前融合班無障礙環境與輔助科技範例

題號	題目	請舉例說明
4-1	學校能依據身心障礙幼兒個別需求主動調整學校環境（如針對肢障幼兒調整教室位置、針對聽障幼兒設置燈號設施等）	・有無障礙坡道、電梯和無障礙環境 ・安排肢體不便的幼兒在離廁所較近的教室上課 ・有幫聽障幼兒申請FM調頻系統
4-2	校園動線設計能考量身心障礙幼兒之行動需求	・有斜坡道及電梯
4-3	學校無障礙設施（如廁所、樓梯、斜坡道等）符合身心障礙幼兒的需求	・有無障礙廁所、樓梯高低扶手、電梯、無障礙斜坡道
4-4	教室空間使用與各類設施能增進身心障礙幼兒學習及與同儕互動	・例如：感統教室、戶外場遊具、角落布置
4-5	學校能提供符合身心障礙幼兒學習所需的學習設備與資源	・申請輔具，例如：FM調頻系統 ・視幼兒需要購置或向特教資源中心借用
4-6	學校能提供或協助申請身心障礙幼兒所必需之輔助科技（如輔助科技設備之評估、提供、調整等服務）	・有需要就協助申請

第二節　作息管理

作息是一個班級的結構，約定在每段時間該做些什麼，提醒班級中的老師工作和時間的分配。作息安排的恰當，對教學的品質以及老師與幼兒之間的互動都有莫大的助益。學前融合班的作息安排原則、要素、目標及調整，分述如下。

壹、作息安排原則

一、建立清楚而一致性的作息

　　每天的作息應固定及有順序，從到達至離開學校的期間，進行每天的例行工作，維持例行工作每日不間斷。每天固定的作息及例行工作可給幼兒安全感。

二、能符合個別需求

　　對遵守作息有困難的幼兒提供個別化支持。

三、每段作息進行不同的活動

　　大團體時間進行說故事、主題介紹及音樂活動；小組時間（small-group time）進行各領域教學；戶外時間進行粗大動作活動。

四、作息必須事先告知

　　教師可以在牆上張貼出一日作息的流程，用圖畫的方式向幼兒展現每天的作息時間表，讓幼兒熟悉班級作息。教師可使用貼在布告欄上的作息表與幼兒一起回想作息的先後順序，並教導幼兒認識每段作息的各項活動安排、規則和期望。在與幼兒的對話中使用各作息的名稱以加深幼兒對作息的印象。作息如有任何變化，必須提前告知幼兒。

五、符合幼兒園作息的規定

　　依據教育部2012年8月1日訂定之《幼兒園教保服務實施準則》，幼兒園的點心與正餐時間，至少間隔2小時；午睡與餐點時間，至少間隔半小時。所定午睡時間，2歲以上未滿3歲幼兒，以不超過2小時為原則，3歲以上至入國民小學前幼兒，以不超過1小時30分鐘為原則；並應安排教保服務人員在現場照護。幼兒園

每日應提供幼兒30分鐘以上之出汗性大肌肉活動時間，活動前、後應安排暖身及緩和活動。

六、作息需要有動態及靜態的時間

　　動態的活動與靜態的活動宜交替進行，舉例來說，幼兒從戶外進入室內的時候，容易滿頭大汗，氣喘吁吁，教師這時候可以用一些安靜的小活動幫助幼兒順利過渡，例如：一起看看圖書、觀察科學角的植物、聽聽舒緩的音樂等。如此在新的活動開始之前，幼兒已漸漸平靜下來，做好了下一段時間的準備。每一段作息之間應均衡流暢，才不會產生壓迫感。均衡指的是：

　　1. 吃完點心或午餐後，應有休息時間。

　　2. 戶外時間後，應有一段靜下來的時間。

　　3. 在大團體開始時安排手指謠、唱歌或看書，幼兒較容易安定下來。

七、每天作息開始及結束前，安排一些較特別的活動

　　例如：唱喜歡的歌，如此每位幼兒可放鬆情緒並帶著愉快的心情回家。此外在每天開始及回家時，應給幼兒彼此問好及說再見的機會。

八、作息要安排學習新技巧及練習舊技巧的機會

　　要把過去主題中學習的內容，透過作息再加以複習，例如：利用團體時間來複習舊技巧，把新概念夾雜在學過的舊觀念中。

九、活動安排須顧及各類型活動之間的均衡

　　均衡地安排下列三種類型活動：

　　1. 老師及幼兒主導的活動：作息應有老師安排（老師主導），也有幼兒自己
　　　　選擇活動的時段（幼兒主導）。

　　2. 結構及非結構時間：作息中有明確目標的結構時段，如大團體時間；也有
　　　　非結構的時段，如自由活動時間。

3. 單獨／與其他幼兒／與老師的活動：應有幼兒獨處，也有與教師及同儕互動的時段。

十、作息應安排不同教學型態的時間

比如說，有大團體、小組及個別的時間。

十一、安排可進行多層次的活動及材料的時段

比如說，角落時間［又稱選擇時間（choice time）］安排各種種類、難易不同的材料，如有不同片數的拼圖；或是在大團體時段講完故事後，提出不同難度的問題問幼兒。

十二、作息和空間的安排要相互配合

例如：小組時段常有作品完成，每一位幼兒應有自己的工作櫃，放置自己的作品及私人物品。特殊幼兒除了工作櫃外，應有一個盒子專門放其個別的課程，內有該週為其特別安排的活動，活動乃根據特殊幼兒的個別化教育計畫（IEP）或個別化家庭服務計畫（IFSP）來設計，並將其每週的學習目標貼在布告欄或適當的角落。

十三、每天的作息安排須和教學領域相結合，並顧及學習領域之間的均衡

每天的作息活動均須顧及語言、生活自理、認知、情緒和動作等領域，並安排美勞、音樂、感官經驗、科學、數學、建構（如蓋房子）、戲劇扮演及動作等課程到一週課程中。作息安排需要有粗大動作及精細動作的時間，以訓練幼兒手眼協調及手腦並用。圖3-3的作息流程圖顯現了教學領域（認知、語文、動作、生活自理及社會）、教學型態（大團體、小組、角落、個別）及作息結合的例子。

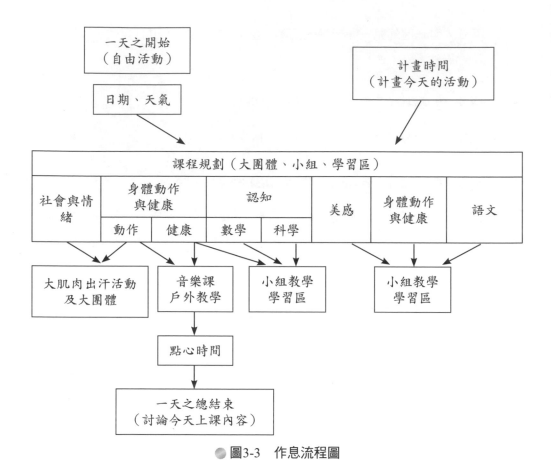

● 圖3-3　作息流程圖

十四、作息的安排及課程能夠反映出教學理念

　　比如說，當教學理念為主動學習及從遊戲中學習時，教室中就可安排玩具的操作，並安排學習區，在教學時給予幼兒主動學習的機會，而不是被動聆聽老師講解。如果整個理念較重視音樂，每天的作息就可以安排較多的音樂活動。當採用高瞻課程模式（High-Scope Curriculum Model）時，日常例行作息應安排足夠的時間做計畫、工作及回想。

貳、作息的要素

在學前融合班中，作息大致上可分為較結構性的時段，如大團體、小組、個別輔導等，以及較以幼兒為主導、屬於非結構的時段，如戶外時間、點心、自由活動、角落及收拾等。在學前融合班中若採用高瞻課程模式，而增加了計畫及回想時間，並以角落時間為中心，三者形成思考、操作及回想的過程，以加深幼兒概念的學習。融合式學前班星期一至星期五早上8：00到下午5：00的作息表範例，如表3-2所示。

● 表3-2　幼兒園作息表

<table>
<tr><th colspan="2">時間</th><th>活動項目</th><th>備註</th></tr>
<tr><td rowspan="11">上午</td><td>08：00～08：30</td><td>到校、自由活動</td><td></td></tr>
<tr><td>08：30～08：50</td><td>點名、日曆活動</td><td></td></tr>
<tr><td>08：50～09：05</td><td>角落計畫</td><td></td></tr>
<tr><td>09：05～09：35</td><td>角落時間</td><td></td></tr>
<tr><td>09：35～09：45</td><td>角落分享</td><td></td></tr>
<tr><td>09：45～10：25</td><td>點心時間</td><td></td></tr>
<tr><td>10：25～11：05</td><td>小組時間</td><td></td></tr>
<tr><td>11：05～11：35</td><td>戶外時間</td><td>《幼兒園教保服務實施準則》規定：大肌肉活動時間為每天30分鐘</td></tr>
<tr><td>11：35～11：50</td><td>大團體時間</td><td></td></tr>
<tr><td>11：50～01：00</td><td>午餐及休息</td><td></td></tr>
<tr><td rowspan="6">下午</td><td>01：00～02：30</td><td>午休時間</td><td></td></tr>
<tr><td>02：30～03：20</td><td>角落時間</td><td></td></tr>
<tr><td>03：20～03：50</td><td>點心時間</td><td></td></tr>
<tr><td>03：50～04：20</td><td>戶外時間</td><td></td></tr>
<tr><td>04：20～04：50</td><td>團體時間</td><td></td></tr>
<tr><td>04：50～05：00</td><td>放學</td><td></td></tr>
</table>

從作息表中可看出融合式學前班全日班作息的安排，自8：30開始課程。作息包括下列幾個要素。

一、計畫時間

計畫時間（planning time）應以小組型態進行，讓每位幼兒有充分表達機會，以及給予機會陳述他們自己的計畫。在計畫進行前介紹新的材料，與幼兒討論今天想要在角落做什麼？要如何做？當幼兒說明他們的想法時，可使用多種作計畫的策略，例如：用說的或是用指的。不管計畫內容為何，教師都要給予鼓勵和支持。

二、角落時間

又稱為工作時間，是遊戲時間，也是幼兒互動的最佳時段，教師可安排幼兒最感興趣的活動，幼兒可從事教師安排的活動，也可從事自己喜歡的活動，每一個角落可以配合主題，也可不配合。這段時間，幼兒在角落執行他們原先的想法或選擇新活動，教師要觀察幼兒對什麼感興趣以及幼兒如何解決問題，並支援幼兒發展其想法。教師要將常用的材料放在角落，當幼兒看書時，不要隨便打斷他們，以免給幼兒「書是不重要」的錯覺。看書時應讓幼兒坐下來看書，也可和幼兒一起看書討論，當看到一個段落後，可提醒時間快到要收書了，看完書後，可以陪幼兒唱個歌或手指謠。在角落時間中，教師可做下列事：

1. 記錄每位幼兒在角落時間中做了些什麼。
2. 觀察每位幼兒是否有依照自己的計畫。
3. 提醒每位幼兒須把自己玩過的東西清理歸位。將櫃子內貯存的物品，用圖片標示出來，以利收拾時能物歸原位。
4. 老師可在角落觀察每位幼兒做的東西。
5. 老師可和幼兒談談他們做的東西，並延伸其想法。
6. 鼓勵幼兒之間產生互動並記錄幼兒間的互動。

三、回想時間

回想時間（recall time）應以小組型態進行，讓幼兒輪流回想，教師可協助幼兒回想並說出他們在工作時間所做的事，並鼓勵幼兒說出自己的活動。回想時可讓幼兒回想計畫時間和角落時間的內容是否符合、回想去了哪一個角落（角落名稱）、做了些什麼。幼兒可以將角落的內容，用動作或畫或唱的方式表現出來。

四、大團體時間

此時間通常是一天的開始，是所有幼兒圍成圓圈同時參與活動的時間，又稱為圓圈時間（circle time）。教師須準備充分的活動，配合學習經驗，詢問幼兒對活動的意見，活動可結合角落或小組內容。團體時間內容可以每天不同，或是每星期不同，教師通常在這段時間可以點名以了解幼兒出缺席、分享、透過日曆引導今天日期及天氣、教唱兒歌中適時加入手指搖、說故事、律動、遊戲等，在與幼兒互動時適時提供建議及解決問題的方法。

五、過渡時間

在幼兒園裡，有許多的過渡時間，例如：介於動態與靜態活動的中間，或是從一個活動到另一個活動的空檔。選一個地方作為活動之間的轉接站，例如：吃完點心的幼兒，可以到圖書角看書。幼兒在一天當中會經歷到的各種過渡時間，如晨間入園、清理時間、準備點心等，幼兒可能不願意等待，不知過渡時間要做什麼，特別是對於剛入園的小班幼兒，過渡時間往往是最難進行的，因此老師須仔細計畫過渡時間更加重要。在高瞻課程中，過渡時間被視為真正的、有意義的教育機會，包含了主動參與學習的所有因素。

六、收拾時間

讓幼兒在玩完玩具後，知道如何將玩具放回架上，並知道哪些玩具要放回架上。可以有一位老師先到新的活動處（如小組），而另一位老師在原來的地方收拾。

七、點心時間

點心時間是幼兒分享食物、認識食物、社會互動和溝通，以及精細動作訓練的最佳時間，也可趁此交談及學習生活自理技巧。教師可利用這段時間訓練特殊幼兒洗手、使用餐具、進食及清理桌面等技巧。允許幼兒用完點心後離開去做其他活動。

八、戶外時間

以粗大動作活動為主，可以和感覺統合訓練活動結合。

九、午睡時間

在午睡時間可以為不午睡之幼兒安排一些較靜態的活動。

十、小組時間

將所有幼兒分成兩組後（每組都有普通幼兒和特殊幼兒），再根據每一小組幼兒的特色，由老師設計課程，以符合每位幼兒的需求。此時，也是教師觀察幼兒對新材料的反應或用新方法來使用舊材料的重要時刻。

參、作息與學習經驗

作息可以和學習經驗結合。學習經驗乃參考高瞻課程模式的主要經驗修改而成，泛指在學前時期浮現的重要智力、社會及動作技巧的活動與過程。上午半天

的作息、作息內容與學習經驗，如表3-3所示。

● 表3-3　上午半天的作息、作息內容與學習經驗

時間	作息	活動內容	學習經驗
8：00～8：30	自由時間	和家人道別→向老師、同學道早安→放好書包→掛好外套→自由活動	主動學習、社會學習、照顧自己的需要
8：30～8：50	日曆活動、點名	日曆活動→點名	主動學習、社會學習、數、時間
8：50～9：45	角落時間	坐回小組座位作計畫→找到名牌黏貼在角落櫃上→進行角落探索與操作→收拾→回憶	音樂、數、空間、分類、主動學習、社會學習、聽及說、科學、時間
9：45～10：25	點心時間	唱點心歌→享用點心	照顧自己的需要、主動學習、社會學習、聽及說、科學、數
10：25～11：05	小組時間	參與各領域小組活動→完成指定工作→將資料放入檔案本	音樂、數、空間、分類、主動學習、社會學習、科學、數
11：05～11：35	戶外時間	依序排隊→排隊到達戶外活動區→選擇喜愛的遊戲方法→時間到集合排隊	主動學習、社會學習、空間
11：35～11：50	大團體時間	每天不同的活動：主題討論、兒歌歌謠、故事、律動、遊戲、游泳	主動學習、社會學習、聽及說、時間、空間、分類

　　由以上可知，每一段作息都可以和學習經驗結合，老師可以運用學習經驗來詮釋幼兒一天中的行為及學習。

肆、作息目標

　　例行活動指的是每天都要進行的活動，在教室中的每一段作息都會進行例行活動，例如：點心時間的例行活動為：用餐前洗手、排餐具、傳遞食物、自己倒果汁、討論及分享、要求喜愛的食物、清理等。可利用作息表來記錄每一段作息的活動內容及每一段作息中發生的特別事項，以作為教學參考。表3-4為日常作息觀察紀錄表。

● 表3-4 日常作息觀察紀錄表

日期： 紀錄者：

時間	作息	活動內容	特別事項
8：00～8：30	自由時間		
8：30～8：50	團體時間、日曆活動、點名	1.打招呼時間 2.分享 3.活動內容：「說好話」──請幼兒分享聽到好話的感覺，並嘗試說一句好話	
8：50～9：05	計畫時間	第一組：計畫打電話、布袋戲、扮演、望遠鏡、麥克風	
9：05～9：35	角落時間		
9：35～9：45	回想時間	1.轉瓶子：旋轉瓶子，瓶口朝向哪位幼兒，該幼兒就回想一下剛剛在工作時間做了什麼 2.提示：教師將學習區的物品放在桌上，鼓勵幼兒說出他們所使用的或是看到別人在使用某項物品有關的線索	
9：45～10：25	點心時間		
10：25～11：05	小組時間	讓幼兒利用黏土、麵糰等創作蝴蝶等昆蟲的形狀	
11：05～11：35	戶外時間	在戶外場玩或教師自己設計的粗大動作活動	
11：35～11：50	大團體時間	1.讓幼兒想像自己是一隻蝴蝶，運用身體做出各種肢體創作 2.提醒方式：利用鈴鼓提醒幼兒大團體時間	

　　每一段作息的例行活動也可達到目標，各段作息時間及目標如表3-5所示。

● 表3-5 作息目標

作息	作息目標
到達	・會向師長、同儕問安 ・會主動將鞋子擺好 ・會向父母道再見 ・會儘速將早餐吃完
自由活動	・會獨自從事靜態的娛樂活動 ・會與同儕互動 ・能在工作或遊戲中遵守規則

● 表3-5 作息目標（續）

作息	作息目標
收拾	・聽到琴聲能快速將玩具歸位 ・歸位完後能到大團體位置坐好，並依琴聲表演動作
日曆計畫	・能用好聽的聲音向老師問好 ・能主動參與猜猜看選牌遊戲，例如：上面、下面、從左邊或右邊算來第幾張 ・能知道今天是幾月幾日星期幾、天氣如何
角落時間	・能知道各角落的名稱 ・能正確選擇自己喜歡的角落 ・能知道各角落的位置 ・能正確操作玩具、教具
戶外時間	・能正確使用遊樂器材 ・能和同儕一起玩 ・能和同儕輪流玩 ・能表達自己的需要（如喝水） ・進教室前會先去洗手間並洗手
點心時間	・吃點心時能儘量保持桌面的清潔 ・能不挑食 ・能正確的使用餐具 ・能將用過的餐具收到指定的地方 ・會在吃完點心後整理好桌椅
小組時間	・能說出自己的需要 ・能參與小組活動 ・能與同儕互動 ・能在協助下完成學習單 ・會將自己的作品收好
大團體時間	・能依指示做動作 ・會模仿歌謠及兒歌之動作 ・會主動和同儕互動 ・別人說話時能安靜 ・能參與各項活動
午餐	・能吃各種食物而不挑食 ・會要求自己喜歡吃的食物 ・能不用手抓取食物 ・能正確進食而不撒落食物 ・會自己裝湯 ・能將用完後的餐盤歸位
放學	・會和老師、同儕道再見 ・會將老師所發的東西帶回家

伍、作息調整

　　教師在計畫各段作息的時候，不要忽略了有個別需要的特殊幼兒，各段作息的調整原則如下。

一、團體時間

1. 團體時間要短，以配合幼兒注意力集中的時間。
2. 在一天不同的時段安排團體時間。
3. 時常提醒幼兒團體時間的規則。
4. 設計一個團體時間的信號，例如：要進行團體活動時，老師會彈琴。
5. 評量團體中每位幼兒參與團體活動的情形。

二、點心時間

1. 當幼兒坐在點心桌前時，鼓勵他們與其他幼兒互動。
2. 讓幼兒坐好，並且自己清理用完的點心。
3. 點心時間內必須包含刷牙時間。
4. 與家長討論幼兒用餐的問題。
5. 點心時間可放一些輕柔的音樂。
6. 將進食的技巧分為幾個連續的步驟。

三、過渡期間

1. 計畫一些小團體的活動，比進行大團體活動要合適。
2. 有建設性的利用過渡時間，例如：可以練習一首歌、玩手指偶、讓幼兒模仿面部表情。
3. 用一張上面畫有下一個活動的圖片卡，提示幼兒下一個要進行的活動。
4. 提供幼兒選擇是否要改變自己參與的角落。

5. 減少幼兒等待的時間和不必要的過渡。高瞻課程模式認為，過渡時間的次數愈少愈好，儘量將活動、集合地點及教師之間的轉換次數降到最低。建議在一個活動結束之後立即開展一個新的活動，或者將一個活動的結束部分與另一個活動的開始部分重疊，以減少等待時間。比如說，如果幼兒從早餐開始他們的一天，他們就可以在同一張桌子上進行計畫活動。當等待時刻無法避免的時候，想辦法讓幼兒們主動加入活動。

6. 發揮創造力讓過渡時間變得有趣，設計一些好玩的方法讓幼兒從一個地方移動到另一個地方，像是用各種不同形式的遊戲、歌曲、童謠和兒歌等，讓過渡時間變的有趣，例如：教師在幼兒一邊洗手的時候一邊唱有關洗手的歌，用簡單的音樂和有趣的節奏激發幼兒的興趣，使幼兒更加專注。教師也可以把過渡時間設為幼兒才藝展示的小舞臺，讓幼兒可以自由地展示自己。

7. 在過渡前給幼兒一個提醒，提早告訴幼兒再過幾分鐘要進入到下一個時間了，讓他們做好心理準備，這樣可以幫助他們抓緊時間，完成正在進行的活動。透過聽覺（如音樂）和視覺（如圖片）結合像是小沙漏、閃爍的燈光、時間提示板或手搖鈴來提示下一步要做什麼，或直接帶領幼兒從一個地方轉移到另一個地方，或提供下一段時間要用的物品，讓幼兒知道下一段時間要做什麼，最終目的是讓幼兒可自己預測結果及控制周圍環境。

8. 為最長的過渡時間（收拾玩具時間）做好計畫，收拾整理時間是最費時且常常是幼兒最不喜歡的過渡時間。幼兒不想收拾玩具，而老師急於讓幼兒按計畫進入下一個活動。如能將收拾整理時間看成解決問題的機會（「我在想我們應該把這個東西掛在哪裡晾乾？」）、一個學習經驗（「我們該如何組織和擺放材料？」），甚至當成是一件快樂的事情（例如：設計一個收拾整理的歌、背誦童謠），如此幼兒會用更積極的態度來看待收拾整理這件事。此外，老師要把重點放在幫助幼兒更快的完成收拾清理工作，而不是強調收拾得很整齊。

四、午餐及點心時間

準備輔具及特殊食物。為了達到正常化的目標，特殊幼兒和普通幼兒一樣，盡量使用同樣的桌子。

五、戶外時間

在戶外遊具中，鞦韆是最容易調整的，例如：加裝扶手就可以增加安全性。

第四章

學前融合班的課程設計

　　Kostelnik、Soderman與Whiren（1993）認為，美國幼教課程將持續強調一般幼兒發展和學習理論的重要性，更重視對幼兒的觀察和評量。為了增進對個別幼兒的了解，有系統的評量觀察方法勢必會被加以發展及推行，現有偏重以測驗來了解個別幼兒的趨勢也仍會保持。《發展合宜實務指引》一書將發展合宜課程區分為八大領域：美感的、情感的、認知的、語言的、身體的、社會的、假想遊戲的、建構的領域，它和目前幼教課綱的六大領域：美感、情緒、認知、語文、身體動作與健康、社會非常相像。

　　美國幼兒教育協會（NAEYC）認為，課程有八項要點：

1. 一個適合幼兒發展的課程應該包含所有領域的幼兒發展領域，並應以教師對幼兒的觀察為基礎，來計畫課程的內容。

2. 課程要將學習視為一個交互作用的過程，所有的學習活動和學習材料都要具體和適當。

3. 課程能符合不同發展程度和興趣的幼兒需求。

4. 教師提供的教材和經驗需逐漸增加難度和複雜性，在幼兒發展新的認知和技巧時，教師應不斷提供幼兒挑戰的機會。

5. 教師應提供幼兒從多種活動、材料和玩具中做選擇的機會，允許幼兒有充分的時間探索。

6. 課程計畫應包含多元文化的、無性別偏見的經驗以及教材和教具。

7. 一天之中的動、靜態活動應求平衡。

8. 應提供給所有年齡的幼兒戶外活動經驗。

美國幼兒教育協會（NAEYC）進一步為所有幼兒的課程，訂定以下的指引：

1. 課程內容必須多向度，且要與幼兒的生活經驗相關及具有意義。
2. 課程尊重與支持個人、文化與語言的差異。
3. 課程支持並鼓勵與家庭的正向關係。
4. 課程能為幼兒的概念提供理論架構，並隨著時間累積幼兒之前的知識，增進心智能力。
5. 能經由主要活動來涵蓋數個發展領域，或透過主題提供豐富的學習。
6. 經由整合的方式提供各面向，例如：生理、情緒、社會性、認知與心理層面等發展。
7. 提供成功的經驗，以加強幼兒對學習的能力與興趣。
8. 能夠讓教師具有能力去教導不同能力的幼兒。

第一節　融合班的課程

依據上述美國幼兒教育協會（NAEYC）的課程指引，融合的班級課程應符合下列條件。

壹、課程應增進幼兒各項能力的發展

幼兒園課程應包含認知、語文、身體動作與健康、社會、情緒及美感領域。學前特教課程應包含五大領域的發展：認知、語言、動作、生活自理及社會情緒。課程的計畫必須結合幼兒園及學前特教課程領域。

貳、課程要和教學哲學及理念結合

在做課程計畫之前，教師首先要了解自己的教學哲學及理念，它會影響到

教師如何教及如何呈現課程。融合班強調讓幼兒主動的學習,幼兒在透過具體操作教具或玩具理解物體的關係後,才能進入抽象思考的階段。為了達到幼兒主動學習之目標,角落及小組課程都要準備教具,並且多蒐集材料,讓幼兒能選擇並主動學習。教師隨著幼兒的帶領,並依著課程目標執行教學,還要觀察幼兒是否主動學習。教學後的省思課程是否符合幼兒需求,以增進幼兒主動參與和主動學習。

參、課程安排必須和幼兒的生活相關且有意義

安排和幼兒生活相關的教學活動及材料,課程的目標應融入日常的教學活動中,例如:數字的目標可以透過吃點心時教導,讓幼兒數 數同桌吃點心的幼兒有幾位。日常生活中的事物並非依領域呈現,因此教師必須協助幼兒有系統的學習,可透過主題傳遞和幼兒日常生活相關的知識,並輔以適當的情境布置,例如:配合粽子的製作及節令介紹端午節的主題,幼兒便能更容易吸收到生活相關的知識。

肆、課程設計應符合幼兒的年齡、興趣及能力需要

教導特殊幼兒時,除了考量其能力外,亦必須考量其生理年齡,並依此設計課程,例如:設計動作課程時應提供4歲特殊幼兒腳踏車,而不是學步車,雖然其心智年齡只有2歲。課程除了符合幼兒程度還要兼顧挑戰性,也就是在同一活動中安排不同難度及種類的學習經驗,以符合不同程度幼兒的需求,並隨著幼兒的年齡,增加課程的難度,讓幼兒有自主及勝任的感覺。同理,幼兒園大班、中班與小班課程也要隨著年齡,增加課程的難度。

伍、課程內容應儘量完整及正確

雖然幼兒年紀尚小,仍應介紹較完整的知識,以使幼兒能充分理解概念,

例如：音樂課不只是唱唱童謠，應介紹各種樂器，使幼兒了解什麼是旋律及音調的特性。同樣地，在安排語言學習時，亦可安排和語言相關的活動，如童詩、兒歌、繪本閱讀等。

陸、安排社會互動課程，鼓勵幼兒之間及與成人的互動

透過提供選擇、建議、問問題及描述，讓幼兒願意主動地參與教學活動。再透過互動式的座位，讓彼此看得到對方，或安排團體遊戲課程及戶外活動課程，以增加互動的機會。安排社會互動課程時應給予幼兒一些任務，並給予表現好的幼兒獎勵。社會互動課程可透過大團體、戶外及小組教學活動進行：

1. 小組教學：讓普通幼兒帶領特殊幼兒。
2. 大團體或戶外活動：如兩人一組合作完成競賽。

柒、課程應輔以課程式的評量

課程式的評量具有下列優點：

1. 可用來檢視幼兒的進步狀況。
2. 反映平時教學的內容。
3. 評量項目按年齡或按一定的順序排列。
4. 適合不同類型及程度的特殊幼兒。
5. 教學項目具有功能性及評量性。
6. 可信度高。
7. 可作為教學評鑑，以了解就讀的幼兒是否有進步。

第二節　訂定課程計畫

在了解什麼是課程後，下一步就是學習如何訂定課程計畫。Wiggins與

McTighe（2005）提出反向課程設計（backward design）的概念，設計課程的第一步就是考慮這個主題或活動結束以後，幼兒能學到什麼。它的步驟是先確立一個幼兒應該達到的大目標，再設計評量方法去測試是否達到目標，最後才是考慮用什麼教材以及設計什麼活動。先確立目標就像給課程提供了一個方向，指引著課程活動設計。具體來說，除了列有各種發展領域活動外，課程設計的原則如下。

壹、列出教學目標

可用來評估幼兒的起點，作為評估進步的指標。在設定目標的時候，要考慮幼兒需要學什麼，以及幼兒的能力、年齡等因素，兼顧橫向（包含該年齡層應該要學的領域，如認知、語文、社會、動作等領域連貫的學習目標）及縱向（涵蓋不只一個年齡層的目標）之發展。以「動物吃的東西」活動為例，幼兒上完這個活動能夠學到什麼，例如：認知目標方面，幼兒能知道動物的特徵是什麼、動物都吃些什麼，能夠理解肉食性及草食性的動物；語言方面，幼兒能夠在大家面前表達自己的想法；社會方面，幼兒能展示自己的作品。

詳細的教學目標如下：
1. 能指出吃肉的動物（老虎、鱷魚、熊……）。
2. 能指出吃草的動物（羊、斑馬、長頸鹿……）。
3. 能將吃肉和吃草的動物分成兩邊。
4. 能說出兩種食物都吃的動物。

貳、列出適用的對象及教學型態（大團體，小組、角落、戶外或個別）

參、有理論架構，依據某種學派提出的理念及教學方法

肆、適用普通幼兒及特殊幼兒的需求，符合正常化的原則

伍、設計跨不同領域的活動計畫（如一個活動包含認知及動作領域的目標）

　　教學活動計畫提供一個架構和組織，以作為執行活動的藍圖。教學活動計畫的格式通常包含活動流程、活動目標、教材教具、引起動機、發展活動和綜合活動，其課程大多是統整課程，通常涵蓋不只一個領域。美國有些州的教學活動計畫還包括差異化教學的欄位，需列出針對資賦優異和發展遲緩兒童所做的調整，除了要求須清楚描述學習目標外，還要求學習目標和IEP目標結合。

　　反向設計的最後一步是設計教學活動來達成教學目標，提供以幼兒興趣及能力為主，並提供幼兒選擇及回應的活動。在一個活動裡，需提供幼兒多種能力，並遵循「我做你看→我們一起做→你自己做」的順序，老師先示範，交代清楚任務，再引導幼兒分組或是全班練習，最後期望幼兒能夠獨立完成任務。以下以「動物吃的東西」活動為例，闡述如何設計活動（如表4-1所示）。

● 表4-1　動物吃的東西

學習經驗：分類、說
材料：動物模型、動物圖卡、學習單、彩色筆

教學流程	教學目標
1. 老師利用動物模型做動物的自我介紹，從動物的自我介紹中說出最喜歡吃的食物（例如：老虎、鱷魚吃肉，羊、長頸鹿喜歡吃草、樹葉……）。 2. 請幼兒將吃肉和吃草的動物分成兩邊。 3. 拿出狗、貓、豬圖片，請幼兒說說看牠們吃些什麼（肉、菜、水果……）。從中告訴幼兒，有些動物是所有可以吃的食物，牠們都可以吃。 4. 配合學習單，每種動物都有一種牠們最愛吃的食物，請幼兒將牠們愛吃的食物送給牠。	1. 能指出吃肉的動物（老虎、鱷魚、熊……）。 2. 能指出吃草的動物（羊、斑馬、長頸鹿……）。 3. 能將吃肉和吃草的動物分成兩邊。 4. 能說出兩種食物都吃的動物。

陸、實施評量，檢驗教學成果

如何知道幼兒到底有沒有達到預期的目標呢？這時就需要用各種評量方式來檢驗教學成果。評量的方式有很多種，其中任務展示（performance tasks）指的是學習者在真實情境下展示學習的內容。比起傳統的考試測驗，任務展示能夠讓幼兒在真實的情境裡使用語言，更能夠有效地評量多種能力。以下是透過「我的家」小組活動來評量幼兒的能力（吳淑美，2016），該項活動跨不同領域的學習目標且符合普通幼兒及特殊幼兒需求，內容如表4-2所示。

● 表4-2　我的家
學習經驗：空間、主動學習、聽及理解、說、經驗及表達想法、社會學習
材料：色紙、圖畫紙、蠟筆、膠水

教學內容	學習目標	評量結果			
		不會 1	尚可 2	較好 3	很好 4
1. 老師先呈現所需的材料，並詢問材料名稱。 2. 老師展示對折好的房子，再逐一教導幼兒利用對折的方式摺出房子的樣子，並讓幼兒跟著仿摺學習。 3. 然後老師再將摺好的房子貼在圖畫紙上，讓幼兒跟著做，然後引導幼兒在圖畫紙及房子上作畫。 4. 最後，分享完成之作品。	1. 能觀察後說出材料名稱。 2. 能注意聽老師講解。 3. 能跟著老師的指令對折。 4. 能自己完成房子。 5. 能使用膠水貼房子。 6. 能自己使用蠟筆完成構圖。 7. 能自己展示作品並說明所繪內容。 8. 能安靜等待別人分享圖畫。				

評量結果：很好(4)：達成該項目標75%以上；較好(3)：達成該項目標75%～50%；尚可(2)：達成該項目標25%～50%；不會(1)：未達成該項目標25%。
學習目標共八項，通過項目（指評量為「較好」或「很好」者）共＿＿＿項。
針對特殊幼兒所做的調整：能將色紙對折。
延伸活動：「幫忙找回家的路」。

幼兒的發展需求和課程之間的契合度是教育成效的關鍵，也就是幼兒的發展需求須和課程契合，教師應依每位幼兒的獨特需求來調整課程，安排功能性的活動以促進幼兒的成長與發展，這個觀點亦符合融合教育強調的有效教學。

第三節　課程的取向

幼兒課程設計離不開兩種課程取向，分述如下。

壹、由早期介入課程為出發點的課程取向

這類課程大多是針對有特殊需要的幼兒而設計，可統稱這一類課程為學前特殊教育課程。根據融合教育的理念，特殊幼兒會和普通幼兒一起上課，那麼學校還需要為同班的特殊幼兒設計學前特殊教育課程嗎？有些教育工作者認為，學校可以用課外時間為特殊幼兒提供特殊教育課程，又或者在課堂的部分時間將特殊幼兒從該班中抽離，以便為他們提供治療或特教課程。常見的例子包括為語言障礙幼兒提供語言治療。

學前特殊教育課程強調五大領域，以下按各個領域，分別介紹其涵蓋的內容：

1. 認知領域：主要涵蓋基本概念，如形狀、顏色、大小、因果關係（例如：某動作引發另一動作，出現因果關係）、物體恆存、轉換、方法與目的、問題解決、數、分類、對環境的好奇等概念。
2. 粗大動作領域。
3. 精細動作領域。
4. 語言領域：分為語言理解及語言表達兩個領域。
5. 生活自理領域。

以認知領域為例之學前特殊教育課程計畫，如表4-3所示。

● 表4-3 學前特殊教育課程計畫

活動名稱／教具	綱要	細目	作法／目標	不會1	尚可2	較好3	很好4	NA
香蕉是什麼顏色／大小不同的彩色圓形板	分類	使用二種標準	能傾聽並注視老師介紹彩色圓形板	○	○	○	○	○
			能指出指定的顏色板	×	×	×	○	×
			能仿說顏色名稱:(紅、黃、藍、綠)色	×	×	×	○	○
			能說出顏色名稱	×	×	×	○	×
			能依樣本將彩色圓形板依顏色分堆	×	△	△	○	○
			能依大小將圓形板分堆	×	△	×	○	○
			能同時依顏色及大小將圓形板分堆	×	×	×	△	△
			能模仿老師將圓形板疊成塔	×	×	×	△	△
			能打開虎口用大拇指及食指抓住圓形板做堆疊	△	△	△	○	○
			能在活動結束後將圓形板收拾放入袋中	○	○	○	○	○

　　上述的學前特殊教育課程取向明顯忽視了特殊幼兒在普通班課程的需求,當特殊幼兒安置在普通班時,其個別化教育計畫(IEP)也須在普通班執行,如果只是讓他們坐在教室,未提供適合其能力的課程,徒然付出時間和精力,或只提供抽離式個別輔導,無法融入普通班,都失去安置在普通班的用意。這類課程尤其不適合需要社會及溝通能力的自閉症幼兒。

貳、為所有幼兒(包括已被評估為有特殊需要的幼兒)而設計的課程的取向

　　課程配合特殊幼兒目前的真實發展狀況,並在這個基礎上幫助幼兒取得全面及均衡的發展。此種課程取向涵蓋了學前階段幼兒應取得什麼程度的進展、普通

及特殊需求幼兒的發展目標，因此包容性更強。

第四節　高瞻課程

　　高瞻認知導向課程（High-Scope cognitive-oriented curriculum），是由David P. Weikart在1962年發展出來的。高瞻課程的理論基礎深受Piaget學說的影響，視幼兒為主動學習者，著重幼兒與環境的互動，並提供幼兒發展認知能力的學習經驗。高瞻課程在課程的安排上，除了須符合幼兒的能力之外，還須著重課程之間的銜接及組織。它對於融合班的普通幼兒及特殊幼兒而言，都是一種非常理想的課程，屬於上述第二種課程取向。

　　高瞻課程模式強調「主動式學習」（active learning）及幼兒的適性發展，教師可利用幼兒有興趣的活動作為跳板，教導幼兒社會生存所需的社會及認知概念。高瞻課程認為，幼兒是以可預期的順序來發展，各種學習都有其恰當的時間，所以在發展順序的某個特定時段，有些教學法會比其他教學法更適當。高瞻課程的主要重點包括主動學習、主要經驗（key experience）、日常作息及教室布置。主動學習及主要經驗詳述如下。

壹、主動學習

　　主動學習是指由學習者所引發，而不是由教師交代或引發的學習。主動學習的活動，必須包含下列五種主要的要素：

1. 材料：幼兒能輕易取得各種有趣材料。
2. 操弄：幼兒能自由把玩、探索及使用材料。
3. 選擇：幼兒有機會設定他們自己的目標，並選擇材料和活動。
4. 語言表達：幼兒談論他們在做些什麼及他們完成了什麼。
5. 成人的支持：藉由與幼兒討論他們正在做的事情，參與幼兒的遊戲，以及

協助幼兒解決問題。成人可以稱讚幼兒的努力,並協助其延伸或建構他們的計畫。

貳、主要經驗

主要經驗指的是幼兒們在成長過程中的各種發現,是在一個主動學習的環境中,不斷從不同的學習器材以及在和成人與同儕的互動中反覆地去經驗,並從中獲得自我啟發進而建構幼兒的知識基礎。有鑑於「主動學習」是高瞻課程的核心,而不單獨成為主要經驗,故將其合併在其他主要經驗的類別下(柯澍馨、吳凱琳、鄭芳珠、林珮蓉譯,2004)。目前統整各領域所包含的主要經驗有:創造力的表現、語言與讀寫能力、主動性與社會關係、動作、音樂、分類(運用相似性與相異性)、連續排列(製造出序列與模式)、數字、空間、時間等十項。因高瞻課程仍在發展中,所以這些主要經驗也還不是最終定論(柯澍馨等人譯,2004)。

第五節 融合班的學習經驗

所謂學習經驗,乃是透過教學傳遞給幼兒,讓幼兒體驗,其乃根據普通兒童及特殊兒童的需求編擬而成。其中,普通兒童的經驗部分是參考Weikart(1972)提出的主要經驗,特殊兒童的經驗則根據功能性課程及學前特教班的課程,三者綜合為融合班的學習經驗(吳淑美,1999)。筆者將學習經驗分成十三大項,包含:數、分類、時間、空間、主動學習、聽及理解、說、閱讀、寫、經驗及表達想法、照顧自己的需要、社會學習、科學等。

壹、學習經驗融入課程計畫

可將學習經驗融入課程計畫中,例如:融入小組教學計畫中、將數個學習

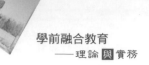

經驗融入一個活動中。透過教學活動來傳遞學習經驗，不但可使教學活動變得生動有趣，也能使教學達到預期的目標。在融合班的小組教學中，教師在撰寫教學計畫時，需將該活動提供的學習經驗列出，例如：該教學活動設計安排了「主動學習」這項學習經驗，則當天的教學就要符合「主動學習」的目標，而「主動學習」正是融合班最強調的一項經驗，因而學習經驗亦是教學品質的一種指標。當某些學習經驗一直未在課程中出現時，教師就必須調整課程內容，安排符合某些學習經驗的活動。從表4-4的評估表中，可清楚的看到幾乎每天的團體活動都涵蓋了「主動學習」這項學習經驗，可見主動學習的重要性。如何在大團體及角落活動中傳遞學習經驗，如表4-4所示。

● 表4-4　大團體及角落活動中傳遞的學習經驗

班別：　　　　　　　　　　　　　　　　　　　　　　紀錄者：
主題名稱：身體部位

| 日期／星期 | 大團體 | | 角落活動（特別安排） | 學習經驗 |
	活動	學習經驗		融入情形
9/16（四）	轉轉轉（氣球傘）	主動學習	認知角：數與量（數棒）	主動學習、數
9/17（五）	身體遊戲（一）（大、小聲的移位）	主動學習	感官角：布書——《表情先生》 語言角：停看聽 日常生活角：牙醫診所	主動學習、説
9/18（六）	身體遊戲（二）（高低空間變化）	主動學習	精細角：紙拖鞋 認知角：數的系列（二） 粗大動作角：拍泡泡（手眼協調）	主動學習、數
9/20（一）	聽聽是什麼聲音（一）（大、小聲＋敲擊樂器）	主動學習	精細角：立體建構 語言角：請你猜猜身體部位 日常生活角：幫娃娃洗澡	主動學習、空間
9/21（二）	聽聽是什麼聲音（二）（高、低音＋敲擊樂器）	主動學習	感官角：神秘箱 認知角：形狀色彩系列 粗大動作角：兩人三腳	主動學習
9/22（三）	捉迷藏（矇眼遊戲）	主動學習	精細角：吹畫 語言角：我的故事 日常生活角：大家來吃菜	主動學習、聽及理解、經驗及表達想法

貳、學習經驗與教學活動

學習經驗提供融合班課程的架構，如何讓這些學習經驗成為學習的課題，則有賴教學活動的安排。有些學習經驗在日常活動中隨時可得，而有些則需刻意設計及營造。同一項學習經驗亦可經由不同的活動來達成，以下是透過平時的教學活動來讓幼兒獲得學習經驗的一些方法。

一、語言的經驗

可透過下列活動達成：

1. 說故事。

2. 問答遊戲：一問　答，並使用文法來表達。

3. 唱兒歌。

二、數的經驗（可以和「分類」及「科學」結合在一起）

可透過下列活動達成：

1. 數物品。

2. 描及仿寫數字。

3. 認識數字活動。

4. 買賣遊戲。

5. 比較兩組物品多寡（個數、體積及量）。

6. 做一本數字書，介紹數與量配對。

7. 分一分，例如：將形狀一分為二。

三、建構的經驗（與「主動學習」結合）

可透過下列活動達成：

1. 在建造東西時能維持平衡，建構活動包括：(1)貼在紙板上；(2)畫圖案；

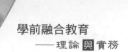
(3)建造；(4)工具使用。

2. 組合成一樣東西，例如：先討論積木能做成什麼，如堆成塔。

3. 記錄做東西的步驟，例如：先搭房子底部再組合屋頂。

四、縫的經驗（編織）（與「主動學習」結合）

可透過下列活動達成：

1. 縫或配合圖案穿線。

2. 把部分組成全部。

五、音樂經驗（與「主動學習」結合）

可透過下列活動達成：

1. 探索樂器及聲音。

2. 跟著音樂做動作。

3. 使用樂器。

4. 錄音及呈獻自己做的音樂。

六、動作經驗（與「主動學習」結合）

可透過下列活動達成：

1. 參與舞蹈及體能活動。

2. 遵守規則，例如：遵守跳房子的活動規則。

七、戲劇經驗

可透過下列活動達成：

1. 扮演（用動作及語言）。

2. 聖誕晚會。

3. 編寫劇本。

八、美勞經驗

可透過下列活動達成：

1. 剪紙。

2. 黏土。

3. 畫圖。

九、空間的經驗

可透過下列活動達成：

1. 把東西放在一起或拆開（如拼圖）。

2. 指認物體的部分，從部分可以認出整體，例如：說出放在神秘袋內的物品。

3. 辨別及表現出物體在空間的大小，例如：用不同長度的紙條組合成不同面積的圖案。

4. 顛倒物體的順序，並且能在弄亂前預測原來的形狀（如鏡體字）。

十、距離的經驗

可透過下列活動達成：

1. 描述物體之間的距離。

2. 跳遠。

3. 三度空間─幾何形狀，例如：用百力智慧片做成一個球，或用樂高積木做成車子。

4. 照著排（序列）。

5. 把紙剪成兩半，找出另一半。

6. 地圖活動（有縱及橫座標）。

7. 空間組合：積木。

十一、分類的經驗

可透過下列活動達成：

1. 分辨相同、相似及不同。

2. 找出圖片中或相片中的房子有何不同。

3. 找出圖片中能用剪刀剪的東西及能畫的物品各兩種。

4. 找出做相同動作的人。

5. 先分類，再用另一種標準來分類。

6. 商店遊戲，例如：把商品分類後上架。

7. 做成分類圖表，例如：按生日的月份做分類。

十二、大小的經驗

可透過下列活動達成：

1. 比較動物大小。

2. 量體重。

達到學習經驗的活動如表4-5所示。

● 表4-5　達到學習經驗的活動

學習經驗	細目	活動
主動學習	1. 主動探索各種材料的功能及特性 2. 經由經驗了解物體的關係 3. 操作、轉換及組合材料 4. 照顧自己的需要 5. 使用大肌肉	1. 操作地球儀：手電筒、天平、骰子；走迷宮；找尋寶圖；錄音設備的操作；萬花筒的使用；橡皮筋的使用 2. 做傳聲筒、信封偶；秤秤看（哪個東西重） 3. 自己畫陷阱、迷宮圖；調整天平兩邊的重量，使其一樣重；操作保齡球 4. 自己取用做好的沙拉 5. 表演動物的姿態；能跳呼拉圈、跳跳床

● 表4-5 達到學習經驗的活動（續）

學習經驗	細目	活動
聽、說	1. 和他人談及自己的經驗	1. 自我介紹；說出自己家附近的建築物及百貨公司賣什麼；說出自己曾做過的夢；說出生活中看到的圓形物；說出各種天氣情形
	2. 表達自己的需要及感覺	2. 說出穿雨衣、雨鞋的感覺；說出被人欺負的感覺
	3. 傾聽	3. 仔細聽老師說故事；傾聽同學說故事；在遊戲前聽老師講遊戲規則
	4. 遵守命令	4. 聽從老師口令往前後左右移動
	5. 講故事	5. 重複老師剛才所講的故事
	6. 模仿動作及聲音	6. 模仿各種動物的動作
經驗及表達想法	1. 把自己的感覺表達出來	1. 表達在某些情境之下該如何做
	2. 把圖片上看到的東西聯想到真實之事物	2. 看到圖片中的情境說出真實的情境
	3. 繪畫及表達自己畫的內容	3. 說出自己畫的人物在做什麼
科學	1. 養植物	1. 在戶外場種植物
	2. 觀察氣候變化	2. 觀察晴天、雨天、陰天之不同
	3. 觀察及描述一些變化	3. 觀察各種材料吸水的情形；觀察輕重；觀察兩種不同的物體在天平上的情形；觀察許多顏色混合的情形
分類	1. 分類及配對	1. 將七巧板分類；分類鐵和非鐵做的東西
	2. 分類時可以使用不同標準	2. 將七巧板依顏色、形狀分類
	3. 使用一種標準來比較事物	3. 以吸水的多寡來區分東西
數	1. 比較數字及數量之多少	1. 用天平來比較物品的重量；比較猜拳輸贏，贏者可先取出盤中的糖果，輸者取剩下的糖果
	2. 數東西	2. 說出哪一盤的葡萄乾最多；把較多一盤的糖果分到較少的一盤，使兩盤一樣多
	3. 數東西	3. 數一數盤中的糖果有多少；依指令從盤中拿出5粒糖果
	4. 認識數字	4. 認識數字1～5
時間、空間	1. 經驗及描述東西之間的位置	1. 描述自己所在的位置，並說出前後左右站的是誰；依棋盤指示將棋子前進或後退
	2. 比較時間之長短	2. 比較時鐘長針指到5和6，哪一個需要較久的時間
	3. 觀察到時鐘和日曆是用來記錄時間	3. 知道時鐘和日曆都是用來記錄時間

● 表4-5 達到學習經驗的活動（續）

學習經驗	細目	活動
社會學習	1. 遵守團體的規則 2. 在扮演遊戲中表現出家庭中、社區及學校中各種角色和事物	1. 和別人討論藏寶圖的路線；遵守打保齡球規則；遵守投擲遊戲的比賽規則 2. 在扮演遊戲中，表演和兄弟姊妹及家人相處情形
閱讀	1. 把相同的字配對 2. 認識注音符號 3. 認識字的結構及音 4. 認識一些最常用的字	1. 配對遊戲 2. 貼注音符號 3. 象形字 4. 簡報上的字

以上的活動是傳遞學習經驗較常使用的方法，這些活動都可適用普通幼兒園，亦適用在融合班或學前特教班。

小組教學活動也可和學習經驗結合，小組教學活動學習經驗評估表，如表4-6所示。

● 表4-6 小組教學活動學習經驗評估表

小組學習				評量	
活動名稱及學習經驗		學習經驗	細目	活動紀錄（普）	活動紀錄（特）
名稱	摸一摸、闖一闖	五	①願意接觸教材；②了解功能及特性；③主動使用教材		
認知（感官）	五、主動學習：①、②、③ 七、說：①、② 十、經驗及表達想法：①、④	七	①談及使用經驗；②了解用品如何正確使用及誰會使用（說）		
		十	①接觸後能反應感覺、記憶名稱；④會表現喜接受、惡拒絕		
名稱	我有話要說	五	②主動認識錄音設備之功能及特性；⑤會操作錄音設備。了解錄音的過程，先由自己發聲，經錄音設備記錄在錄音帶上，倒轉後可聽到自己所說的話		
語言	五、主動學習：②、⑤ 七、說：①、③ 十、經驗及表達想法：①、⑥	七	①參與錄音談及自己的經驗；③說出：我愛吃……		
		十	①表現自己的喜、怒、哀、樂；⑥把自己的話記錄下來		

● 表4-6　小組教學活動學習經驗評估表（續）

小組學習			評量	
活動名稱及學習經驗	學習經驗	細目	活動紀錄（普）	活動紀錄（特）
名稱　呼吸的故事	五	②了解人體呼吸主要器官（口鼻功能及特性）（吹吸）；⑤會吹紙片，能以毛線測量肺活量，會吹氣球		
認知　五、主動學習：②、⑤ 十三、科學：④ 十、經驗及表達想法：①	十三 十	④觀察測量肺活量時，能了解吸與呼的差異 ①說出摀住口鼻摒住呼吸的感覺		
名稱　腳丫子※注音符號	五 六 七	⑤操作圖卡、字卡 ③喜歡故事內容；①認真傾聽 ④會發問		
認知（感官）　五、主動學習：⑤ 六、聽及理解：③、① 七、説：④ 十、閱讀：⑮、②、④、⑤	十	⑮圖卡、字卡配對；②認識注音符號、拼音；④認識眼睛、鼻子、嘴巴、耳朵、手、腳、身體；⑤會組合我有（　）之句子		
名稱　邏輯小人	二	②比較小人高矮；④描述動物特性；⑥依顏色、動作分類；⑦依跑、走、立之姿勢歸類；⑨能排出順序		
語言　二、分類：②、④、⑥、⑦、⑨ 四、空間：⑩ 一、數：②、⑫、③	四 一	⑩分辨出全部與部分 ②比較數字板與小人數量；⑫依數字板數出正確小人；③能唱數1～20，認數1～20，寫出數字1～20		
名稱　歷險小恐龍	五	①主動接觸黏土；③了解水與黏土的功能與關係（軟化黏接）；⑤能自己完成作品		
認知　五、主動學習：①、③、⑤ 十、經驗及表達想法：②、④ 四、空間：②、⑪	十 四	②聯想經驗中看到的恐龍；④討論分享自己與他人之作品 ②組合恐龍肢體；⑪作品中表現出空間關係，例如：將恐龍立起來		

　　從以上的例子可看出小組活動涵蓋了不只一項學習經驗，有些學習經驗常一起出現，如聽與說、分類與數、經驗及表達想法與空間等經驗。在表4-6中，幾乎每一活動都傳遞了主動學習，有「主動學習」的教學活動以操作為主、講授為輔，可以讓幼兒從操作中了解物體間關係；對於科學概念的傳遞，主動學習尤其重要，它能化抽象的概念為具體，使教學活動變成活的，因而在教學活動的安排上，每一種活動應儘可能和主動學習結合。

　　如果要更深入的傳遞某特定學習經驗，則需透過課程的安排將之融入教學情境或作息中，作法如下：

1. 經由感官主動探索各種物品的特徵（主動學習之第二項），可透過下列活動達成：

    (1)在容器內放入不同材料，經由嗅覺猜測其中的材料（如咖啡、香水等）。（嗅覺）

    (2)嚐嚐看吃的是什麼東西。（味覺）

    (3)聽聽看是什麼聲音（如狗叫、拍手等）。（聽覺）

    (4)蓋住物體某些部分，再摸摸看是什麼。（觸覺）

    (5)把一人的眼睛矇上，另一人發出聲音猜猜看是誰？（聽覺）

2. 模仿動作及聲音（說之第六項），可透過下列活動達成：

    (1)角落時間：教小孩打蛋做蛋糕、模仿打蛋的動作。

    (2)小組：模仿小組所教內容，例如：模仿動物叫聲。

    (3)大團體：模仿兒歌動作。

第六節　問卷調查結果

壹、請問您如何設計課程？

- 以科學小遊戲方式，讓幼兒透過觀察、親自操作實驗等過程，了解科學的奧秘。
- 課程內容安排由易而難。
- 課程活動考量每位幼兒的能力做適切的調整。

貳、設計課程時運用哪些資源？（例如：課本、指導手冊、參考書、IEP、與其他老師討論、網路等）

- 參考教師指導手冊，例如：信誼出版社的《小袋鼠教師資源手冊》。
- 參考書本、教學光碟、與各個主題相關的書籍，例如：童書、百科全書。
- 考量班上幼兒的個別化教育方案，利用多元資源（如教具、圖片、影片等），使幼兒能夠學習，達成教育目標。
- 設計幫助幼兒學習的教具。
- 參考其他老師、朋友的意見，也融合自己的生活經驗。
- 從傳播媒體、網路搜尋資料。

參、設計課程時，最困難的部分是什麼？

- 有時較難與主題結合。
- 因學前幼兒是以生活經驗為主的學習，所以若是教學主題跳脫幼兒生活經驗時，延伸課程的廣度和深度會有困難。

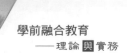

- 如何增強低成就幼兒的學習動機。
- 天氣、材料不易取得，或有時較難與主題結合。
- 對於停留在大小便訓練處理的幼兒，只能做一對一生活自理指導。
- 因為部分幼兒的認知理解能力尚未發展，使其融入團體課程中的困難度較高。
- 符合所有幼兒的需求。

肆、設計課程時，如何兼顧特殊幼兒與普通幼兒的需求？

- 先了解班上每位幼兒（包含特殊幼兒與普通幼兒）的優弱勢、起點能力，清楚掌握班上所有幼兒的學習情形。
- 依個別需求做課程內容、目標、材料、評量調整，並有小小挑戰的目標。
- 從幼兒的生活經驗切入，找出特殊幼兒與普通幼兒共同有的經驗。
- 課程包含全語言。
- 設計課程時會因個別需求差異做調整，多數時候由簡而繁、由易而難、由具體而抽象。
- 使用能與日常生活結合的實驗材料。
- 使用教學資源吸引特殊幼兒與普通幼兒的注意力。

伍、您認為最難兼顧特殊幼兒與普通幼兒的領域或活動為何？最易兼顧特殊幼兒與普通幼兒的領域或活動為何？為什麼？

一、最難的領域

- 團體討論：因為特殊幼兒較難聚焦主題，且注意力較易分散無法集中。
- 認知領域：因為特殊幼兒與普通幼兒的認知概念差異懸殊。
- 科學領域：因為較抽象、繁複。

二、最易的領域

- 數學領域：因為數概念的基礎點是相同的，但每個人的發展不一樣，所以在教學中可以很容易的調整內容來滿足不同程度的幼兒。
- 故事時間：因為故事圖片（影片）及內容加上配音，能吸引幼兒，進而融入故事情境中。
- 科學領域：因為每位幼兒都能操作。
- 精細領域：因為每位幼兒都能操作，且容易依其個別能力安排活動和給予適合的材料。

陸、您如何將學習活動或學習單與上課內容充分連結？

- 上課前充分掌握上課重點（教學目標）。
- 依據目標來設計及發展學習活動。
- 依教學目標設計課程內容。
- 依教學課程內容設計教學活動，並在有必要時事先準備學習單。
- 以幼兒的學習活動和教學目標及個別化教育計畫等內容，作為延伸的依據和連結。

柒、設計學習活動或學習單內容時，您如何調整以符合個別需求？（例如：先出普通幼兒的學習單再降低難度、特地為特殊幼兒設計一份、參考IEP、參考書籍等）

- 先了解每位幼兒（包含普通幼兒及特殊幼兒）的能力，找出這群幼兒學習目標的起點與終點。
- 以普通幼兒的學習單再降低難度。
- 特地為特殊幼兒設計一份，並參考個別化教育計畫（IEP）。
- 事先評估普通幼兒與特殊幼兒的能力。

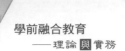

- 找出最高與最低的學習目標。
- 為每一個幼兒設計符合其能力，並有小小挑戰的目標。
- 使用教學資源吸引幼兒的注意力。
- 參照個別化教育計畫（IEP）之目標。
- 依幼兒能力分成幾種不同層次的學習單，不一定從最容易或最難的開始設計，要視當時的活動和課程內容調整，甚至有些幼兒能力還不會寫學習單，就必須提供適當的實物或教具操作。是以幼兒的能力來設計符合其能力和興趣的學習單。

捌、您覺得設計學習活動或學習單最大的困難為何？

- 學前階段的學習以遊戲操作為主要活動，所以學習活動的安排較不困難；但學習單的填寫方式常常讓幼兒花較多的時間去適應，所以設計填寫方式是較困難的。
- 教學主題跳脫幼兒能接觸的經驗時，因幼兒對於學習主題經驗較少，所能帶入課程的內容就會有所限制，又因學齡前的幼兒生活經驗和識字能力尚在萌發，所以主題教學的訂定顯得格外重要。
- 創新難。
- 要時時兼顧每個幼兒的特殊需求難。

第七節　教師訪談

問：你在設計課程的時候，覺得最困難的課程是什麼？

答：大團體時全班一起上，因為人多，人多就會很難照顧每一位幼兒，就算我們運用很多的方式，或者說運用什麼道具，或是事先設定一些目標，可是我覺得有時候還是很難照顧到每一位幼兒。再加上我們大團體，有時候可能是安

排律動，有些幼兒就不喜歡律動呀，有時安排說故事活動，有些幼兒就不喜歡聽故事呀，那時候就會比較難兼顧。我習慣用我的肢體動作跟表情去吸引他們。至於小組教學，有時候幼兒需要協助，就會影響我教學，一組裡面只有一、兩個需要協助的幼兒時，我覺得還好。可是有時候，像是禮拜三，我們已經有三個特殊幼兒了，再加上下午班兩個特殊幼兒，有五個特殊幼兒的時候，說真的，沒有辦法照顧到每一個幼兒，普通幼兒我覺得還好，因為他們的能力好，我只須稍微看一下，五個特殊幼兒能力都還好的話，我覺得也比較輕鬆。假如能力落差很大，就真的跟我們準備的東西有關係了，有時候我們準備的沒有那麼齊全的話，就會變成我很大的困擾，通常這時候我會釋放出訊息給跟我一起搭檔或幫忙準備的老師知道，所以其實跟我合作的老師都會有點辛苦，我一定會說：「啊！某老師我覺得你今天準備的東西不夠齊全，我沒有辦法讓每位幼兒學到東西。」

問：老師在設計課程時，要怎麼兼顧特殊幼兒和普通幼兒？

答：像特殊幼兒我都會幫他定目標，那如果說，這個目標是比較特別的，可能跟其他幼兒落差很大的話，我倒覺得不難準備。還有一點就是要幼兒「等」的時間，我們有時候會用問答的方式，讓幼兒回答問題，那時候就會讓我比較困擾，要怎麼讓其他幼兒等待特殊幼兒的回應，因為其他幼兒沒那麼有耐性，沒辦法等那麼久，所以我們有時候就會讓他們不用回答用指出來的就好了，那時候就會覺得比較可惜。所以我覺得我們有個別輔導也是蠻好的啦，我會把它寫下來，跟個別輔導的老師講，請他在這方面給我一些協助，或者給幼兒一些協助。

問：也就是說要先熟悉特殊幼兒的目標？

答：要非常的熟悉，才可以去運用。就是說你現在要上什麼，你每天要上什麼，可能真的就是你心裡要有一個底。今天可能幼兒要達成什麼目標或你預期要給他什麼目標，可能心裡都要有底，只要稍稍沒有準備，你自己都可以感覺出來，你會有一點慌亂。如果課程準備很充足的話，就不會有這些問題啦。

問：那如果怎麼樣都不能兼顧呢？

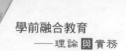

答：其實我們都會改善我們的學習單。

問：你們也有學習單嗎？

答：其實這個學習單，應該講前幾年的時候我們沒有這些東西，以前都是強調操作嘛！可是後來，我有一年比較空閒，就跑去問已經去上國小的幼兒呀，還有他們老師，他們給我們的反應就是，優點當然是很多啦，就是勇於發表啦、都很活潑快樂啦，可是他們提到一個很大的不足就是覺得他們的紙筆方面非常弱。在書寫方面，就是說不管是紙筆測驗方面，或是寫那個本子，所以我那個時候就在想說，是不是我們太缺乏這個方面，但是也不能完全以這個為主呀，那就把它調和一下嘛！

問：學習單的內容是什麼？

答：其實我們有時候參考一些坊間的書籍啦，就是根據我們今天上的課，假如說教到數嘛，我們也會參考坊間書籍裡面有關數的內容。有時候會自己去設計，我們參考它的內容，假如一頁裡面太複雜，我們的幼兒程度沒辦法時，我們就把它改造成簡單一點點，可是基本上不會差太多，因為有些特殊幼兒也會希望他們的東西跟普通幼兒是一樣的，這時候我們給他的課程就不要落差太多，他們就會感覺比較好一點，也就是說我們要改造坊間的書籍內容啦，像我們現在上「故事大王」這個主題，每次講完故事，我就會設計一些學習單，問一些問題，有的幼兒不會寫字，只要用勾選就好了，比方說老師唸呀，他就勾選，或是說我們講到浦島太郎的故事，他打開寶盒結果變成一個老人，學習單的設計就是畫一個寶盒囉，讓他自己想像寶盒裡面有什麼內容囉，然後他們用畫的就好了。

問：學習單是先做好普通幼兒的，再去調整，還是……？

答：因為我剛剛講說，其實我們在設計課程的時候，都會考慮到特殊幼兒的目標。我舉個例子，比方說我們端午節的時候，或是中秋節的時候，我剛好想要幼兒分類，那就用月餅去分類，假如這個幼兒他的目標是可以用一個標準（如形狀）去分類，那就把月餅形狀搭進去，所以也不一定是目標先出來還是課程先出來，特殊幼兒的IEP一定是先出來，出來之後，我們就會根據我

們的主題設計課程。我們會看教的內容像是水果可以搭上主題的時候，就會把它搭進去，我剛剛講每個主題結束的時候，我們就會自己做評量，就會發現有哪些目標是比較忽略的，那我們在下一個主題的時候會把它挑出來做。IEP出來的時候，就要隨時去看，甚至像我會把它貼出來嘛，隨時看看課程跟IEP是不是搭的，所以IEP是已經放在那裡的，我們的課程也是開學的時候就已經訂出來了，所以都可搭上IEP。

問：所以儘量把學習單的內容，跟上課的內容相結合？

答：對，也結合它的目標。

問：三個一起結合，那有沒有辦法結合的時候嗎？

答：會啊！像以前有些幼兒身上的那些症狀是那種漸進式的、會愈來愈糟的，他們有的是退化到小baby了，真的要幫他做些什麼東西其實有點難。所以我記得那個時候設定的目標是：只要他能靜靜的坐在旁邊聽就可以了，那如果說角色扮演的時候，幼兒不太願意動，就設計一個不用動的角色給他，我的重點就是，其實要看幼兒的狀況啦！

問：那像這種幼兒的話還會給他學習單嗎？

答：像這種幼兒我就不會給他學習單了，我給他的大概就是操作，或是讓他做一些喜歡的事情。我覺得當他真的沒有辦法融入的話，讓他快樂其實是很重要的。像他體力後來變得很差時，常在旁邊睡覺，那保持安靜不要吵他就好了。有些幼兒真的不能做學習單。

問：那學習單是每天帶回家，還是……？

答：其實我們不一定每天都有學習單耶！

問：那是看課程嗎？

答：對，看課程，因為我覺得學習單也不是我們主要的課程。

問：那學習單是由主帶的老師出，還是你這個小組是由你來負責？

答：我們就是分工負責，老師有分語言呀、認知呀，負責語言領域的這個老師，就負責語言的學習單，認知領域的老師就負責認知的學習單。我們會事先提出我們這一組幼兒的需求，說明我們這一小組的哪一些幼兒做不到，我希望

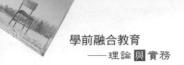

他調整一下，有時老師會跟我講說，他不太了解這個幼兒的程度無法調整，那我就自己做調整。

問：所以學習單的大方向是由誰決定？

答：大方向基本上都是由負責的老師去做，不過基本上，我覺得我們這邊的老師大概已經有這個能力了。

問：設計學習單有什麼樣的困難？

答：設計學習單其實只是附加學習耶，因為我們沒有把它當成很主要的。

問：那家長有沒有什麼要求，譬如說學習單的內容呀，還是其他什麼的？

答：目前還沒有家長要求這種東西耶，他們會覺得說，我們的學習單已經針對每位幼兒的需要了。我們在課程考量裡面，還是以普通幼兒為主，再把特殊幼兒的目標加進去，再做一些調整。

問：你會刻意為了你的學習單去找書嗎？

答：應該說，我會為了教學理念，或是教學方法去找書。我會去參考或是找學習單去配合我的理念。應該是先有理念，再出來一個學習單。會先有一個idea，我想要提供幼兒什麼樣的目標，才去設計我的學習單，我才去找有沒有適合我的理念的書。

第五章

學前融合班的教學策略

　　一個3歲的唐氏症男孩如果能在融合式的學前班就讀，和同年齡的普通幼兒玩在一塊，且能享受特殊教育的服務時，那將是相當理想的安置。然而在實施上，仍有一些困難尚待克服。

　　在教育特殊幼兒的眾多課程模式中，讓普通幼兒和特殊幼兒融合在一個普通班，是相當重要的一種學習方式，亦即學前融合班成為學前教育的一種選擇。目前，美國學前特教機構提供的特殊教育安置模式，計有下列數種：

1. 特殊幼兒和普通幼兒完全融合並處在普通學前教育環境中，且安排特殊孩子在教室中接受一些特教服務，減少抽出教育的時間。

2. 特殊幼兒和普通幼兒混合在一起，而特殊幼兒必須到別處接受治療（如資源教室或治療室）。

3. 特殊幼兒安置在特殊教育環境中，亦即教室都是為特殊幼兒設計，普通幼兒則被安排和特殊幼兒在一起上課。

4. 特殊幼兒安置在特殊班，只有某些活動才和普通幼兒混在一起上課。

5. 特殊幼兒安置在特殊教育環境中，設備和普通幼兒的一樣。

　　在這五種方式之中，又以第一種最為符合融合式教育的精神，第四種是回歸主流，第三種則是反融合。融合式班級的學生、老師都包含了普通及特殊兩個部分，因而其教學生態比一個學前特教班或幼兒班來得複雜。然而，融合式教育已是世界潮流，不可因融合式班級教學難度高就不做。和教學最相關的因素包含了：教學型態、教學流程及教學策略等因素，以下將分別討論。

第一節 教學型態

在融合式的學前班中，班上有特殊幼兒也有普通幼兒，特殊幼兒的類別又非同一類時，可以說是一異質性頗大的環境，因而教學環境的安排必須是多功能，既能兼顧所有幼兒的需要，亦能增進普通幼兒和特殊幼兒的互動；因此，課程的安排必須相當的彈性，可以隨時安排其他的輔助課程。除此之外，父母的參與及其他輔助的設施，亦是必要的。

整個班的教學型態可以分為個別教學、小組教學、團體教學、角落教學，以及戶外教學等五類。在一般幼兒園，並沒有個別化教學的安排，然而在融合的環境中，可以應用特殊教育技巧，把個別化教學的目標放入學前班的小組教學、角落教學或團體教學中執行，如此既可兼顧個別化教學的目標，亦可使特殊幼兒和普通幼兒一樣，能參與一般學前班的課程活動，如唱遊、團體遊戲、說故事等。

在學前融合班，整個教室的教學都是經過特殊設計的，例如：學習區（learning center）可以配合領域來設計；在粗大動作的學習區中，有球池、斜坡、大型積木，可以幫助幼兒做粗大動作的訓練；在語言學習區中，有圖書、圖片、字卡，可訓練幼兒的語言能力；在益智學習區中，主要以增進幼兒的認知能力為主；在感覺動作區中，主要以增進幼兒的手眼協調、精細動作為主，教具包括蒙特梭利感官教具及其他需要用到手眼協調的教具；在日常生活學習區中，主要是訓練幼兒處理日常生活的能力，擺設以小床、傢俱、掛衣架、廚房設備、電話等為主，雖然不是真的東西，但可訓練幼兒的想像力，做一些扮演遊戲，並學習居家生活必備的技巧。因此，學習區的設置，可幫助幼兒有系統地學習發展領域中必備的技巧。

小組教學則是一種比較結構性的學習，學習內容包括：認知、語言、動作、社會技巧及其他學習經驗。在小組教學時，由於學前階段課程彈性較大，幼兒之間的個別差異較小，在分組安排時，特殊幼兒和普通幼兒可放在同一組，但須考

慮每一組成員的組成能否增進幼兒之間的社會互動及友誼，例如：兩個過動的幼兒儘量不要放在同一組，或是坐在一起，以免互相干擾。小組教學課程通常是由老師共同討論，每一小組內容雖大同小異，但仍需使用不同層次的材料及內容，以因應不同幼兒的需求，達到因材施教的目的。小組教學課程亦可和團體及角落教學課程結合，當天無法完成的活動可延伸至次日。

除了小組教學及團體教學之外，仍可視幼兒的需要，安排一對一教學。一對一教學的安排，主要是彌補團體教學之不足，如果幼兒不適合一對一教學，亦可安排同儕教學或其他型態的教學。在一對一的教學情境中，通常由專業人員負責，例如：語言治療師或職能治療師為幼兒做特殊的治療，如果沒有專業人員，可由受過特教訓練的老師充當，或是在團體教學時，由另一位老師協助特殊幼兒參與活動，甚至把學校教的東西教給父母，以協助父母在家繼續輔導特殊幼兒。在融合班的教室中，都有個別角的設立，老師可在教室中做個別輔導，因而特殊幼兒的個別化教學目標，都可融入普通的教學情境之中，使離開教室的時間無形中減到最低。

為了兼顧各種領域的教學，教學不一定要在教室進行，個別輔導可以在治療室中進行，亦可直接在教室中進行。感覺統合的訓練需要較大的空間及特殊的儀器，到動作訓練教室進行較佳，而語言矯治訓練在教室或治療室均可。各個領域的教學都可透過不同的途徑及教學型態來執行，語言訓練的途徑如圖5-1所示。

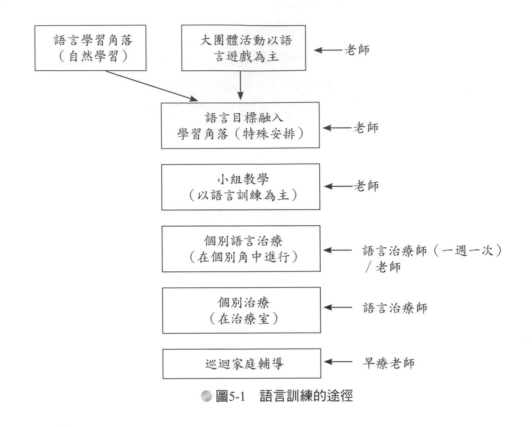

● 圖5-1　語言訓練的途徑

第二節　教學流程

　　學前階段教學的重點，以增進問題解決能力及學業的準備度為主。各個學派及課程模式重點不同，教學策略各有其特色，教學者宜深入探討各種策略，了解其特色後再採用。

　　一般而言，在學前階段無論是特殊幼兒或普通幼兒，都需要提供幼兒探索環境的機會。對於一些情緒較不穩定、過動的幼兒，因其無法專注學習，亟須安排一個結構性的環境來啟發幼兒，以利其學習及互動。至於在教學策略上，不管採用何種學派，都應強調：

　　1. 系統化教學，採取找出起點後再教、教完再評量，視評量結果調整教學的

程序。

2. 教學的順序及連續性，可透過下列方式達成：

    (1)作息的安排：將教學內容分攤在各個時段中，例如：點心時間強調生活
    自理的訓練。

    (2)計畫教學：按幼兒發展之階段，設計合乎其能力的教學，例如：數的發
    展，3歲前的幼兒對數已有籠統的認知，他們能區分明顯的多和少；在3
    歲時強調操作；3至5歲的幼兒在點數實物後能說出總數，並能按成人說
    出的數取相應數量的物體；幼兒到5歲以後才能形成抽象的數字概念，
    才能認識到數不因排列的變化而改變，而有數的「守恆」概念。數的教
    學應配合幼兒數的發展。

　　在融合班中，特殊幼兒的教學並不是分離的，而是將教學目標融入教學活動
中，當特殊幼兒進入教室時，就開始了教學的程序。為了儘量讓教學的內容符合
特殊幼兒的需要，教學流程如下：

1. 先經由期初評量，以了解幼兒之起點：評量分為期初及期末，期初之評量
    主要是了解幼兒的起點，以作為教學的參考，較常採用發展量表，透過發
    展評量可以得到幼兒在各個領域發展的情形，以找出幼兒發展的階段。期
    末評量則是經過整學期的教學或訓練後，評量幼兒學習的情形，以了解教
    學是否有效。

2. 擬定個別化教育計畫（IEP）或個別化家庭服務計畫（IFSP）：經由課程
    評量（評量內容和教具內容相關），找出幼兒能力的長處與短處，從幼兒
    尚未完全具備的能力開始，以此設定教學目標，並將其列入個別化教育計
    畫中。

3. 安排教學策略：採用活動本位介入或幼兒焦點中心策略（Child Focused
    Instructional Strategy, CFIS），計畫每天／每週要進行的活動，活動中欲
    達到的目標儘量和IEP／IFSP中擬好的目標結合。當IEP目標融入教學活動
    時，教學活動就可符合特殊幼兒的需求。教學應儘量採用活動式教學，因
    其可同時達到不同領域、不同難度的目標，是一種相當常用且有效的教學

方法。

4. 選擇材料：工欲善其事，必先利其器，也就是說工匠想要做好他的工作，一定要先讓工具鋒利，同理在教學之前，教學材料的準備是非常重要的。老師為幼兒選擇材料時需注意以下四點：(1)選擇幼兒生活中熟悉的材料；(2)使用符合幼兒發展的材料；(3)運用多元的材料；(4)使用合乎幼兒學習目標和幼兒喜歡的材料。

5. 學習評量：教學和評量是不可分離的，評量可分為每日、期中、期末數種，其目的為記錄幼兒學習的情形，以了解教學是否符合幼兒的需求，並根據評量的結果調整教學內容。

6. 監督進步：幼兒學習表現的資料，將有助於老師和其他專業人員做教學決定。班級老師可分工蒐集評量資料，例如：其中一位老師或助理老師在進行教學活動時，另一位老師則負責記錄幼兒的學習狀況。

第三節　幼兒焦點中心策略

相對於活動式教學，有些幼兒或需要較多行為處理的幼兒，可能需要直接的教學策略來幫助他們參與教室中的活動，以增進個別化需求的學習。這個直接的教學策略稱為幼兒焦點中心策略（CFIS），此策略不常發生在活動中，而是需要將幼兒抽出時才使用，例如：幼兒在小組課、角落學習都學不會形狀時，就要使用此種策略。

幼兒焦點中心策略（CFIS）的介入程度與嵌入式教學策略相較，其介入強度較高，適用於進步慢、必須獨立學習、需要更有系統及強度的學習者。當老師和專業團隊人員確定幼兒需要學習某些特定的技能和概念，但在普通課程無法教到時，則可採取幼兒焦點中心策略，融入在幼兒主動開始或成人引導的活動中。

至於何時使用幼兒焦點中心策略，需要仔細地計畫，使用時機如下：

1. 普通幼兒在教室中不必特別學習的技能或概念，而特殊幼兒需要學習這些

技能或概念時，老師就可考慮使用此策略。

2. 當幼兒需要學習某些基本技能或概念幫助其參與教室中活動時，也是使用此策略的時機。

3. 當幼兒必須學習合乎年齡的獨立生活技能時，即可運用焦點行為的策略。

4. 當老師或專業團隊人員使用課程調整或嵌入式教學策略之成效不佳時，就可考慮此策略。

幼兒焦點中心策略的基本步驟如下。

壹、蒐集幼兒基本能力及現況資料

平時可蒐集、觀察及記錄幼兒每日的反應及學習表現。

貳、訂定清楚、簡潔的學習目標和標準

例如：小明能說出三種物品（如球、杯子、水果）的顏色，且連續三天中，10次有9次正確。

參、找出行為的前因及後果

a表前因（antecedent），如協助、方向、材料、情境，或者行為鏈之前面行為，例如：在協助下玩玩具；b表行為（behavior），指的是說了什麼或做了什麼；c表結果（consequence），指的是在行為發生後如何回應。ABC行為分析表如表5-1所示。

● 表5-1 ABC行為分析表

前因（antecedent）	行為（behavior）	結果（consequence）
在行為之前説了或提供了什麼協助？ 1. 問：蘋果的顏色是什麼？ 2. 拿出一顆蘋果。	説了什麼或做了什麼？ 1. 答：蘋果的顏色是紅色。 2. 示範正確的反應。（蘋果是紅色）	在行為發生之後如何回應？ 1. 答對時提供稱讚及鼓勵。（你答對了，這是一個紅色的蘋果！） 2. 答錯時給予正確答案。（這是一個紅色的蘋果！） 3. 再問一次：蘋果的顏色是什麼？ 4. 能説出正確答案。

肆、運用活動矩陣為幼兒選擇活動或活動時機

活動矩陣指的是在每段作息安排的活動，如表5-2所示。

● 表5-2 活動矩陣

作息	小雯	小麗	小軒	小平
8：30～8：50 點名、日曆活動		主動與同儕互動	遵守兩個步驟指令	能説出日期及月份
8：50～9：45 角落計畫、角落及分享	在無人協助時，以往前傾的姿勢坐下	主動回應溝通		能選擇要去的角落，並説出計畫在角落做什麼
9：45～10：25 點心時間		能主動要求協助	不須成人提示就會使用湯匙	能回答「吃什麼」的問題
10：25～11：05 小組時間		小組活動中能維持注意力2分鐘	1. 參與角色扮演 2. 使用小道具和主動扮演角色	能參與小組活動10分鐘
11：05～11：35 戶外時間		在遊戲中能等待2分鐘		能在戶外場和大家輪流溜滑梯

伍、設計教學互動情境引發動機

透過觀察找出能引發幼兒動機的事物，若有不只一位幼兒參與活動，老師須確定參與的幼兒都喜歡這個活動，也可使焦點行為教學多一些樂趣。

陸、執行教學策略

提供教學策略的目的在幫助幼兒了解於活動中該做什麼事及如何參與，或是引導幼兒注意特定的材料。

柒、採用多感官策略

Salend（1998）指出，Fernald在1943年提出VAKT策略（Visual Auditory Kinesthetic Tactile Strategy），旨在讓學生能同時透過視覺（visual）、聽覺（auditory）、動覺（kinesthetic）、觸覺（tactile）多種管道進行學習。當訊息能以不同的感官通道呈現時，學生的學習自然而然就能獲得更多的成功經驗，減少學習的挫敗感，進而提升學生學習動機。多感官教學也強調感官的訓練可以從孩童時期即開始。在這過程當中，學生將成為主動的學習者，而非被動地接受刺激並做出反應，例如：幼兒每天看卡通時，除了可透過視覺及聽覺的管道，還可透過錄音、畫下來、複述故事、文字記錄及表演等多重管道，以加強幼兒的理解能力。

捌、提供暗示

提供暗示（cue），例如：要幼兒收玩具時，提供收拾玩具的籃子。

玖、提供提示

提示（probe）通常發生於幼兒行為表現之前，而增強則是發生於幼兒行為表現之後。提示的功能是幫助幼兒減少錯誤反應，提高正確反應的機會。較常使用的提示策略包括：協助、即時抽離、增強。提示的原則如下：

1. 評量兒童的目前能力，以決定提示的種類和份量。
2. 所有的教學提示應該是精心設計的、有計畫的，如此教學提示才能逐步褪除。
3. 建立「最少量的提示系統」（system of least prompts, SLP），亦即在給予教學提示時，宜注意其份量不要超過幼兒產生正確反應的量，否則會增加幼兒的依賴性；換言之，教學提示的原則為從最少量的提示開始，例如：剛開始是一個簡單的聽覺提示，接著加入口語提示，最後加入身體上的協助，進而達到抬起頭的目標。

拾、漸進式引導或協助

協助分為肢體、語言、姿勢、動作、示範及圖片協助，在幼兒回應前就要提供協助。協助最好要事先計畫，通常從最少量協助開始，當幼兒可以做到時，老師宜及時抽離協助，讓幼兒能獨立地完成工作或表現技能，例如：面對一個視力很差的嬰兒時，照顧者可以將搖鈴拿到嬰兒的視線內，看嬰兒是否會伸出手去碰觸搖鈴；如果嬰兒無法伸出手碰觸搖鈴，照顧者可以提供一些身體上的協助。當嬰兒能力增加，所需的協助便會減少。

拾壹、工作分析

在教學時，最常使用的技巧為工作分析。透過工作分析，將工作或活動分成細小、更容易處理的部分，或將複雜的技巧分成小的步驟，這些小步驟的達成，

可以讓幼兒達到個別化教育計畫（IEP）的目標。工作分析範例如下。

一、剪（簡→難）

1. 打開特殊剪刀。

2. 打開剪刀。

3. 用夾子夾五樣大件物品。

4. 用夾子夾五樣小件物品。

5. 沿著紙的邊緣剪7.5公分長的紙條。

6. 剪7.5公分長、0.5公分寬的直線紙條。

7. 剪7.5公分長、0.5公分寬的曲線紙條。

8. 剪圓。

二、認數

1. 數數到20。

2. 數10樣物品。

3. 做數字1～10配對。

4. 指認數字1～10。

5. 說出數字1～5。

6. 說出數字1～10。

三、方向（在……）

1. 在示範下，讓自己藏入箱子裡面。

2. 在要求下，讓自己躲在桌子下面。

3. 在要求下，把物品放在上面、下面、裡面。

4. 在要求下，指出放在上面的物件。

5. 在要求下，指出上面的物件圖片。

6. 當給予兩種選擇的情況下，能說出物品的位置。

7. 當給予聲音的提示時，能說出物品的位置。

8. 在要求下，說出物品的位置。

四、畫正方形

1. 畫直線。

2. 畫橫線。

3. 畫十字。

4. 完成正方形未完成的一邊。

5. 完成正方形未完成的二邊。

6. 完成正方形未完成的三邊。

7. 畫正方形。

五、畫形狀

1. 抓著手畫。

2. 給他正方形板，照著邊描繪。

3. 給他實線繪製的正方形，照著描繪。

4. 給他虛線繪製的正方形，照著描繪。

5. 給他四個點，要他連成正方形。

6. 給他看畫好的正方形。

7. 給予口頭的指示，就要他畫出正方形。

六、玩玩具

1. 操作玩具中可分開的部分。

2. 拆開玩具。

3. 組合玩具。

4. 正確地玩單一玩具。

5. 正確地玩兩種玩具組合，如積木和卡車。

6. 當給予二到三種玩具時，能做選擇。

7. 參與自己想做的工作達5分鐘。

在教導幼兒時，可以讓他們從頭做到尾，不斷練習至熟練為止。但是有的幼兒在學習上有困難，或是沒辦法完成所有步驟，那麼練習一部分就好，或只要完成其中一部分即是成功。在教導一連串的動作時，有兩種方式可供參考：一為正向連鎖；二為倒向連鎖。「正向連鎖」指的是每次教學時，讓幼兒從第一個步驟開始，後面的步驟由家長完成；接著讓幼兒練習第二個步驟，可是每次練習時，幼兒必須自己完成第一個步驟（因為已學會）；依此類推，幼兒學會完整步驟就等於可以獨立完成一件事。「倒向連鎖」是指，幼兒從完成工作分析的最後一個步驟開始練習，再往前面步驟推進，例如：教導幼兒穿衣服，先教最後一個步驟穿上褲子，熟練後接著訓練倒數第二個步驟拉褲子拉鍊，而後合併這兩個步驟，以此類推直到所有步驟熟練為止。不管是正向還是倒向連鎖，老師都要給予提示或協助，讓幼兒了解完成工作的全部步驟。

拾貳、給予回應

當幼兒做出正確行為時給予稱讚，錯誤時給予糾正。針對幼兒剛做的行為立即回應，給予鼓勵或更正錯誤要清楚，但不要干擾學習。

拾參、正增強

所謂正增強（positive reinforcement），指的是在幼兒表現出某一種正確的行為之後，立即給予獎賞，用以增進某一行為的產生。老師必須檢視增強策略對幼兒行為表現的效果，再決定使用何種增強物。社會性增強物（如口語稱讚）可能只對某些幼兒有效；物質性增強物（如糖果）對某些幼兒可能有效，對某些幼兒

可能無效；代幣制增強物（如笑臉印章、貼紙）可能只對有些幼兒有效。

拾肆、區別性增強

　　欲消除某些不適當行為，可採取區別性增強（differential reinforcement, DR），其中包含下列四種作法：

1. 低頻率行為的區別性增強（differential reinforcement of low rate of behavior, DRL）：當不適當的目標行為次數減少，就提供增強。

2. 區辨行為（differential reinforcement of other behavior, DRO）：目的是幫助幼兒了解期望行為是什麼。這種策略是指在某一個特定的時間內，如果所要消除的目標行為沒有出現，這個幼兒就可得到增強。除了不適當的行為外，其他表現出來的行為均予以增強，例如：使用DRO的策略來消減大叫的行為，小方平均每5分鐘就大聲大叫一次，如果他超過10分鐘沒有大叫，就可以得到獎勵。

3. 區別性增強替代性行為（differential reinforcement of alternative behavior, DRA）：用正向行為取代原本的不適當行為。

4. 區別性增強不相容行為（differential reinforcement of incompatible behavior, DRI）：DRI的策略是選擇增強一種或數種在型態上與目標行為（如離開座位）不同的行為（如坐在座位上），坐在座位上與離開座位是不能同時存在或相容的行為，故老師和父母特別規定：小雲只要坐在座位上3分鐘，就可以得到一顆糖果；坐愈久得到的獎勵就愈多。

第四節　融合式教學法

　　融合式教學法並不是一種新的教學法，也不是專為特殊幼兒設計的教學法，它是一種對普通、資優及特殊幼兒都有益的教學方法，在教學方法上多元創新，

並且不斷為幼兒改變課程形式、教學材料、分組方式、教學策略與個別化支持的方式等，以符合幼兒需求。融合式教學法並不是為一、兩位幼兒改變部分的課程，當老師採用合作學習法（cooperative learning），並分配幼兒角色時，老師就是在運用融合式教學法。當老師提供各種教材（如真的植物、塑膠植物模型、繪本、互動式軟體等）來教導幼兒光合作用時，老師就是在運用融合式教學法。當老師在設計分組教學時，先了解幼兒的情況再做安排，老師就是在運用融合式教學法。當老師給幼兒機會，讓幼兒彼此互相幫助與教導時，老師就是在運用融合式教學法。當老師按照幼兒的興趣與經驗設計課程時，老師就是在運用融合式教學法（黃惠姿、林銘泉譯，2006）。

第五節 同儕中介策略

同儕中介策略是指，同儕在教師的指導與監督下擔任教學與介入者，提供身心障礙學生於學業和社會的支持（鈕文英，2016）。鈕文英（2016）指出，同儕中介教學與介入策略，包括：朋友圈、特殊朋友、同儕夥伴或同儕網絡、同儕分享策略、配對閱讀策略、同儕示範策略、同儕監控策略、同儕教導策略、合作學習、同儕調解策略、同儕增強策略等。

在學前融合班也可使用同儕中介策略，由普通幼兒作為教學與介入者，提供特殊幼兒支持，例如：使用同儕示範策略，由普通幼兒示範想要教導的行為讓特殊幼兒學習，以促進其在該領域的行為。同儕中介策略的運用既可讓普通幼兒成為特殊幼兒的重要資源，也能解決老師無法時時兼顧特殊幼兒的困境。以下是學前融合班實施同儕中介策略的運用原則：

1. 普通幼兒需清楚「如何做」。
2. 普通幼兒必須知道「做什麼」。
3. 老師在安排普通幼兒提供協助時，應安排多位普通幼兒協助特殊幼兒的工作，否則很可能會造成普通幼兒對協助工作的厭倦。

4. 老師的肯定是運用同儕中介策略成功與否的關鍵，藉由公開的表揚、讚美、擁抱，或是提供特別的活動，都是增強普通幼兒協助特殊幼兒的動力。

5. 老師需注意不要使普通幼兒在協助時，認為特殊幼兒什麼都不會。老師若發現普通幼兒幫忙太多，或幫特殊幼兒已經會做的事，則應適時的介入引導。

6. 老師可運用分組、小老師等方法，讓普通幼兒在活動中協助特殊幼兒。

Sandall、Schwartz與Joseph（2001）建議，融合班級採用的八種調整策略，同儕支持就是其中一項調整策略。同儕支持的目的和同儕中介策略一樣，都是提供特殊幼兒社會支持，因此同儕支持亦可視為同儕中介策略。同儕支持主要是運用同儕的支持，來幫助幼兒參與班上的活動，學前融合班中的普通幼兒可以提供下列的支持（盧明、魏淑華、翁巧玲譯，2008）：

1. 由普通幼兒示範參與活動的方式，例如：如何選角落、如何在戶外場遊玩。

2. 讓可以當小幫手的普通幼兒和特殊幼兒同一組，教導特殊幼兒將玩具歸類及收拾玩具。

3. 讓普通幼兒成為小老師，教導特殊幼兒學習IEP目標。

至於在學前融合班，普通幼兒實際扮演了什麼樣的協助及支持角色呢？以下是6位學前融合班教師針對班上普通幼兒接納與關懷特殊幼兒所提供的例子。

壹、太陽班

1-1 旺旺常帶著陽陽上廁所，並教導他洗手的方法。

1-2 陽陽要將學習單放入檔案本內但一直放不好，蓁蓁說：「陽陽來！姊姊教你！」

1-3 陽陽來上學時，安安、瑋瑋和琪琪都會爭著幫他放書包、餐碗和裝水到水壺

內，若他的早餐尚未吃，他們也會餵他吃。

1-4 恩恩是個聽損兒（配戴電子耳），口語表達仍有很大的進步空間，學期初大家都要猜測他所說的話，老師教導普通幼兒請他多說幾次，此後不管是在小組或大團體時間都常看到其他幼兒對他說：「你再說一次」、「你是說這樣嗎」、「是不是××」等，目前恩恩能與幼兒們一起玩扮家家酒，還要老師點餐並煮好吃的食物請老師吃。

1-5 恩恩在角落裡正努力的用德國軟積木組合一部大車子，齊齊一過去就將他拼好的車子拆解了，恩恩看著車頂不見了哭得好傷心，老師過去教導他們如何與對方溝通，現在他們能一起合作，組合更大的戰車了！

1-6 愷愷從要媽媽全程陪讀（將近一學年），到現在能跟其他幼兒一起互動，每天都能快快樂樂上學並跟媽媽道再見。

1-7 在日常生活角常聽到幼兒們彈出美妙的音樂，原來安安有學鋼琴，他會教瑋瑋和齊齊彈，現在他們常聚在一起彈琴，而愷愷的音感超好，只要聽過，他都能很快的彈出旋律，真不可思議！

貳、星星及月亮班

題號	題目	請舉例說明之
1-5	多數幼兒會協助促進身心障礙幼兒在班級中的適應情形	・會適時帶特殊幼兒到正確上課位置，協助適應作息轉換 ・在放置點心碗時會主動提醒特殊幼兒正確的位置 ・午睡前協助特殊幼兒鋪被子 ・帶領特殊幼兒一起上廁所、收拾餐袋 ・教師會向班上幼兒說明特殊幼兒的障礙與限制情形，讓班上幼兒知道可以協助的部分，以及需要求助教師的時機，師生合作，使特殊幼兒在班上成功適應

題號	題目	請舉例說明之
1-6	多數幼兒會主動與身心障礙幼兒互動	‧不論是普通幼兒及特殊幼兒，多數普通幼兒有照顧人的慾望，常會主動彼此互動 ‧學習區（角落）時間時，幼兒會彼此互動，有時一起玩扮演遊戲，有時會幫忙組合汽車，或一起比賽車。當特殊幼兒拼拼圖完成時會主動給予鼓勵 ‧普通幼兒能與特殊幼兒一起玩扮家家酒、組合玩具後玩槍戰遊戲 ‧特殊幼兒當小老師時，普通幼兒們能跟著做動作 ‧班上幼兒非常積極主動協助特殊幼兒，想當特殊幼兒的好姊姊、好哥哥。會教特殊幼兒玩玩具、進食、溜滑梯、穿脫鞋子，還會在特殊幼兒跑出教室時，幫忙牽特殊幼兒回教室
1-7	多數幼兒會主動協助身心障礙幼兒	‧幫忙拿椅子、幫忙餵食等 ‧無論遊戲或平時作息彼此都會主動協助，例如：普通幼兒掃地要倒垃圾時，特殊幼兒會主動幫忙打開垃圾桶蓋子 ‧普通幼兒會主動幫忙特殊幼兒端點心 ‧班上多數的女生會喜歡照顧小班的特殊幼兒，男生則是會告知教師特殊幼兒可能做了哪些危險的事情，讓教師知道並做處理
1-8	身心障礙幼兒有公平參與班級或學校各項活動的機會	‧全班一起表決決定戶外教學的地點 ‧班上選舉模範幼兒時，每人都有一票，不分普通班或特殊班幼兒，都可票選模範幼兒 ‧選拔班上模範幼兒時，所有幼兒都會公平介紹其優點 ‧模範幼兒選拔投票、獎勵制度，人人有機會 ‧普通及特殊幼兒一起輪流擔任發點心小老師 ‧班上大家都喜歡的拖地活動採取志願服務，不分普通或特殊幼兒，人人皆有機會做喜歡又好玩的清潔工作 ‧表演節目、運動會競賽、票選模範幼兒，所有活動機會均等

第六節　融合班教師的教學策略問卷調查結果

透過問卷調查，融合班教師採取的教學策略，結果如下。

壹、請問上課時，如何兼顧特殊幼兒與普通幼兒的需求？會運用哪些策略？

- 調整講述內容、教具、提示、示範、同儕協助、合作學習、角色扮演、分小組均會使用到，也就是上課時會隨時觀察幼兒的反應及回饋並隨時調整講述方式，若是操作性的課程活動，則可適時採用同儕協助或合作學習。
- 以生活周遭的事物為主，安排遊戲的方式增加學習的樂趣，提升幼兒的學習動機、專注力及興趣。
- 使用不同的教學技巧引導幼兒參與課程，例如：對普通幼兒多使用開放式問題提問，答案沒有受到任何限制，讓幼兒自由發揮。相反地，多以封閉式問題向特殊幼兒提問，盡量讓特殊幼兒做簡短之反應，從題項中做選擇。
- 安排幼兒透過仔細觀察與親自操作實驗。
- 讓普通及特殊幼兒在教學中都能夠參與學習內容。
- 讓幼兒（含普特）擔任教學小幫手，指導能力好的幼兒當其完成工作，可以協助特殊幼兒，增加人力。
- 改變講述內容，使用符合普通及特殊幼兒理解的語言來說明。
- 使用吸引人的教具，提供不同層次的提示。
- 有特殊狀況，請教師助理員協助。
- 調整座位。
- 看幼兒的能力在哪裡，有些幼兒的能力可以融入課程中，有些則必須一對

一學習生活自理個別輔導。

貳、承上題，您最常用何種方法？為什麼？

- 調整講述方式及內容，因為可以配合幼兒的程度，使幼兒均能獲得有效學習。

- 仔細觀察與親自操作實驗，從遊戲中學習，增廣知識。

第七節　教師訪談

問：老師，你有沒有發現你上的課程有些幼兒可能不喜歡，不一定是特殊幼兒，也有可能是普通幼兒，可能就會到處遊走或有其他行為，這時候怎麼辦？

答：如果說幼兒覺得很無趣，我第一個會想到是不是我自己也很無趣。（笑）

問：那當下你會怎麼處理？

答：當幼兒遊走的時候，就晃呀晃呀，不經意的就晃過去呀，然後把他壓下來坐下呀！或者故意把他的名字拉出來當主角，讓他知道老師已經在注意他了，對大部分的幼兒我覺得都還蠻有效的。如果有些特殊幼兒他真的很不願意參與的時候，只要他沒有干擾到班上，那我會睜一隻眼閉一隻眼。只要他沒有影響到整個班上，像是如果他在旁邊玩玩具的話，他只要不吵到人家，我盡量就讓他們這樣子。可是如果他們干擾到這個團體的話，我還是會請協助的老師幫助我，去把他帶回來，請協助的老師安撫他的情緒，或在他耳邊講一些事情，或者說把他拉到我旁邊，帶著晃來晃去呀！

問：會不會這樣子改變課程？

答：應該講說課程的大方向不會變，可是它的旁枝細節可能會有一點點改變。比如說，故事情節會有一點插曲；如果說跳舞、律動的話，可能這個幼兒不喜歡跳，他跑了，就故意抓著他的手繼續跳。

問：有沒有比較能去兼顧到，擔心比較少的部分？

答：每一個活動我要擔心的幼兒是不一樣的，或是不一樣的狀況。不是說這個幼兒從頭到尾都沒有辦法融合到這個環境，有可能是甲在大團體律動的時候，乙是在講故事的時候，丙可能是在小組操作的時候。

問：那如果單就他們有沒有學到東西呢？

答：當然是說他們可以學到是最好啦！但我還要看他們那天的情形。如果已經知道他不喜歡律動可能不太喜歡參與的時候，我都會站在他的後面，如果說有些幼兒不喜歡聽故事的時候，我們的道具每次都會拿到他的前面，或者故意在他旁邊講比較大聲一點。我心裡面都要很清楚，哪個幼兒在哪個地方是需要特別照顧的。

問：大致上來說呢？假如說五位幼兒裡面有三位學到東西，好像還OK，那下一個活動，假如五位幼兒都沒辦法學到什麼東西，怎麼辦？

答：可是我覺得很難講耶，我舉例講，像律動，其實每個幼兒都喜歡動，喜歡跳，那要看他有沒有興趣，像有些幼兒對某些歌曲特別喜歡，就會表現的非常投入，不喜歡，他就比較不投入。

問：譬如說，像有些幼兒坐著好好的，可是老師就會很清楚知道，這樣的課程好像不適合他。他可能乖乖坐著，可是沒有吸收東西進去。

答：這樣的幼兒是比較會被忽略的啦，我就會請老師到這個幼兒的旁邊去，那偶爾讓他們休息一下也沒關係，這是我的想法啦！我不要求幼兒在每一段時間都要學到東西。所以有時候我給一些家長的感覺就會說，好像我不會那麼勉強幼兒，今天的大團體他不願意參加，那就算了。如果是長期都不願意參加，我就會去分析他的情形，看要怎麼樣去介入、怎麼樣去幫忙。所以我覺得我看的是比較長的一段時間，不是那種當天當下的時間，我們要給幼兒一些空間嘛！（笑）

問：一天下來或是一個禮拜下來，有沒有比較讓他們特別high的課程？

答：我覺得跟老師的引導有關係耶！譬如說，今天老師的肢體動作比較大，或者說我們今天表演故事，一組一組扮演，他們就會非常的high，那就會很高

興。我覺得小朋友只要喜歡的話，就會很high，有時候反而我們收不回來。有時候要小朋友放很快，要他們收比較慢，這就是我們還要學習的地方。如果說真的收不回來，就給他們一段時間去收，變成那個時間就要留得很長。就像我剛剛講說，只是片段的影響，有時候我會給他一點點空間。當然，有些人會覺得，要讓幼兒每一段都學習到，可是我會睜一隻眼閉一隻眼。如果幼兒的理由很正當，基本上我會很尊重他。

第六章

主題教學

主題教學是當今的教育趨勢，是現今幼兒園的教學主軸，指的是幼兒透過主題學習，課程透過主題的方式來呈現，而不是照著書本教。教師的責任是提供幼兒一個學習的環境，引導幼兒，讓幼兒有機會探索，以獲得正確及精準的事實資料。

第一節　何謂主題教學

主題教學指的是針對幼兒感興趣的主題做深入的探討，是以教師為主導帶著幼兒走，其進展多由教師或幼兒腦力激盪所產生。教師可與幼兒共同商議主題，依幼兒的興趣與程度去擴展學習的範圍、做計畫並深入探討，幼兒則是受教者，依循教師設計的方向學習引發學習動機。方案教學則以幼兒興趣為主導，教師是環境、素材資源的提供者，配合幼兒的思路與興趣去協助進行教學。至於要採用主題教學或方案教學通常要視幼兒的能力而定，年齡愈小教師引導的部分所占的比例自然就比較大。

每種教學法都各有其優缺點，主題教學的好處是教學不會因領域不同而產生各自為政的情形，在探索主題的過程中，幼兒主動求知，除了可建構主題相關知識技能，同時也能發展出思考、計畫、自主學習、好奇、想像、問題解決、深入學習的意願、與同儕協調和合作等能力。家長可衡量個人時間，彈性地加入幼兒的主題探索活動，協助幼兒調查及記錄主題相關學習，藉此與幼兒交流知識與技

能，同步了解幼兒學習狀況。「主題教學」的缺點是較無法提供有結構、有系統的學習，當幼兒的舊經驗及基本能力不足時更顯困難。主題教學也易受資源及環境的影響。教師宜連結幼兒過往的經驗，從幼兒對主題相關的舊經驗出發，並了解幼兒對概念理解的程度，激盪出對主題相關學習的動機。

第二節　訂定主題

　　在訂定整個學期的教學計畫時，最重要的是主題的訂定，主題必須符合幼兒的需求、興趣及年齡。幼兒教育強調兩個方面：實際生活與環境教育。實際生活強調學習基本生活知能，體驗實際生活，自個人、家庭、學校、社區、國家，乃至於地球村，逐步擴展，進行系統性、層次性的融入及統整，以提升更好的生活品質。環境教育指的是透過觀察訪問周圍環境，如不同的機構、警察局、消防局、郵局、市政府、市場，增強幼兒對周圍環境的認識。多讓幼兒接觸自然環境，使幼兒成為環境保護的主人，例如：可讓幼兒認識科學中能量與水的意義，懂得避免製造多餘垃圾的意義，或讓幼兒們直接參與垃圾分類等。

　　老師透過主題設計有意義的情境，給幼兒親身經歷，學習團體生活中必須具備的技能，例如：穿衣、熟悉使用各種玩具、認識每年的重要事件及節日、學習家務技能（收拾玩具、清潔、烹飪等）、熟悉交通規則、學習一些器具使用（電視、CD播放機、烤麵包機）、對緊急情況進行模擬練習做出反應等。因此，主題的選擇常根據節令（如端午節）或是從幼兒自身及周圍環境取材（如「我的學校」等主題）來編列，不管主題為何，在融合班都必須考量普通幼兒及特殊幼兒的需求。至於一個學期到底要安排多少個主題，則視教學對象及教師希望將一個主題帶得多深入而定，重要的是主題與主題之間要有連貫性，傳遞給幼兒的知識不可因主題不同而變得支離破碎。

　　主題的內容包羅萬象，一般而言，選擇主題時須符合下列標準：

　　1. 和幼兒的日常生活相關。

2. 適合幼兒生長及居住的環境，有助於了解周遭的人、事、物。

3. 適合幼兒的學習能力。

4. 須符合各種程度的幼兒學習，並隨幼兒程度不同而調整內容。

5. 增進幼兒的知識及能力。

6. 能提供幼兒找尋資訊、搜尋資料的機會。

7. 鼓勵幼兒與父母溝通。

8. 增進幼兒表現想法的機會。

9. 認知每個人都不一樣，每個人的能力都不同。

10. 世界觀：自己的世界是什麼樣子的，從自己的家、城市、國家，擴展到地球、太陽系乃至宇宙。

11. 環保意識：許多幼兒們上小學後就開始擔心地球被破壞、害怕生活環境的毀滅。進入小學後，最先學到的事情之一就是要保護地球，此可從垃圾處理開始。

12. 認識自己生活的城市。

13. 讓幼兒們知道，自己是如何生出來的。了解自己的成長史、認識自己的極限。

14. 認識植物：幼兒們每天都有很多時間在戶外遊戲，可開啟其對戶外花草樹木的探索。在花園裡，一花一草一木的變化都逃不過幼兒們敏銳的眼睛，也刺激著幼兒們的好奇心和探索欲。在夏天的主題中，幼兒們將以合作小組的形式，對他們感興趣的水、昆蟲、大樹和石頭等眾多的事物展開研究。幼兒們在感知並探索這些常見事物特性的同時，將與合作小組的同伴協力探究發生變化背後的一些奧秘。透過「夏天」這個主題，他們將學會知識及技能，並對幼兒園以及周圍的環境產生情感。

　　在過去，主題的決定都由教師訂定，近年來則強調以幼兒主導，主題的選擇可以由幼兒或教師決定想要學習的內容，主題的內容亦不拘泥於傳統的節日（如新年、中秋節）或是固定不變的主題（如交通工具等）。無論主題名稱為何，都是要選取能符合幼兒生活經驗的主題。

第三節　主題網的建構

在訂出主題之後，就可以開始建構主題網，列出主題的重點（即要包含的概念大綱），並蒐集和主題相關的教學活動及所需的教學資源。通常在尋找和主題相關的資料時，教師可以先根據自己對此主題所了解的一般知識，來建構這個主題的大綱。隨著每個人背景及吸收的知識不同，每個人在組織及涵蓋主題的內容時，亦可能有所不同，因此透過腦力激盪的方式，將他人或幼兒的意見合併在主題內容中，可使主題內容變得更豐富、更完整。主題網的建構可視為教學計畫的一環，因此不要完全固定不變，可以隨著課程的進行、幼兒的反應而調整。

主題網以主題為中心，構思和主題相關的概念，以確定主題帶到的範圍。主題網的製作是用圓圈將主題名稱寫在中心並用圓圈圈起來，再環繞著中心將和主題相關的標題寫在主題周圍，再在每一標題之外，向外寫出每一個概念。和主題相關的概念沒有先後次序之分，這些環繞在主題周圍的概念就像是從一個中心概念（主題）散發出去的星點，一般向外呈現放射狀的展現，而形成一網狀圖，因此稱之為主題網，例如：主題為食物，標題為水果，概念為果汁、果樹，繼續聯想相關概念、修正標題名稱，或產生新的標題確定主題概念網。融合班的「魔法線」主題網，如圖6-1所示。

主題網可由教師製作做為教師教學計畫之用；也可在課程進行中，由教師和幼兒一起來設計，做為課程的一部分；當主題網完成時，可將它展示出來，並在上面記錄已經完成的活動，將已經學習到的概念、重點、相關字彙標示出來，課堂上來不及教到的部分，可做為未來上到相關主題時記得要帶入的重點。

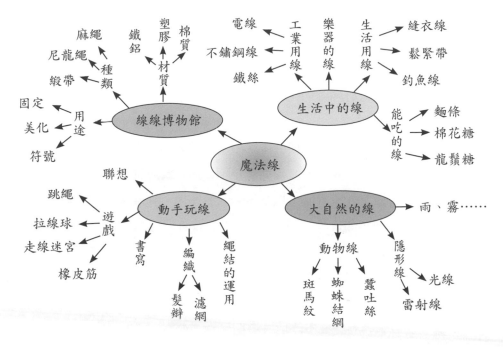

● 圖6-1　「魔法線」主題網

第四節　主題教學策略

常用的主題教學策略分述如下。

壹、鷹架策略

Vogotsky在1962年主張「近側發展區」（zone of proximal development, ZPD），他認為個體的發展有兩種層次：即實際發展層次與可能發展層次。實際發展層次就是根據個體的發展階段，已經具有且可以獨自解決問題的能力；可能發展層次則是在大人或同伴的合作協助下，能夠解決問題的能力。這兩者之間的

111

距離就是「近側發展區」。在幼兒的近側發展區利用各種策略為其搭建學習鷹架（scaffolding），將有助於新知識及技能的獲得，這就是鷹架教學的涵義。即便是身心障礙幼兒，在發展上透過鷹架的協助，亦可發揮無限潛能，教師應該從優勢能力的角度來看待身心障礙幼兒，重視身心障礙幼兒的優勢學習，並且在近側發展區提供他們有效的鷹架支持（龔瑪莉，2007）。這樣的概念在1976年也被Wood、Bruner與Ross運到他們的研究中，成為了「鷹架學習」的內涵。透過鷹架的支持，教師可引發兒童參與、減輕兒童學習負擔、幫助兒童管理活動方向、指出事物關鍵特徵、控制挫折程度，以及達到示範作用，其最終目的是協助兒童在近側發展區向前發展（邱景玲，2007；Wood, Bruner, & Ross, 1976）。鷹架學習的理念也可運用在特殊教育當中，認為教師或有能力的同儕在學習上可以提供特殊幼兒一種暫時性的支持或協助，待其能力提升之後，再逐漸褪去支持與協助，這種提供協助的過程，當然也蘊含了社會互動與合作的意涵（龔瑪莉，2007）。Vygotsky認為，教學者應該要不停地去發掘兒童「潛在」的近側發展區，意思也就是應提供許多不同的協助，去「幫助」或「促進」兒童發展更多新的技能。但教導近側發展區以外的行為是沒有意義的，就像是要求一個還不能走路的幼兒走路，即使他可以在你的攙扶下站立，也不可能跨步走。當我們鼓勵幼兒進行超過其能力太多或太少的活動，將會錯失這個學習機會。

張素儀（2008）觀察在方案主題「廟宇」的情境下，方案教學分成下列三個階段，每一個階段都採取不同的鷹架策略：

1. 階段一：方案開始（準備期）
   • 問題討論：「說到廟，你會想到什麼？」
   • 戶外教學：拜訪樟樹福德祠。
2. 階段二：發展方案主題的探索階段
   • 扮演遊戲：土地公廟拜拜。
   • 建構活動：「蓋廟，需要哪些東西？」
   • 繪畫活動：神明的家。
   • 問題討論：「春聯寫什麼？」

- 問題討論：「一枝香要燒多久啊？」
- 擲筊遊戲：「為什麼不能每次都得聖筊？」
- 戶外教學：第二次拜訪樟樹福德祠。
- 參觀活動：社區廣興宮媽祖繞境。
- 戶外教學：拜訪廣興宮。

3. 階段三：方案結束（呈現探索階段習得知識與技能的階段）
- 建構活動：蓋廣興宮。
- 主題成果展示：廟會開鑼。

　　教師在「廟宇」的主題中是以不同的問題來引導幼兒思考、建構知識。教師運用九種鷹架策略協助特殊幼兒：直接演示、口語複誦、提問、提示、操作體驗、經驗圖繪製、情境布置、提供材料、鼓勵與讚美，詳述如下。

一、直接演示

　　是指老師透過動作示範加上口頭說明的方式，直接教導幼兒新的概念或技能，也就是直接告訴幼兒正確的作法和概念。

二、口語複誦

　　是指老師先唸完之後，要求幼兒隨即跟著唸。

三、提問

　　方案教學強調的是探究與建構的學習模式，鼓勵幼兒從感興趣的學習主題中不斷地發現問題，並且尋求解決方法，這是一種探究的過程亦是知識建構的過程。因此，提問是教師與幼兒互動、不斷激發幼兒進行思考和探究，從而提高幼兒思維能力的重要手段。當問法不同時，能使幼兒從多種角度了解事物，因此教師的提問就要將「怎麼說的、怎麼做的」改成「會說些什麼、可能怎麼做」等。答案不局限於故事原文，可讓幼兒多發表自己的見解，例如：在講完故事後，老

師可以接著說：「你有一輛紅色的車子，而我有一輛藍色的車子，我們今天要去哪兒呢？」幼兒對於老師的話若沒有回應，老師便要示範適當的反應方式，不需要等待幼兒主動引發互動。

四、提示

此策略分為口語及肢體提示。指的是當幼兒無法回應問題的時候，老師會提供與答案相關的訊息作為提示，激發幼兒思考並說出正確答案。

五、操作體驗

幼兒通常藉由操作的經驗來獲得新概念，因此老師要提供幼兒實作的機會，讓幼兒從做中發現問題，進而建構概念。

六、經驗圖繪製

指的是幼兒生活或學習經驗的紀錄（陳淑琴，2000），可以由老師來繪製，也可以是由幼兒繪製自己的所見所聞等相關經驗。

七、情境布置

指的是將教學想法透過教室布置或作品傳遞於教室環境中，如主題「紙的故事」，其情境布置如圖6-2所示，以提供幼兒探索主題，達到學習目的。

● 圖6-2　主題「紙的故事」情境布置

八、提供材料

指的是在主題探究的過程中,老師會主動提供多種素材或是表徵方式,以協助幼兒知識和技能的習得。

九、鼓勵與讚美

指的是當幼兒對於問題有所回應或是在自我的探究中發現問題,抑或是完成工作時,老師都會提供立即性的肯定或讚美,而且是針對事件給予肯定,藉此以增進幼兒的自信心及自我肯定。

Sylvia C. Chard(1994)使用團體討論、實地參訪、發表、調查、展示等五種方式,以引導幼兒探索主題,分別介紹如下(引自林育瑋、王怡云、鄭立俐譯,1997)。

一、團體討論

又稱主題團討,在團體討論的互動過程中,可以經驗圖表來記錄幼兒的生活

與學習經驗，也可將幼兒的語詞以書寫形式記錄下來。以下是竹大附小學前融合班的主題討論紀錄。

主題名稱：我希望在學校學什麼

時間：11：00～11：25　　日期：9月15日　　班別：星星班（3至6歲混齡）

引導老師：林老師

引導：老師介紹主題討論的內容和應遵守的規則（例如：用耳朵聽、用眼睛看、用頭腦想出要說的內容、用嘴巴清楚說出、用雙手為同學掌聲鼓勵），然後請幼兒一一舉手說出想法。

老師：我們現在要請幼兒來告訴老師，你希望在學校學什麼，你想好後，老師會記下來，三位老師討論後，會儘量安排，讓你們都學到心中想學的。

以下是老師依照幼兒舉手的先後順序做的紀錄，備註欄有當時的情境輔助說明。

幼兒說的話	備註
綺：我希望在學校學剪紙和畫畫	
苡：我希望在學校學唸兒歌和跳律動	
昱：我希望在學校學玩玩具	
力：我希望在學校學玩遊戲	新生
意：我希望在學校學看書	聽障生
新：我希望在學校學跳舞	新生
嬪：我希望在學校學律動	
鳳：我希望在學校學游泳	新生
薇：我希望在學校學唱歌	媽媽協助提示
芯：我希望在學校學媽媽	新生；芯一直喊媽媽，媽媽去幫忙準備午餐了，老師鼓勵她勇敢說出，她仍一直叫媽媽，最後老師請她先休息，想好再告訴老師
維：扭扭車	新生
祐：畫畫	
品：游泳	

幼兒說的話	備註
朕：扭扭車	新生
縈：扭扭車	
頡：打電腦	媽媽協助提示下說出的
代：看書	
挈：跳舞	新生
安：想和子嬪一起玩	
結語： 老師：你們說的答案都很好，能夠勇敢說出想法的人都很棒，沒有說的也沒關係，等你 想好一定要告訴老師喔，老師很想聽聽你的想法！	

二、實地參訪

讓幼兒到教室以外的地方做實地參訪，可獲得第一手觀察經驗，學習如何蒐集資料、觀察及提問能力。

三、發表

以各種表現方式（寫作、繪畫、戲劇）讓幼兒分享經驗和知識。

四、調查

透過訪問父母、專業人員，或由實際接觸、觀察、實驗、參閱書籍等方式進行，可更深入探究問題再提出新問題。調查圖表可以利用經驗圖表、小書呈現，培養幼兒整合資訊、比較分析的能力。

五、展示

可將各階段獲得的成果展示出來，形式可以是書面、畫作、戲劇扮演。藉著展示，也可讓幼兒對工作進行更清楚與投入。以下是兩則以「樹在安坑」及「螞蟻」為主題探究紀錄的例子。

◎「樹在安坑」主題探究紀錄

1. 幼兒園的樹（如榕樹）有多高？

2. 幼兒園或學校有幾種樹，樹的葉子及根是什麼樣子的？

3. 樹葉為什麼會變黃？什麼時候葉子會掉落？

4. 種樹的好處有哪些?

探究對話：

甲生：我想拿顯微鏡、放大鏡來幼兒園，仔細觀察大樹的紋路、葉子的紋路，把
　　　看到的記錄下來。

乙生：我想找一些各種各樣的研究工具，像扳手、螺絲起子，然後我想用一個時
　　　空轉換機，回到很久之前，看看它們是什麼樣子的。

丙生：我想把很多個尺連在一起，來測量大樹的高度。

丁生：我想和小朋友一起去雨水花園玩水，我們可以用腿感受水的溫度變化。

◎「螞蟻」主題探究紀錄

1. 幼兒園的螞蟻洞在哪裡？

2. 螞蟻是怎麼建造洞穴的？

3. 螞蟻的種類有哪些？

4. 世界上最大和最小的螞蟻在哪裡？

5. 螞蟻是怎麼生活的？

探究需要：放大鏡、螞蟻工坊、螞蟻模型、觀察紀錄表等。

探索時間：6月份。

貳、KWL策略

　　先了解幼兒對特定主題理解的情形，再訂定主題、安排主題教學，教完後再
了解幼兒理解什麼，這樣的策略稱為KWL（know、what、learned）技巧，程序
如下：

1. 討論。

2. 閱讀。

3. 提供經驗。

4. 將學習內容製成圖表。

5. 將所學內容表演出來。

6. 製作書。

7. 分享。

　　主題教學引導幼兒將先前的第一手經驗和收穫，透過藝術、故事、戲劇等方式將新知識個人化。任何主題都可透過安排和主題相關的活動來呈現主題的內涵，例如：透過閱讀、蒐集資料、寫作、畫畫、合作小組來學習該主題，使幼兒對主題有一個概括的了解，並將主題的內容安排至各個角落，讓幼兒在選定的角落中學習，或是在角落中輪流移動，分角落學習主題內容。角落活動亦可做為團體討論的延伸，讓主題教學變得更加完整。此外，教師可視主題內容安排角色扮演，將學到的知識、人物、過程戲劇化。當幼兒能把知道的事物演出來、畫出來或寫出來時，才能將學習的內容內化成自己的知識。

　　不管是進行哪種主題的教學，都可準備相關的素材，例如：紙、筆，以供參觀後畫圖、寫信表達感謝或製作出看到的物品模型（圖6-3是在上「母親節」主題時，讓幼兒在自製的心型相框畫圖或寫上給母親的話）；也可以寫（畫）一本書，比如在上和動物相關的主題時，可製作飼養日記及參觀動物園，並寫下欲探究的問題，也可以畫出動物生長的順序圖及位置圖。另外，也可以畫出統計圖表，比如上到「學校」這個主題時可討論學校的組成（班級數、人數、師生人數等），可以畫出性別、生日月份及星座統計圖表。綜括起來透過主題教學，幼兒可以和同儕一起工作、一起活動，和父母一起蒐集資料、分享，看到事物之間的關係，以及運用學會的技巧到日常生活中。

● 圖6-3　自製相框

第五節　主題教學計畫

　　一個主題可以設計很多教學活動，也可進行數週，因此可涵蓋很多主題活動。主題可搭配情境布置，安排動靜態、室內外之活動。主題教學可將六大領域：「身體動作與健康」、「認知」、「語文」、「社會」、「情緒」、「美感」統整在一個主題之下，將生命教育、人權教育、安全教育、健康衛生教育、品德教育、性別平等教育、環境教育、多元文化教育等議題融入課程主題中，以提供多元的學習刺激，豐富幼兒的生活見聞，增進幼兒對自我認同、環境保育、社會文化的體驗。整學期主題及不同領域主題活動，如表6-1所示。

● 表6-1　整學期主題及不同領域主題活動

週次	主題	主題重點	認知活動	語言探索	數學心靈	科學探索	美感（精細）
一	文具大不同	・認識各項文具的名稱、特徵、用途 ・能從不同的角度認識文具用品 ・學習文具的正確使用方法 ・體驗利用文具的特性做創意遊戲的樂趣	文具智慧王	教室尋寶記	雙雙對對	比比筆	名片交換日
二			解剖文具	鱷魚的大剪刀	形形色色	自動筆的奧秘	筆套娃娃
三			哪個不同類	紙盒樂園	我是大老闆	不一樣的剪刀	顏色魔術
四			文具對對碰	我的百寶箱	圖表會說話	打孔高手	趣味收納盒（一）
五			文具大會串		數字樂園	大力士夾子	趣味收納盒（二）
六	遊歷圖畫書	・認識各種圖畫書的種類：形式、內容、材料等 ・探討看書的方法及注意事項 ・了解並參與書的製作過程及要素 ・培養看書的興趣 ・感受扮演圖畫書的樂趣	我會看書	說說演演	好朋友手拉手	會變魔術的紙	動畫書
七			小小書櫃	我來說你來猜	奇數和偶數	書中人物動起來	小主角
八			小紅帽在哪裡	圖畫對連	圖畫書面面觀	巫婆湯	故事盒
九			誰是書博士	繪本總匯	幾點鐘	書中的智慧	圖畫書
十	人體大奇航	・認識自己身體各項器官、名稱及功能 ・了解人體成長過程及變化 ・學習尊重別人的身體及自我保護的常識 ・知道食物進入人體後的過程	各就各位	人體密碼（一）	半點鐘	有趣的眼睛	牙齒怪
十一			男女大不同	人體密碼（二）	測量大師	忙碌的心臟	大頭氣球
十二			人體迷宮	好朋友在哪裡	精打細算	我的身體會發電	人體解剖
十三			喔！不舒服	有樣學樣	認識方位（一）	反應快慢	身體極限

121

● 表6-1　整學期主題及不同領域主題活動（續）

週次	主題	主題重點	認知活動	語言探索	數學心靈	科學探索	美感（精細）
十四	山中傳奇	·認識臺灣有名的山和特色 ·學習愛護自然環境 ·了解保護森林的重要性 ·探討山與季節的變化 ·體驗登山的樂趣和注意事項	臺灣的山	與樹抱抱	認識方位（二）	山是怎麼形成的	山之鳥
十五			萬種山情	尋找同伴	認識方位（三）	土石流	穿山甲
十六			隱形山林	躲在哪裡	基數與序數	葉子的秘密	移動的山
十七			記憶密碼	神秘的地底下世界	快樂星期日	我是小獵人	石頭動物
十八	四季交響曲	·知道一年有四季 ·了解四季的環境變化 ·探討四季的氣候特徵 ·認識四季動、植物的生態 ·認識四季的穿著、食物等 ·探討季節與時間的關係	元旦	四季拼圖比賽	昨日、今日、明日	小水滴回來了	春之花
十九			四季狂想曲	四季時光	握緊拳頭	雨後的彩虹	夏之海
二十			季節櫥窗	熱鬧的春天	四季與月份	好熱的夏天	秋之葉
二十一			相同？相似？	冬天的早晨	光陰的故事	颱風來了	冬之極
二十二						杯子風速計	四季交響曲

　　主題教學也可以將活動分配在大團體、角落及小組等教學型態中，主題教學計畫表如表6-2所示。

表6-2 主題教學計畫表

主題名稱：動動腦

<table>
<tr><th></th><th>主題名稱</th><th colspan="3">教學目標</th><th colspan="2">教學目標（特殊幼兒）</th></tr>
<tr><td rowspan="2">小主題</td><td>冷和熱</td><td colspan="3">1. 增進幼兒主動學習、仔細觀察的能力
2. 增進幼兒保護自己的能力
3. 增進幼兒對日常生活用品的操作能力</td><td colspan="2">1. 透過團體活動學習輪流及等待
2. 透過角落、小組實際操作，了解日常用品的用處</td></tr>
<tr><td>電和光</td><td colspan="3">同上</td><td colspan="2">同上</td></tr>
<tr><td colspan="8" align="center">教學活動（按教學時間順序排列）</td></tr>
<tr><td rowspan="2">大團體</td><td>內容</td><td>誰在叫我（一）
圍成圓圈，請一個幼兒矇上眼睛，猜誰在叫他</td><td>誰在叫我（二）
圍成圓圈，請一個幼兒矇上眼睛，猜誰在叫他，同時兩人一起叫</td><td>誰在叫我（三）
圍成圓圈，請一個幼兒矇上眼睛，猜誰在叫他，同時兩人一起叫，加上變聲音喊名字</td><td>我猜（一）
1. 先唱兒歌
2. 兒歌+響板</td><td>我猜（二）
1. 兒歌+響板
2. 兒歌+響板+動作</td><td>大魚小魚歌及遊戲
老師當大魚，幼兒當小魚，唱大魚歌畢，幼兒找小魚家躲</td></tr>
<tr><td>材料</td><td>鈴、鼓、面具或長巾</td><td>同左</td><td>同左</td><td>響板</td><td>同左</td><td></td></tr>
<tr><td rowspan="2">大團體</td><td>內容</td><td>團體遊戲：觸覺遊戲
圍圈、手拉手、按手發電，猜誰發電</td><td>音樂遊戲：大魚小魚歌先唱歌，配合樂器打擊，玩同上遊戲</td><td>音樂遊戲：大魚小魚歌先唱歌，配合樂器打擊，玩遊戲，幼兒主導</td><td>音樂遊戲：小蜜蜂扮演</td><td>音樂遊戲：小蜜蜂扮演+樂器</td><td>音樂遊戲：小蜜蜂跟著音樂打拍子</td></tr>
<tr><td>材料</td><td></td><td>手鼓、響板、手鈴、圖片、軟墊15個</td><td>同左</td><td>報紙、壁報紙</td><td>報紙、手搖鈴、壁報紙、碰鐘</td><td>報紙、手搖鈴、壁報紙</td></tr>
<tr><td rowspan="2">角落點子</td><td></td><td>認知</td><td>語言</td><td>日常生活</td><td>感覺統合</td><td>精細</td><td>感官</td></tr>
<tr><td>內容</td><td>1. 量一量，數一數
2. 撲克牌遊戲
3. 五子棋</td><td>1. 天氣變冷了
2. 火燄山與水濂洞
3. 快樂尋寶
4. 十萬個為什麼</td><td>1. 我會洗衣服
2. 我會泡牛奶</td><td>1. 跳躍顛峰（跳跳馬+跳跳床）
2. 競技場</td><td>1. 彩帶製作
2. 風向器</td><td>1. 果凍製作
2. 奇妙的杯子</td></tr>
</table>

● 表6-2　主題教學計畫表（續）

教學活動（按教學時間順序排列）						
角落點子	材料	1. 水、量杯、湯匙、數字板 2. 撲克牌 3. 五子棋	1. 四季兒歌：秋 2. 故事音樂帶 3. 科學圖書 4. 錄影帶 5. 布偶+棒偶 6. 圖之印章	1. 洗衣粉、水、衣服 2. 水、奶粉、杯子、糖、湯匙	1. 跳跳馬+跳跳床 2. 平衡木+投籃球+跳跳馬	1. 皺紋紙、剪刀、膠水 2. 皺紋紙、膠水、免洗筷、剪刀	1. 果凍粉、布丁杯、電磁爐 2. 紙杯、氣球
角落點子	內容	1. 配對遊戲 2. 時鐘認識	1. 聽一聽什麼聲音 2. 聽一聽、找一找 3. 寬寬劇場	1. 刷刷、洗洗 2. 我會演戲	1. 推出去（平衡、擲遠） 2. 跳圈圈（平衡）	1. 線內撕貼 2. 紙盒的妙用	1. 萬花筒 2. 好玩的電池玩具
角落點子	材料	1. 分類及功能配對卡、學習單 2. 時鐘、鬧鐘、數字卡	1. 錄音帶+錄影帶、音樂、故事帶 2. 動物叫聲故事書、各類動物圖書	1. 吸塵器、掃把、洗潔精 2. 電視紙箱、燈光、衣服	1. 呼拉圈	1. 圖畫紙、各種碎紙 2. 各種大小的盒子、蓮草心、色筆、吸管	1. 厚紙板、錫箔紙 2. 各種能操作的電池玩具（電池、插座）
		認知	科學	數學	語言	精細	感官
小組	活動	1. 空間及座標 2. 我生病了（觸覺遊戲） 3. 奇妙的水蒸氣	1. 加熱的魔術 2. 水與冰（視覺遊戲） 3. 大家來做冰	1. 接著走（數字1~10） 2. 倒了幾杯（數與量） 3. 數順序（數字1~5）	1. 耳聰目明（一） 2. 耳聰目明（二） 3. 兒歌：冷和熱		
小組	材料	1. 玩具屋、自製學習單 2. 冰水、熱水+冰袋、熱水袋 3. 保鮮膜、碗、電磁爐、泥土	1. 蛋、糖、鹽、水、爐子 2. 水、電磁爐、冰箱、冰塊	1. 撲克牌 2. 水壺、茶杯、水 3. 數字卡、雪花片、學習單	1. 耳聰目明錄音帶 2. 學習單 3. 吹風機、蠟燭、火柴、字卡（冷、熱、火）		

● 表6-2　主題教學計畫表（續）

教學活動（按教學時間順序排列）						
小組	材料		3. 紙杯、冷水、熱水、溫水、豆漿、半結晶冰水			
	活動	1. 空間：上、下、裡、外 2. 空間：上、下、前、後 3. 厚、薄	1. 電池的妙用 2. 好玩的電池 3. 我會玩電的玩具	1. 數的順序（數字1～20） 2. 數一數有幾件 3. 數的順序（數字1～10）	1. 經常用的東西 2. 新聞報導（兒歌） 3. 有聲音的錄音機	
	材料	1. 玩具屋、自製學習單 2. 學習單 3. 幾何三色板	1. 電池、各類電池用品 2. 電燈泡、手電筒、電池、學習單 3. 電池、插座及各種電動玩具	1. 數字卡、白紙、彩色筆 2. 學習單、彩色筆、數字卡 3. 數字卡、布片塊、學習單	1. 日常用品卡、自製學習單 2. 兒歌+學習單 3. 錄音機、空白錄音帶、有聲圖書	

情境布置 （布告欄、海報）	1. 兒歌：豆花車倒擔 2. 字詞卡：冷、熱、水、火、冰 3. 圖卡：冷、熱、水、火、冰	內容	兒歌／童詩	歌曲	字、詞	概念
			豆花車倒擔	複習大魚小魚歌	冷、熱、水、火、冰	冷熱、大小數
	1. 兒歌：小蜜蜂 2. 字詞卡：冷、熱、水、火、冰 3. 圖卡：冷、熱、水、火、冰		小蜜蜂	小蜜蜂	冷、熱、水、火、冰	溫度、天氣、聲音

　　主題通常可進行數週，每週課程計畫乃根據主題計畫而定，表6-3是以「我」為主題，進行第六週的主題學習時的一週課程計畫表。

● 表6-3　一週課程計畫表

主題：我

教學重點	1. 藉由主題討論認識身體保護的方法 2. 透過小組活動體驗身體的妙用 3. 經由角落學習身體與心理之間的關係		
教學目標	1. 能說出保護身體的方法 2. 能說出身體能做的活動 3. 能說出角落計畫與作法之間的差異		1. 能說出身體部位 2. 能參與肢體與感官的活動 3. 能說出自己的角落計畫
	大團體活動	小組活動	角落小點子
（一）	主題討論： 我的身體	認知：長大真好 1. 分享照片 2. 像與不像？ 3. 長大的好處	閱讀戲劇：我最喜歡洗澡了 動手動腦：創意積木 娃娃屋：娃娃哭了
（二）	團體遊戲： 追趕跑跳碰	精細：亞當 1. 捏捏搓搓 2. 頭、軀幹與四肢 3. 五官都黏上 4. 原來是這樣	閱讀戲劇：刷牙刷刷刷 動手動腦：組合屋 娃娃屋：誰來我家
（三）	身體的故事	語文：追趕跑跳碰 1. 我會聽 2. 我會做 3. 報告班長	閱讀戲劇：我要小馬桶 動手動腦：拼拼人 娃娃屋：煮飯來吃
（四）	兒歌歌謠： 親愛舞	科學：繩結的秘密（幾何拓樸學） 1. 88成行環環相扣 2. 肢體與繩子的關係 3. 我變我變我變變變	閱讀戲劇：勇敢故事 動手動腦：我會走迷宮 娃娃屋：我變我變
（五）	社會學習： 不可以摸我	數：動動身體 1. 能觀察身體節奏 2. 能跟著節奏快慢前進 3. 換你來表演	大角落活動 （打破班級界線，幼兒可以在三個班任選一個角落進行活動）
字詞	詞：身體 句：動動身體	詞：身體	
兒歌／ 歌謠	D3/4	親愛舞 34｜517｜2-23｜ 我親　愛幼兒，今天 465｜3-34｜517｜ 你好不好　我請　你來跳 2-76｜5421｜1-｜ 舞，牽著　手向前走。	

第六節　將特殊幼兒目標融入主題教學活動中

　　主題教學乃統整教學，涵蓋各領域的主題活動及目標，例如：每一主題都可包含語言理解及語言表達的目標。這些目標既是學前階段幼兒最需要學習的目標，也可以是特殊幼兒的目標，特殊幼兒的個別化教育計畫（IEP）中也可以包含主題學習目標，因此可將特殊幼兒的目標安排在各種教學型態（如大團體、角落及小組）中執行，並和主題結合。以下以主題「變變變」為例，說明特殊幼兒的目標如何與主題結合。

壹、大團體時間

活動名稱：未來

程序：人所擁有的房子、車子及穿的衣服都在變……，如以前住山洞，現在住樓房；以前沒車子，現在有車子可以開；以前用樹葉當衣服，現在用布做衣服。那未來會變成怎麼樣呢？自己想一想，未來的馬路上或地球上會有什麼不一樣呢？將它畫出來。在教室外牆壁上貼一長紙條，由幼兒任意畫出。特殊幼兒給他兩種圖比較內容是否不一樣（例如：馬車及汽車是否一樣）。

貳、角落時間

一、娃娃角小點子：為自己打扮

程序：布偶先出來向幼兒問安，再請幼兒說一說布偶特徵（如穿紅色衣服）。布偶則一直跳舞，跳累就睡著，做了一個夢，夢見自己變老（老師可將布偶隨意打扮），這時布偶又不一樣了。啟發幼兒想像空間，並告訴他們和小

布偶一樣，跟著太陽公公（時間）一直走，人就會變老。此時，請幼兒到娃娃家打扮一下未來的自己（特殊幼兒和普通幼兒做同樣的事）。

二、語言角小點子：自己操作錄音機（聲音可以改變）

程序：除了人會變不一樣，還有一個東西也會變，請小布偶來告訴大家。

　　　1. 小布偶出來後先學嬰兒哭，接著又學1歲小孩牙牙學語，長大後會說話了。

　　　2. 問幼兒什麼在變（聲音）？可是他摸不到、看不到怎麼辦？這時告訴幼兒，語言角有一個黑盒子可抓住聲音，如果你想知道就到語言角，自己操作就知道了。

　　　3. 特殊幼兒：操作錄音機；普通幼兒：錄音。

參、小組時間

一、活動名稱：捲髮娃娃

程序：1. 讓幼兒先了解，只要有生命的東西都有過去、現在和未來的樣子，印象最深的即是看到自己和別人照片上的成長過程。所以大家來創造一個不一樣的娃娃。

　　　2. 老師預備好一個臉譜，並剪好一條條彩色色紙，讓幼兒用筆先將色紙捲起來，再放開成捲的樣子，用膠水貼於臉譜上成了一個捲毛丫頭，再補上五官成了一個捲髮娃娃。

二、活動名稱：魚

程序：1.作法如捲髮娃娃一樣。

　　　2.特殊幼兒在此活動的要求：(1)剪色紙；(2)貼色紙作方形娃娃。

　　　3.普通幼兒在此活動的要求：(1)捲色球；(2)貼五官、畫五官。

綜上所述，主題是可以和特殊幼兒的目標結合，並配合各種教學型態來執行其目標。

第七節　主題學習評量

教師除了設計主題教學計畫外，亦可針對每一個主題請家長蒐集相關資料及記錄幼兒的主題學習情形，範例如下。

主題：土土土

幼兒姓名：＿＿＿＿＿＿＿

幼兒已經歷了相當多跟泥土相關的體驗，「土土土」這個主題已經進入尾聲了，相信幼兒有許多的收穫和感覺，請爸媽幫忙記錄哦！

★從這主題，幼兒學習到哪些觀念、想法和技巧，請爸媽記錄下來：

★在這個主題中，幼兒認識了哪些相關字、詞、兒歌，請爸媽記錄下來：

★在這個主題中，幼兒學習了哪些技巧？請爸媽幫忙記錄下來：

★幼兒最感興趣或印象最深刻的教學活動是什麼？請爸媽協助記錄：

除此之外，教師亦可設計每一主題的學習評量表，如表6-4所示。

● 表6-4　主題學習評量表

主題：大車子小車子　　　日期：12/02～02/19　　　班別：
姓名：＿＿＿＿＿＿＿

	項目	優良	良好	發展中
情緒／社會	能和他人合作完成一件事			
	能用正確的方式表達情緒			
	能主動參與討論活動			
	樂於與他人分享帶來的車子			
	能愛護學校及他人的物品			
動作技能	能玩迴力車			
	能在車子圖案內做線內著色			
	能用腳滑動二輪車			
	能用空盒設計一輛車			
	能模仿開車的動作			
認知語言	能正確數出車輪的數量			
	能依一種標準做分類，如車種、顏色等			
	能認識常見的交通號誌			
	能說出一種車子的功用			
	能說出自己最喜歡的車子			
主題學習	能說出各種車子的名稱			
	能指認車子的簡單構造，如車門、方向盤等			
	能說出交通安全的重要性			
	能說出一種與車子相關的工作場所，如加油站、洗車場等			
	能指認與「車子」有關的字詞（　　　）%			
調整（符合IEP目標）	能以車子數出數量1～（　　　）			
	能以車子分辨大、中、小			
	能找出一樣的交通號誌（配對）			
	在指示下開始及停止一件事物或動作			
老師的話：				
家長的話：				

第八節 主題多元智能多層次教學

　　主題也可以與多元智能結合，使幼兒學習的角度更加多元化，提升解決問題的能力。多元智能指的是語言（傾聽、閱讀、書寫、演說）、音樂（欣賞音樂、唱歌、打節拍、辨別音調）、空間（辨別方向、走迷宮、玩拼圖、想像、繪圖、設計）、邏輯數學（計算、測量、推理、因果關係）、肢體動覺（觸摸、手勢、表演、操作、運動）、自然（認識動植物、識圖、辨別、分類）、內省（認識自己、管理自己、獨處、反思）、人際關係（理解關心他人、交流、分工、合作）等八種智能。為了符合特殊幼兒需求，再將目標層次化。以下是學前班主題多元智能多層次教學計畫。

學前班主題多元智能多層次教學計畫

一、主題：魔法線

二、重點

　　1. 線線博物館：認識線的種類、材質及功能。

　　2. 線的聯想：提升創意想像能力，用線引發肢體創作及自製用具。

　　3. 能吃的線：了解生活中的線，以及線在生活中扮演的角色。

　　4. 線的遊戲：探索與線有關的各種遊戲。

三、包含領域及重點

　　1. 語言：能說出或回答與線有關的問題。

　　2. 邏輯數學：能數出繩線的數量，比較長短。

　　3. 空間：觀察線出現的位置，能在情境空間內活動。

　　4. 肢體動覺：線與肢體的遊戲、自製線與網的玩具。

　　5. 音樂：聆聽「音樂可以這樣玩——線的聯想」。

　　6. 人際關係：輪流、與他人合作。

7. 內省：小組之間的觀摩與學習、遵守玩線的安全、體驗線與人之間的關係。

四、多層次學習目標

重點	層次一（最高）目標	層次二目標	層次三目標
線線博物館：藉由場地布置，展示各種繩線，提供幼兒探索線的種類、材質及功能	能說出各種繩線的種類、材質及功能	能依繩線的種類、材質及功能做配對	能仿說各種繩線的名稱、材質及功能
線的聯想：以自然界中的隱形線引起動機，啟發幼兒創意想像，用線自製用具	1. 能配合線條變化舞動肢體 2. 能獨力完成線的自製用具	1. 能觀察同儕並在口語提示下舞動肢體 2. 能在口語提示下完成線的自製用具	1. 能做動作模仿 2. 能在動作協助下完成線的自製用具
能吃的線：從製作麵條，了解生活中還有哪些線，以及線在生活中扮演的角色	1. 能說出生活中常見的線 2. 能輪流使用製麵機	1. 能指出教室中的線 2. 能在口語提示下輪流使用製麵機	1. 能對線感興趣 2. 能在動作協助下輪流使用製麵機
線的遊戲：透過玩具，探索與線有關的各種遊戲	1. 能與他人合作遊戲 2. 能遵守遊戲的規則	1. 能在口語提示下與他人合作遊戲 2. 能在口語提示下遵守遊戲的規則	1. 能在動作協助下與他人合作遊戲 2. 能參與遊戲

五、學習活動

重點／活動	多層次策略	語言	邏輯數學	空間	肢體動覺	音樂	人際關係	內省
線線博物館：藉由場地布置，展示各種繩線，提供幼兒探索線的種類、材質及功能	由能力較好的幼兒帶領探索各種類別的線	說出線的名稱	知道線的數量、長短、粗細	知道線的間隔與陳列位置	能剪線、纏繞線、綁線		合作學習	互相觀摩學習
線的聯想：以自然界中的隱形線引起動機，啟發幼兒創意想像，用線自製用具	以視覺提示、口語提示策略，並調整所提供材料之難易度	說出線的聯想	認識線所構成的形狀	知道線出現的空間位置	能依線條變化做出肢體創作	以音樂引起動機	能適當回應人、事、物	表現出自己的想法、情感

重點／ 活動	多層次策略	語言	邏輯 數學	空間	肢體 動覺	音樂	人際 關係	內省
能吃的線：從製作麵條，了解生活中還有哪些線，以及線在生活中扮演的角色	給予不同程度的協助和提示	能理解並遵守指令討論生活中的線	能分辨麵糰大小、麵條長度	能將麵糰放在正確位置	搓麵糰感受麵條觸感		能輪流、等待	對活動感到興趣
線的遊戲：透過玩具，探索與線有關的各種遊戲	給予不同程度的協助和提示	能表達需求	能調整線的長度	能在空間內活動	能依指示做出動作		能保持合宜的社會行為	能尊重他人，注意遊戲安全

第九節　問卷及教師訪談

壹、問卷

請問你們如何設計課程？

- 課程主題是由學前班的三班師生共同參與討論，依幼兒的興趣作為主題設計方向，並參酌每學期已訂定之主題。通常是在學期末結束前先和幼兒討論，再依主題內容去設計相關課程，然後每一個老師去設計自己領域的課程。
- 依據每學期的課程討論會議針對每一主題訂定主題網及概念發展的順序。
- 依據主題教學重點設計課程活動。

貳、教師訪談

問：主題是讓幼兒自己選的嗎？

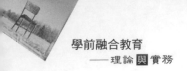

答：我會跟幼兒一起討論主題選擇，比方說放假前，我就會跟幼兒講，他下學期想要上什麼，我會給他一段時間去蒐集，然後告訴我。就像這學期我們用票選，看他們想要上什麼，其實我自己有一直在做嘗試，看什麼對幼兒是比較好的。因為我只有一個目的嘛，幼兒好就好了。所以我就覺得，老師應該可以跟隨著幼兒興趣，其實幼兒的適應能力也很快。

問：要把IEP目標放進主題中嗎？

答：對！應該說課程跟著目標走，我們設計的主題也把IEP目標加進去。

第七章

角落教學

　　學習是由幼兒主導的教學型態，所謂角落又稱學習區，指的是將教室分成幾個區域，讓多種遊戲行為能產生，每區擺放屬於某些領域的教材、教具、玩具。角落是幼兒可以選擇的，因而角落時間又稱為選擇時間，幼兒可在角落內自由選擇教具、操作玩具，或透過教具安排的活動以達到角落學習。它並不是老師主導或共同操作一樣教具或只進行一樣活動，而是由幼兒自多樣教具或活動中主動、主導及選擇。為了營造角落的學習氣氛，以下說明角落教學的原則、角落規則、空間安排及布置。

第一節　角落教學的原則

　　角落的安排會影響幼兒學習，原則如下：

1. 每一個學習區需有足夠的工作空間及固定的功能，例如：精細角放的都是增進幼兒精細動作技巧的玩具，學習區中提供多樣化的真實物品及遊戲器材，可以同時提供給幾位幼兒使用，並給予幼兒選擇不同角落及同一角落中不同玩具的機會。學習區的遊戲器材採開放式的擺設，便於幼兒拿取。

2. 在選擇教具、玩具、遊戲器材及材料時，需選擇具有多功能、能增進幼兒各方面發展、產生不同種類遊戲、適合幼兒的發展階段、反映幼兒的經驗、興趣及文化背景的教具、玩具、遊戲器材。材料要能增進幼兒對不同材料屬性的認知。

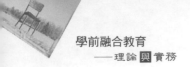

3. 為每一個學習區選擇適當的名稱，每個班級應統一角落名稱，例如：語言角、日常生活角（扮演角）、認知角（益智角）、科學角、積木角、精細動作角（美勞角）、感官角等。

4. 將角落所使用的教具名稱及功能訂出，確定教具是安全、乾淨且維護完好。角落中的教具要安排有序，放置教具的架子高度適合幼兒取物。為了方便收拾，可使用透明的容器，清楚地標示架子及容器，讓幼兒能找得到及放回原處。

5. 教具與玩具的分別：玩具可讓幼兒自行操作，教具則需老師引導。放在角落的物品，幼兒必須知道如何使用。

6. 角落時間可安排結構性遊戲團體，讓特殊幼兒及普通幼兒學習玩具操作及社會互動。

7. 在角落時，老師非固定在某區，而應以巡迴的方式協助幼兒參與角落。

8. 將特殊幼兒的個別輔導融於角落時間，或是設計一個別輔導角，做為個別輔導之用。

9. 可用貼紙或其他方式代替每一個角落名稱，以記錄每週每個幼兒去某個角落的次數。

第二節　角落教學如何進行

　　學前融合班的角落教學是否和一般幼兒園一樣？和一般幼兒園最大的不同，是融合班中特殊幼兒的目標必須融入角落教學中，如此角落教學才能成為幼兒的學習管道。以下介紹如何進行角落教學。

壹、教師在角落的角色

　　角落是幼兒發揮想像力、創造力的場所，老師在角落時間應儘量不要介入幼

兒的活動，但也不是完全放任不管，在幼兒發生問題時，老師應適時介入，幫助幼兒突破瓶頸。教師的角色包括下列幾項：

1. 提供示範或其他玩的方式，以及延伸幼兒玩的過程和行為表現。在角落開始時，要把每一項玩具的使用方法或遊戲規則有條理地教導給幼兒，使幼兒能發現玩具是有趣且具有挑戰性的。如果幼兒一再重複玩同樣的東西而不改變，老師可以示範另一種玩法，或只將幼兒當時的玩法做稍許改變。

2. 如果幼兒到角落只在一邊看著別的幼兒玩，卻不做其他的事時，老師可加入幼兒的遊戲。老師的加入會帶給幼兒鼓勵。

3. 用讚美和鼓勵的方式，支持幼兒願意到角落遊玩，再伺機引導幼兒如何與他人及玩具互動。

貳、怎麼選角落

首先，幼兒要先知道老師開放了哪些角落，老師可以讓幼兒閉上眼睛安靜1分鐘，先想好自己要到什麼角落玩、計畫玩什麼。計畫完後，老師讓最乖的幼兒（先摸頭者），拿自己的襪子卡片（角落牌）去插在角落插卡上（要開門才能進去），就可到角落去工作。

參、每個角落應有幾個人

每班有二位老師及一位義工即可開六個角落，若每班未事先制訂每個角落人數的規則，大都會產生每個角落人數不平均的情形，因為有些幼兒還沒辦法為自己做決定，通常會往人多的地方去，但仍有些幼兒卻對選角落很有主見。小班的幼兒在選角落時，通常老師並未規定角落選擇的次數，因老師覺得幼兒還小、互動情形較少，也不很主動，只要他們有機會一起互動就好，至於去了哪些角落倒不用太在意。

肆、怎麼介紹角落

老師可以用一小布偶告訴幼兒，因小布偶也想去角落玩，所以某某幼兒要帶小布偶到最好玩的角落去玩！讓幼兒告訴老師，今天應該開放什麼角落？每一個角落裡都有好多玩具，計畫怎麼玩呢？這時就把每個角落計畫帶入，並讓幼兒發表一下自己計畫去哪個角落玩、玩些什麼、怎麼玩？此時，小布偶就說：「我聽不懂，那你們就帶我去看看吧！」有時可將某個角落神秘化，讓幼兒有興趣到角落去看一看。

伍、角落規則

角落學習是一種非結構的學習，為了讓幼兒都有機會參與及選擇，開學時必須制定角落規則，此時可以由一位老師負責介紹角落規則，讓幼兒了解角落的名稱及每個角落擺的物品，另一位老師負責帶領幼兒參觀各角落。規則如下。

一、物歸原處

1. 介紹東西位置。
2. 東西分類。
3. 簡易使用方法。

二、東西不越界

各個角落的東西限定在角落裡使用，不帶到其他角落，除非老師同意。

三、愛護公物

1. 積木角：不亂丟。
2. 美勞角：畫筆、蠟筆不塗在桌上、地板、牆壁，只能塗在圖畫紙上。

3. 音樂角：樂器要輕輕敲。

4. 益智角：拼圖不亂丟，保持完整性。

5. 圖書角：書本要輕輕地翻，保持書本清潔。

6. 娃娃角：餐具只能假裝試吃，不可放進嘴裡；房子的圍牆不可攀爬。

四、人數限定

每個角落最多6人。

五、注意事項

1. 視需要添加玩具及材料。

2. 注意幼兒安全。

3. 提醒幼兒隨時整理玩具。

陸、角落空間安排

視教室空間大小而定，若空間寬敞，則可設置各種角落。各個角落在空間安排尚須注意下列事項。

一、積木角

1. 空間要大，最好通向四方，唯仍有封閉性。

2. 放一些小架子，留些空間和日常生活角互相連接。

3. 積木要看的到、拿的到。

4. 大的積木放在地上。

5. 積木可用來建築、組合或扮演用。

二、日常生活角

1. 積木角及日常生活角可用矮櫃隔開或用家具隔開。

學前融合教育
——理論與實務

2. 扮演用的衣服最好有鉤子可以掛起來。

3. 空出一個角落做角色扮演。

4. 使用一些積木造房子。

5. 最好放圓桌，圓桌給人「家的感覺」；桌子不應放在工作區及遊戲區。

三、美勞角

1. 地上不要鋪地毯。

2. 最好有水槽或其他代用品。

3. 需要有桌椅。

4. 有展示（布告欄）及儲存作品之處。

5. 有置放各種紙之架子。

四、安靜角（圖書角）

1. 玩遊戲。

2. 選一個安靜容易看得到幼兒的角落。

3. 如果區域夠大時，可放小桌椅（如和室桌子）。

4. 鋪地毯。

5. 放拼圖之架子。

6. 放相片、雜誌及其他圖片儲存櫃。

五、精細角

1. 木工角亦可放在精細角內，或是將木工桌及沙箱另成一個區域。

2. 遠離走道。

六、音樂角

1. 需要地面空間。

2. 有樂器櫃、CD架、音響、CD播放機及耳機。

柒、怎麼布置角落

　　角落布置要涵蓋活動內容及希望幼兒能在角落學習時達到的目標，角落的布告欄可配合主題布置，以和主題銜接。角落的設計宜儘量充實，並增加老師自行設計及具有操作性的東西。各個角落布置內容如下。

一、日常生活角

　　一般而言，日常生活角必須具備和幼兒生活相關，建議準備的材料如下：

1. 一般配備：小爐子、冰箱、水槽、大人式碗盤、大人式鍋子、大人式的炒菜工具、茶具、大人式烤盤、大人式抹布、海綿等清潔用具、鈕釦、豆子、塑膠水果、煮食物容器（如紙盒、罐子、瓶子、袋子）。

2. 真正的烹飪設備：烤麵包機、果汁機、電鍋。

3. 用來作角色扮演的材料：娃娃、布偶、娃娃床、幼兒玩的搖鈴、奶瓶、圍兜、尿布、衣服、熨斗、幼兒桌椅、掃把、畚箕、鏡子、麵包機、電話、鐘、皮箱、野餐盒、便當盒、紙幣、用過的郵票、舊的床單、桌布、電視、澆水用的桶子、植物、超級市場的籃子（以照片表示）、郵差、醫生工具箱、水管工人、帽子、農場、消防隊、速食店、各種毯子、圍巾、碎布、鞋子、其他角落的東西。

二、娃娃角（小班）

1. 內容：分為三區，如下表。

廚房			臥房			其他
流理臺	碗櫃	餐桌	小床	梳妝臺	掛衣架	雜物櫃
平底鍋 飯鍋 砧板 抹布 食物（塑膠 魚、紙麵、 水果模型）	調味罐 牛奶瓶 玻璃罐頭 塑膠容器	紙杯 紙盤 紙碗	被單 枕頭 布娃娃	梳子 皮帶 披肩 帽子 項鍊 皮包 口紅 鏡子	手提袋 衣服	雜物櫃 搖船1艘 玩具櫃2個 布偶8個

2. 規劃原則：充分提供模擬人物（如媽媽煮菜）所需的道具，滿足模仿慾望。充分提供想像的空間，滿足幼兒扮演的慾望。提供社會性的玩具（如搖船），以增進幼兒的人際關係、與人互動及滿足模仿想像的慾望，亦可針對個別需求增設教具，讓娃娃角成為一個多采多姿、能靜能動的角落。

三、娃娃角（大班）

設計內容有：

1. 衣櫃：穿脫衣服、摺衣服、使用衣架、掛衣服。

2. 串珠子：手眼協調。

3. 夾夾子：延伸數的概念。

4. 舀米、舀豆、夾海綿。

5. 衣飾框：扣釦子、拉鍊。

6. 摺手帕：摺長方形、三角形。

7. 倒豆子、倒水：由一樣容器倒入大小不同的容器。

8. 擦容器：擦桌子、擦櫃子。

9. 海綿沾水，用海綿沾水刷洗。

10. 洗手遊戲：刷子、乳液、盆子。

11. 打泡沫：洗碗精倒水裡產生泡泡。（活動延伸：打蛋、打沙拉醬）

12. 刷皮鞋。

13. 洗抹布。

14. 插花。

15. 清理教室。

16. 縫釦子。

四、語文角（小班）

（一）內容

1. 因空間有限，所以選擇之書本不能太多（大約7本左右），書本宜配合主題及幼兒之興趣及節令，一到二星期換一次書。

2. 將家長提供之圖卡及老師布置教室之舊圖卡，剪貼於圖畫紙上，再綁絲帶，成為自製圖畫書（按內容主題來區分），供幼兒閱讀。

3. 將實物之圖片慢慢演變成象形文字，再變成中國字，而成一長條字卡，讓幼兒來識字。上過的字詞可放在角落，讓幼兒再重複練習。

4. 另外找些不要的圖片（廣告紙或雜誌等）放在一盒子內，幼兒可自行取用，將之黏貼於空白紙上，引導他們自製日記圖或圖畫書。

5. 在大紙袋內裝有各種單張圖片，可看圖說話（空白處可把幼兒的話記錄下來）。

（二）怎麼擺設

1. 圖畫書放在架子上，方便幼兒取閱。

2. 利用牆上之釘子，可掛上自製之故事書及字卡書（因有絲帶故可掛上）。

3. 擺搖椅及椅墊數個，讓幼兒可席地而坐或坐在角落內的小椅子上（幼兒可學習靜靜的看書）。

五、語文角（大班）

1. 材料：圖書（按主題更換）、字圖配對卡（或揭示卡）、兒歌拼拼排（加上句型應用）、自製圖畫書（蒐集不用之報章雜誌，以相關圖案讓幼兒剪

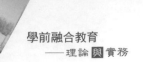

報而成，需使用精細角之剪刀、膠水）、紙箱偶臺、各類偶、面具、CD播放機、CD、耳機、文字接接排（文字接龍，可以和幼兒一起做）、圖片張貼（看圖說話）、當週兒歌或歌謠、當週與語言活動有關之資料、各種圖片及幼兒的相片。

2. 活動內容：做故事書、找最厚的書。

六、美勞角

美勞角可進行塗鴉、畫畫、黏貼、編織、立體空間創作及縫紉等活動，因此可放有：

1. 各種顏色的紙：圖畫紙、報紙、電腦紙、衛生紙、包裝紙、錫箔紙、紙盤、壁報紙、信封、郵票、雜誌、目錄。

2. 美勞、編織及縫紉的工具及材料：尺、釘書機、打洞機、磁鐵、廣告顏料、水彩、刷子、襯衫、固定的材料（如釘書針、膠水、膠帶、鐵絲）、利的或鈍的剪刀、保麗龍板、吸管、線、黏土。

3. 立體空間呈現的材料：穀倉、房子、城堡、水果及動物模型。

4. 展示幼兒作品的布告欄及空間，幼兒的作品要用夾子或小袋子蒐集。

七、積木角

一般而言，積木角需具備多種功能，常擺下列物品：

1. 一般配備：大型積木（空心積木、形狀積木、紙盒積木、布積木、注音符號積木、寶貝積木、管子積木、保麗龍積木、泡棉積木）、各種東西的模型（動物、房子、食物、娃娃）、線、繩子、照片、圖片。

2. 組合及拆開的材料：塑膠或木製的車子、樂高之類的積木、火車組（火車鐵軌）、LASY（像樂高類的積木）。

3. 裝東西的容器：如盒子、籃子、罐子，以及一些小車子或小房子。

4. 可以做扮演的材料：各類車子或其他交通工具（如拉車、三輪車、汽車、巴士、船、火車、小飛機等）、交通號誌、風景明信片。

八、精細角

1. 材料：筆（蠟筆、彩色筆、色鉛筆）、剪裁工具（安全剪刀、一般剪刀）、黏貼工具（白膠、漿糊、膠帶、透明膠水）、紙（白報紙、圖畫紙、電腦報表紙、壁報紙、色紙及其他材料）、用過的瓶瓶罐罐、盒子（如寶特瓶、養樂多瓶、紙盒、布丁盒）。

2. 擺設材料及工具的位置：

   (1)屬於工具類的放在同一區內，如剪刀放一區，膠帶放另一區。

   (2)將同類材料細分放一格內（如漿糊放一格，蓪草心、毛根、毛線等放另一格），並標示出名稱。

   (3)不要的寶特瓶、養樂多瓶、紙盒、布丁盒等另放一大籃內。

3. 延伸教材之擺置：

   (1)各種運算練習之畫線（如直線、圓、三角形）遊戲紙，按不同的線條以迴紋針別住，然後分為①描描看；②連連看；③寫寫看。

   (2)各種形狀之配對遊戲：放裁好同形狀的色紙，讓幼兒自行配對黏貼，如下圖：

△	□	○
□	△	◇

   (3)各種樣式之圖形，畫上虛線，讓幼兒練習穿或打洞，如 ◯。

   (4)準備裁好並打好洞的紙條（厚）讓幼兒穿線。

   (5)準備曲線、直線、圓形等圖形，讓幼兒做剪的練習。

   (6)按幼兒進度再慢慢增加材料及難度。

九、認知角（小班）

1. 關係圖卡、配對圖卡、分類順序圖卡。

2. 三原色汽車配對組一組。

3. 木質拼圖（simplex）：母雞帶小雞一組、可愛動物一組、家庭用品一組、各行各業人物一組、交通工具一組。

4. 形狀插孔玩具一組。

5. 彩色圈圈塔（小→大）一組。

6. 時鐘玩具（紙製類）一盒。

7. 人物造型組合（紙製類）一盒。

8. 彩色形狀配對箱一個。

9. 衣夾造型組一盒。

10. 腳指頭數量配對拼圖一組。

11. 色彩圖形配對組一盒。

12. 數棒。

13. 亞士算盤。

十、認知角（益智角）

1. 內容：各式拼圖、象棋、圍棋、跳棋、妙妙板、百力智慧片、雪花片、各類順序圖卡、樂高玩具、拼拼排——接龍遊戲、形狀套板（各類形狀板）、時鐘、地球模型、撲克牌、臺灣地圖、自製數字配對卡、簡易大富翁、大富翁、分類配對紙卡、蒙特梭利各類數字棒。

2. 規劃及利用：

(1)在第1項內容中所列舉各項認知角的材料（玩具）與其他各個角落（語言、精細）有些重疊，乃因角落之分野不大，有些材料可同時屬於兩個角落。

(2)認知角最好是一獨立的區域，不受干擾。

(3)認知角的多項內容都和拼圖有關，故需要很多的架子。

(4)角落裡的玩具是開架式陳列，以引起幼兒動機。

(5)角落裡的玩具大都是一小片一小片，容易遺失，最好用籃子裝好，並在籃子上貼上組合的範例。

(6)角落裡的玩具種類繁多，維護不易，故仍須老師自製教具或玩具來充實內容。

十一、科學角

擺放萬年青、溫度計、望遠鏡、萬花筒、磁鐵、舊鐘錶等物品。

十二、音樂角

有下列器材：

打擊樂器	自製樂器	需增添的樂器
大鼓1個 小鼓1個 鈴鼓1個 鈸1對 響板5個 木魚1個 高低木魚1個 撞鐘1對 小鍵琴1個	紙鈴鼓5個 手鈴5個 鋁罐沙鈴11個 養樂多沙鈴5個	大鼓搥1支 小鼓棒1雙 木魚棒1支 琴棒1雙 三角鐵3支 鑼1個

十三、其他材料

項目	名稱	用途
1. 紙類	雜誌、月曆、故事圖書類、圖片、包裝紙、卡片、信封、紙袋	語文角
2. 電器類	電話、電子鐘	日常生活角
3. 衣物	大人和小孩衣物、領帶、領巾、頭紗、帽子、新娘禮服、公事包、皮包、皮帶、高跟鞋、化妝盒	日常生活角
4. 裝飾物	別針、項鍊、耳環、戒指	日常生活角
5. 玩具	棋類、電動類、益智類	認知角
6. 縫紉類	碎布、花邊、亮片、珠子、鈕釦	日常生活角
7. 線	毛線、其他線類、線軸	日常生活角
8. 盛裝物	籃子（竹器、塑膠製、壓克力）、網狀包裝袋、麻布袋、飲料罐、塑膠瓶罐、火柴盒、壓克力盒	日常生活角
9. 醫療器具	聽診器、針筒（不要針頭及玻璃製）、搗藥用具	日常生活角
10. 廚房用具	鍋、塑膠碗、碟子、鏟、湯匙	日常生活角
11. 鐵製工具	螺絲起子、扳手、磅秤、秤鉈、天平	科學角

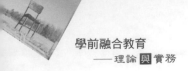

捌、角落目標

為了讓每位幼兒都能在各角落中玩得盡興，老師必須精心地布置角落，以使每位幼兒能依自己的能力及興趣各取所需，因此角落活動必須隨著幼兒程度及每個角落的人數而設計。每個班級亦可有不同的角落，而每一個角落亦可配合角落的特色，各有不同的角落目標。每一個角落的目標如下。

一、角落共同目標

1. 自行選擇活動。
2. 專心玩耍，適當地操作玩具。
3. 自行清理，收拾玩具。
4. 將玩具歸回原位。

二、美勞角

1. 會正確使用剪刀。
2. 會正確使用膠水。
3. 會正確使用蠟筆。
4. 會正確使用彩色筆。
5. 會正確使用膠臺。
6. 會利用毛線、鐵線、瓶罐等（廢物利用）自創造型。
7. 會做簡易的摺紙。
8. 能和同伴共同或輪流使用材料和用具。
9. 能具體介紹自己的作品。
10. 能在時間內完成作品。
11. 能仿畫圖形。
12. 會畫人。

三、音樂角

1. 能分辨音的高低。

2. 會愛惜樂器，小心操作。

3. 會輪流使用樂器，並且不製造噪音。

4. 會分辨旋律的快慢。

5. 會和他人合奏。

6. 會安靜欣賞音樂旋律。

7. 會說出三種以上樂器的正確名稱。

8. 能隨音樂做動作。

9. 能正確敲打拍子。

10. 能獨自唱一首完整的歌。

四、精細角

1. 能正確使用基本工具（如剪刀、膠水、彩色筆）。

2. 能做三指（拇、食、中指）活動（如夾、插棒、撿物等）。

3. 會利用毛根、牙籤、吸管等或廢物自創造型。

4. 會做簡易的摺紙。

5. 能和同伴共同或輪流使用材料和用具。

6. 能具體介紹自己的作品。

7. 能正確使用各類打洞機。

8. 能做描繪遊戲。

9. 能玩包裝遊戲。

10. 能在時間內完成作品。

11. 能把物品組合成一項作品（如樂高玩具）。

12. 能將小木棍插入洞中（插洞板）。

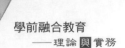

13. 能串小珠。

14. 能剪紙。

15. 能剪直線。

五、圖書角（語文角）

1. 能找出及圈出教過的字。

2. 能看圖說故事或編故事。

3. 會操作布偶進行扮演遊戲。

4. 能安靜看完一本圖畫書。

5. 會將書本、布偶依序歸位。

6. 能說出看過的故事書名字。

7. 能配對圖片與字卡。

8. 會自動翻閱故事書。

9. 會說出所看故事書的內容。

10. 會唸圖書角中布置的兒歌。

11. 會一頁一頁地翻書。

12. 會唸兒歌歌謠。

13. 能操作CD播放機聽CD。

14. 能說出圖片中物品的名稱。

六、益智角（認知角）

1. 能與其他幼兒一同玩配對遊戲、分類及接龍遊戲。

2. 能辨認自己的姓名牌。

3. 能玩記憶遊戲（如記憶轉轉盤），並且懂得遊戲規則。

4. 能在時間內完成活動。

5. 會自己想辦法解決問題。

6. 使用玩具時會互相禮讓（輪流）。

7. 會和同伴交換教具。

8. 能獨自拼成一幅圖案（如拼圖）。

9. 能看日曆。

10. 能利用教具做對應、分類、配對、序列遊戲（如對對排等）。

11. 能玩棋類遊戲。

12. 會從地球儀上找到指定國家。

13. 能串五個以上的珠子。

七、積木角

1. 操作時不碰撞別人。

2. 能有始有終完成積木搭建工作（不會中途推倒）。

3. 會和別人共同使用積木，不爭執。

4. 能把握物體特性拼成一項作品（如百力智慧片、樂高積木）。

5. 會每天為自己選擇不同的玩具。

6. 會等待他人完成作品。

7. 能說出自己作品的名稱。

8. 能用積木堆成塔或其他造型。

9. 能照圖排列積木。

10. 能數數。

八、娃娃角

1. 能愉快地進行扮演活動。

2. 會將物品分類歸位。

3. 會介紹自己扮演的造型。

4. 能主動參與角色分配討論。

5. 會招待客人。

6. 能表現作客的禮貌。

7. 會使用電話模仿交談。

8. 會利用身邊的物品做道具扮演。

第三節　角落與主題之結合

　　每個角落都可以和主題結合，並以主題為中心，或是固定安排一個角落配合主題名稱而改變內容。當主題確定時，角落就可配合主題布置，並在各個角落設計和主題相關的活動。舉例來說，主題為「交通工具」時，各角落的活動及目標就可做如下的安排。

壹、精細動作角——製作小汽車

一、教學目標

1. 認識各種汽車。

2. 了解各種汽車的功用。

3. 利用各式盒子，創作車子模型。

二、材料

　　紙盒、蓪草心、樹脂、彩色筆等。

貳、音樂角──快與慢（火車）

一、教學目標

1. 引導操作CD播放機。

2. 分辨節奏的快、慢（火車行進的聲音）

3. 利用樂器，隨著節奏敲打。

二、材料

CD播放機、CD、各種打擊樂器。

參、認知角──創作路線圖

一、教學目標

1. 方向的辨認。

2. 解決問題。

3. 了解並遵守遊戲規則。

二、材料

白報紙、彩色鉛筆、路線圖參考資料。

第四節　角落教學與個別教育方案

角落教學也是達到個別化教學的一個途徑，可應用於學前班或小學階段。角落時間在國外常稱為選擇時間，是幼兒可以自由選擇活動及教具的時間。當特殊

幼兒參與角落時,角落教學需和教學主題及特殊幼兒的個別化教學目標結合,其原則如下。

壹、角落與IEP目標之結合

幼兒的IEP目標須和角落結合,如此幼兒的需求就能在角落中執行。作法如下:

1. 觀察幼兒在角落學習的情形,找出幼兒參與角落的方式。
2. 把幼兒的目標和角落目標結合,方法為先訂出幼兒的學習目標,再將目標與角落功能結合,以增加目標執行的機會,例如:
   (1)目標為「能專注於問題解決的工作達20秒」,可將此目標放入任何需問題解決的活動中,例如:在圖書角,能專注的看書達20秒;在操作角,能專注的操作玩具達20秒。
   (2)當個別化教學中的目標為「在一個小時內會要求所需的訊息兩次」時,則可以要求幼兒在精細角或美勞角問:「膠水、剪刀在哪裡?」在午餐或點心時間問:「湯匙在哪裡?」

貳、角落、主題及幼兒的教學目標結合

教學目標除了需和角落結合外,還可與主題結合,如此幼兒的需求既能在角落中執行,亦能透過主題達到。以下以「交通工具」這個主題為例,闡述三者間如何配合。當幼兒的個別化教學目標為:增進理解及表達的語言技巧;主題目標為:認識交通工具的種類、名稱,以及和交通工具相關之字彙及圖片時,各個角落目標可訂定如下:

1. 語言角:(1)閱讀和交通工具有關的故事;經由閱讀,了解交通工具的種類。
2. 美勞角:做火車造型、畫火車。
3. 音樂角:唱歌謠——火車快飛。

4. 科學角：理解船浮沉的原理及做紙船。

5. 操作角或精細角：製作交通工具標誌。

6. 扮演角：扮演賣票及閱讀旅行指南。

7. 粗大動作角：騎三輪車。

8. 數學角：(1)認識、分類交通工具；(2)比較大小；(3)數乘客；(4)比較各種交通工具快慢，例如：自強號及莒光號火車由臺北到新竹，哪一種比較快？

從上述的例子發現，角落目標、主題目標都和幼兒的目標契合，隨著主題不同，幼兒理解及表達的詞彙及概念可能不同，但都在執行理解及表達的目標。

第五節　角落觀察指標與紀錄

　　一個教室通常有好幾個角落，在角落進行前有一段計畫時間，角落結束之後則有一段回想時間，而形成「計畫—工作—回想」的流程。透過角落觀察，可觀察到幼兒之間的互動，以及幼兒與物品的互動，觀察重點如下。

壹、計畫時間（角落之前）

　　可觀察幼兒如何表達其對角落的選擇及計畫，其行為可能有下列數種：

1. 不知如何選擇角落或是不知道到角落要玩些什麼，只是呆呆地站著。

2. 只是看著或是摸摸角落的教具。

3. 指著或是走過去某個角落，或是走過去只說出角落名稱，老師必須協助幼兒做計畫。

4. 在老師提示下，能告訴老師他的計畫。

5. 不需老師提示，能告訴老師他的計畫。

6. 無法回答。

角落計畫觀察紀錄如表7-1所示。

● 表7-1　角落計畫觀察紀錄　　　　　　　　　　　　　　日期：11月23日

計畫方式	老師和幼兒開著呼拉圈火車巡視每個角落的材料和玩具，再開回計畫位置做計畫。計畫方式：一起唱完一首歌，呼拉圈上面綁的記號落在誰身上誰就先説，右手邊的第二個幼兒説……直到全組幼兒説完。當老師請幼兒説出計畫時，萱萱和品品爭相要老師先説出自己的計畫，老師説想到認知角蓋一個烤紅豆餅的爐子（因今天有一個紅豆餅點心活動），結果他們也都想來。				
姓名	計畫	角落	角落工作內容	回想	備註
萱萱	我想去認知角烤紅豆餅	認知角	烤餅買賣	我烤了很多紅豆餅，最喜歡烤餅	有時也和儒玩
儒儒	比手畫腳説要去認知角玩樂高積木和百變金塔	認知角	堆很多火、烤很多餅、放很多錢（雪花片）	我……錢（邊説邊比手畫腳）。結論：烤了紅豆餅，最喜歡用百變金塔堆爐子	儒清楚表達想去的角落，在老師提示下，會和其他幼兒一起玩
品品	我想和林老師烤紅豆餅	認知角	和德、子、萱烤餅、玩錢，還會搶老師手上的東西	‧我搭了紅豆餅的爐子 ‧我最喜歡和萱一起玩	有時也和儒玩
薇薇	我想去語言角	語言角、認知角	和小朱姊姊玩火箭插棒遊戲	我玩火箭（師問：「和誰?」答：「小朱姊姊」）	看3分鐘的書後想換到認知角，老師同意她換到認知角
代代	不説話，最後決定認知角	認知角	和德、萱、子一起烤紅豆餅、玩錢	安靜，低頭（老師説：「沒關係，等你想説時再告訴老師」）	用點頭表示想去的角落 有時也和儒玩
子子	我要和萱一起烤紅豆餅	認知角	和德、萱、品一起玩烤紅豆餅遊戲	‧我烤了紅豆餅 ‧我最喜歡和萱一起玩	有時也和儒玩

● 表7-1　角落計畫觀察紀錄（續）

姓名	計畫	角落	角落工作內容	回想	備註
德德	我不知道……	認知角	和子、萱、品一起玩烤紅豆餅遊戲	·我蓋了紅豆餅的爐子 ·我最喜歡錢	老師問第二次他仍說不知道，最後老師一個角落一個角落問，他在問到認知角的時候點頭表達「是」
回想方式	同上，唱完一首歌後，輪流説出自己到角落玩的內容，並且説出最喜歡的部分。				

貳、計畫執行情形

可觀察到下列行為：

1. 能遵守原來的計畫。

2. 能做較長的計畫。

3. 能表現出問題解決能力。

4. 能集中注意力10分鐘。

參、在角落與人及物互動情形

1. 在角落中與人的互動指標：

(1)能在活動中使用不同的材料。

(2)能在二至三個角落工作。

(3)能和三個以上的幼兒產生互動。

(4)能和一個以上的老師產生互動。

2. 在角落與物的互動指標：

(1)能與物品互動。

(2)能自己畫畫或做出作品，並能為作品命名。

(3)成品或操作玩具看得出主題。

(4)製作精緻的作品或玩玩具時能玩得很精緻、很有創意。

肆、扮演情形

1. 不會扮演。

2. 用一樣東西代替另一樣。

3. 使用動作或聲音來代替其他的東西。

4. 使用文字。

5. 扮演其他角色。

6. 使用適當的語言。

7. 能和他人一起玩扮家家酒。

　　透過上列指標,可觀察幼兒在角落與人及物的互動情形。學前融合班角落觀察紀錄表,如表7-2所示。

● 表7-2　學前融合班角落觀察紀錄表

班別:小班

幼兒姓名:暄　　　　　　老師姓名:　　　　　　實施日期:

角落名稱	與人的互動	與物的互動	備註
感官角	·暄對錄音十分感興趣,會與其他幼兒互相對話。要求老師錄音、播放時,會與幼兒互相討論這是誰說的 ·暄會很好奇地對其他幼兒發問	·暄對感官角的教具都會去玩它、操作它,換教具時,暄都十分好奇,尤其對錄自己的聲音。當她發現錄音機會錄出她的聲音時,她便開始在錄音時做出很多特殊的聲音,十分喜愛錄音	
認知角	·常和淵一起玩百力智慧片與螺絲套組,會互相展現成果,且會給對方一些建議	·操作機率遊戲組時搖錯了,會觀察數量多少 ·磁鐵拼圖會拼車子、房子 ·螺絲套組會敲打釘子、拔釘子	

● 表7-2 學前融合班角落觀察紀錄表（續）

角落名稱	與人的互動	與物的互動	備註
日常生活角	・玩扮家家酒，暄：「我下班了。」 師：「暄爸爸累不累？」 瑷：「我要照顧baby，我是瑷姊姊！」	・倒水遊戲：使用茶海倒水 ・舀彈珠：會用湯匙舀出，分兩邊 ・洗手：會用肥皂、小臉盆、小毛巾	・暄很容易融入幼兒們的扮演活動 ・暄能遵守物品使用規則
精細動作角	・暄很喜歡黏土，會利用它與其他幼兒討論「你做什麼，我做什麼」、「你覺得我這個像嗎」。有次她問：「蘿蔔頭上為什麼會有葉子？要用什麼顏色？」	・會用黏土玩煮飯、炒菜，常要求在精細角裡畫畫，或玩恐龍，皆十分有興趣	
語文角	・專注聽故事，常會針對故事內容提出疑問 ・拿布偶與其他幼兒交談	・會自己取書翻閱，觀察書本內的圖片異同 ・手拿布偶裝出怪聲逗其他幼兒笑	暄很喜歡聽故事，會再三翻閱老師講過的故事書
感覺統合室球池	・暄在溜滑板時，會要求在斜坡前的幼兒離開，若用說的，幼兒不聽，會請求老師幫忙	・暄對滑板從斜坡滑下來的速度感很有興趣，且都喜歡固定一個滑板，她可以做出很多種變化	

註：本表為記錄幼兒在角落內進行活動時與人、事、物之互動情形。

伍、學習經驗

觀察角落學習經驗執行情形。學習經驗觀察紀錄表，如表7-3所示。

● 表7-3 學習經驗觀察紀錄表

觀察日期：11/2　　　時段：角落時間　　　　　角落名稱：日常生活角

觀察紀錄	對照理論及學習經驗
今天有五位幼兒選擇了日常生活角，小竹把有爐子的流理臺擺在桌子和牆壁中間隔出一個空間（廚房），小潔拿了鍋子放在爐子上，小昀抱著娃娃走過來看了一下鍋子對小潔說：「鍋子空空的會燒焦，我們來煮東西，<u>我當媽媽，小竹是爸爸，你當姊姊</u>，快點拿東西來煮。」小潔張大眼睛看著小昀時，小竹拿了插洞版和小彩豆走過來對著小潔說：「來，我們來種香菇，等一下我們來煮香菇湯。」小潔微笑著和小竹一起種小香菇。小倫拿了一盒雪花片說：「這是我們的食物。」小昀：「你來當哥哥。」小倫：「可是我在我家裡是弟弟耶！」小昀：「<u>那你要假裝長大變大人，我抱的才是弟弟啦！你是哥哥，小竹是爸爸喔！</u>」小倫：「好吧！那給我抱弟弟。」小昀：「你沒有抱過小baby很危險，去煮飯好不好？一些留給爸爸吃喲。」小倫拿著雪花片走到流理臺前假裝洗米。一直在一旁溜滑著車子的群群把車子滑到桌邊看著同儕，看同儕各忙各的就將車子滑到流理臺旁停下來，此時拿著玩具電話筒的小竹看見便說：「你幫我載香菇好了，我要送香菇給我的同事。」小倫一邊假裝講電話一邊叫小潔把種的香菇放在群群車上，群群載著香菇滑到桌子的另一邊。小竹拿著話筒看著老師說：「我還要煮香菇湯叫我同事來吃。」此時，剛加入的瑛瑛隨手拿一把群群車上的香菇，群群推開瑛瑛說：「討厭啦！你走開！」瑛瑛本來還要拿車上的香菇，看到老師看她，就開始大哭，小昀將瑛瑛扶起來帶過來給老師時，還沒走到，小竹就走過來從小昀手上抱走娃娃說：「<u>娃娃好久沒有吃東西，我要餵他喝奶奶。</u>」小昀邊做動作邊說：「喂！你這樣抱很危險耶，要這樣，還是我抱好了啦！」於是將娃娃抱回來並接了奶瓶假裝餵奶，並邀請已經停止哭泣的瑛瑛一起餵牛奶，瑛瑛不要，跑去認知角。小倫走過來要彈鋼琴給娃娃聽，小昀：「你會嗎？」小倫：「假裝會啊！」於是小倫彈奏起小鋼琴，唱著歌問娃娃好聽嗎？聽到老師預告角落還有1分鐘結束，幼兒們開始收玩具。（角落時間結束）	學習經驗：（空間：將物品組合與拆開） 理論：Piaget理論中的社會戲劇遊戲，幼兒到了4.5歲時，會在彼此的想法上建立遊戲的概念，創造並協調多個角色 理論：Vygotsky的說法，表現比較優秀的同儕可以讓幼兒的發展快速前進 學習經驗：（經驗及表達想法：假裝與角色扮演） 理論：Piaget理論中隨著社會戲劇遊戲的出現，幼兒不僅表現出他們眼中的世界，也會察覺到假裝是表徵性活動 學習經驗：（主動學習：解決在玩耍時所遭遇的問題） 學習經驗：（主動學習：與物體一起移動） 學習經驗：（說：與他人談論自己有意義的經驗） 學習經驗：（社會學習：注意他人感覺） 理論：Piaget理論中，幼兒到了3歲時，他們的假裝活動開始導向其他物體，開始餵娃娃吃東西 學習經驗：（音樂：彈奏簡單樂器、唱歌）

省思：＿＿＿＿＿＿＿＿＿＿＿＿＿＿＿＿＿＿＿＿＿＿＿＿＿＿＿

陸、玩玩具及社會互動能力

主要用來觀察幼兒在角落中玩玩具及互動能力。角落玩玩具及互動能力觀察紀錄表，如表7-4所示。

● 表7-4　角落玩玩具及互動能力觀察紀錄表

姓名：陳生　　　觀察日期：_____　評量者：_____
評量符號：全會：✓　半會：△　不會：×

角落名稱	活動／教具	目標	評量	遊戲層次	社會技巧												備註
					模仿	分享／交換	要求分享與交換	提供點子	問他人	協助	輪流	與人合作	帶動別人	角色扮演	負向互動	與老師溝通	
認知	1. ASCO畢卡索（交通）拼圖	能依形狀完成拼圖	✓	2		✓	✓										立體積木可以自創造型，陳生很能組合東西，造型豐富
	2. 大富翁	能玩規則性遊戲	✓	5							✓		✓				
	3. 立體拼圖	能拼出造型	✓	2			✓										
	4. 挑戰24	能手眼協調動腦解決問題	✓	2			✓										
	5. 迷宮隧道	能組合迷宮隧道	✓	2			✓				✓	✓	✓				

遊戲層次：0：不玩；1：探索；2：功能性遊戲；3：建構遊戲；4：扮演遊戲；5：規則性遊戲

柒、其他

1. 會收拾整理玩具或材料，物歸原處。

2. 會每天為自己選擇不同的角落。

3. 會每天為自己選擇不同的玩具。

捌、特殊幼兒角落參與

為了了解特殊幼兒在角落的學習情形，採自然觀察策略觀察幼兒在角落情境下的全部行為，包括老師引導的情形，如表7-5所示。

● 表7-5　特殊幼兒角落參與

角落	老師引導	特殊幼兒參與情形
美勞角	老師對所有幼兒宣布「今天美勞角關閉」，藉此訓練幼兒的注意力及自制力	1. 最初，幼兒都注意到美勞角關閉，沒有亂闖 2. 其中，馨馨溜到此，但見無人在此，便無趣地離開 3. 角落時間結束時，秩序稍亂，有些幼兒停留在此角落，等待老師
積木角	和幼兒談談正在拼、堆什麼東西，以及發現什麼有趣的現象。引導幼兒有意義的玩並組合，而且帶領幼兒玩被冷落的玩具	1. 君君玩積木會亂摔，偶爾幾次甚至攻擊人 2. 原原（普通幼兒）拿槌子攻擊君君，君君大哭。老師處罰原原之前，先告訴他被處罰的原因 3. 君君常與別的幼兒發生衝突 4. 魁魁（普通幼兒）自己玩塑膠組合積木，自得其樂，同時與其他幼兒共同遊戲
圖書角	看幼兒，聽他們如何說，幫助他們進入圖畫與故事之中，並學習一頁一頁有耐心的翻閱書本，並進行有趣的討論，以增進對內容的理解	1. 宣宣獨自一人閒逛，後來摔積木到圖書角，嚇了其他幼兒一跳 2. 婷婷耐心地、緩慢地翻完一本故事書 3. 宗宗無趣地放下書本跑開

● 表7-5　特殊幼兒角落參與（續）

角落	老師引導	特殊幼兒參與情形
娃娃角	教幼兒如何使用組合玩具、傢俱。並幫忙他們準備遊戲所需之材料，例如：碎紙當菜餚、水餃餡	1. 馨馨練習「包水餃」遊戲，使用組合玩具、傢俱的能力很好，並且懂得招待其他幼兒自己包的「水餃」，後來又將碗筷沖洗、收拾好 2. 宗宗利用玩具電話欲與幼兒和老師說話，可是卻因害羞，一直不開口練習說話，摔下電話跑開 3. 君君的人際關係較差，常與別的幼兒發生衝突
益智角	教幼兒如何使用拼圖，並加入一些其他玩具。引導他們觀察與操作	1. 宜宜玩拼圖，後來拿起其中幾片亂丟 2. 君君對拼圖似乎有興趣

第六節　融合班的角落調整

　　若幼兒因為玩玩具或社會遊戲的技巧較弱，或專注力的維持時間較短，無法參與學習角落或是選擇活動有困難時，可由老師或同儕協助選擇角落，或為幼兒創立一個圖像作息。這個圖像作息由圖片或符號來代表不同的學習角落，並將它組成一個確定的順序（例如：第一個是美勞角，第二個是扮演角，第三個是積木角）。對於無法參與角落學習的幼兒，教師可以縮短角落時間，也可以教導幼兒如何在一個學習角玩玩具、完成一個活動或遊戲，也可以調整角落的內容以符合幼兒的需要。以下是針對每個角落所做的調整。

壹、藝術角

1. 將每個幼兒的作品都放在一個小的盒子中。
2. 用一張大的海報紙黏在牆上，或是在牆上掛一個跟幼兒視線高度相同的畫板。

學前融合教育
——理論與實務

3. 允許幼兒在藝術角時可以站、跪或跨坐在桌子上。

4. 一次只放一至兩個材料在桌子上。

5. 採用對比性高的素材。

6. 利用小桌子區分不同的工作區。

貳、沙水角

1. 當幼兒的表現容易激動時，教師需限制進入沙水角的人數。

2. 調整水槽的高度，以符合幼兒的需要。

3. 教師可示範一些常用的概念，如大／小、滿的／空的。

4. 當有視障幼兒時，確定水槽與沙槽的照明度足夠。

5. 給予幼兒簡潔、明確的指示，以協助幼兒發展遊戲的技巧。

6. 使用顏色明亮的玩具，可以和沙子的顏色產生對比。

7. 鼓勵幼兒互動，與其他人一起玩。

參、積木角

1. 鼓勵幼兒加入一些小道具，如玩具動物或人、車子、道路標誌等。

2. 一次讓每個幼兒只用少量的積木。

3. 利用踏墊、膠帶或其他材料去劃分幼兒的活動空間。

4. 鋪上地毯，以防止噪音。

5. 時常提醒幼兒在積木角活動的規則。

6. 輪流使用各種積木，如塑膠積木、大的木頭積木、硬紙板積木。

7. 示範想像性的遊戲與提供機會，讓幼兒能模仿教師的遊戲和積木建築的方式。

肆、戲劇角

1. 讓幼兒選擇有興趣的主題來扮演。

2. 當幼兒需要時,直接指導他們扮演技巧。

3. 教導同儕遊戲規範,以融合特殊幼兒。

4. 針對幼兒的能力來安排他們的角色,讓幼兒表現出自己最好的一面。

5. 玩具戲服要容易穿脫。

6. 提供人物的圖片,以說明幼兒學習扮演的技巧。

7. 教導幼兒用語言表達情緒。

8. 如果有容易激動的幼兒在戲劇角,可以放一些節奏慢的音樂。

伍、精細角

1. 精細動作需要有好的靈活度與力量,鼓勵幼兒試著扣釦子、拉拉鍊、綁鞋帶,並且不要過度幫幼兒的忙。

2. 家長在家裡可以讓幼兒參與一些簡單的家事,例如:撕掉一些無用的信件、折衣服、收拾玩具等。

3. 提供足夠讓幼兒操作的機會,以增加手部的靈活度。

4. 拿一些重的物品(如罐頭),讓幼兒去堆疊。

5. 當幼兒在操作一些活動時,鼓勵他們說出自己正在做什麼。

6. 嘗試各種不同的操作物,以找出最適合幼兒使用大小的物品。

陸、粗大動作角

1. 將部分粗大動作的活動融入到每天的大團體或戶外課程裡。

2. 在粗大動作活動中,給幼兒計畫與解決問題的機會。

3. 在大肌肉活動之後,要安排一些緩和活動。

4. 鼓勵幼兒穿布鞋進行活動。

5. 利用膠帶畫出活動範圍。

6. 以幼兒精熟的動作技巧來設計活動。

7. 鼓勵幼兒用語言表達出他想要做的動作。

8. 如果可以的話，盡量讓幼兒到戶外去進行粗大動作的活動。

第八章

活動本位教學及
嵌入式學習

　　活動本位教學（activity-based instruction, ABI）乃是由Bricker與Cripe在1992年所提出，主要是應用自然環境中發生的事件作為教學內容，以活動為基礎的教學，由教導重度身心障礙兒童改編而得。Bricker與Cripe（1992）曾指出，此種教學法乃是「由幼兒所主導，是在例行的、設計好或幼兒主導的活動中，嵌入幼兒個別的長期或短期目標，並且利用合乎邏輯的行為因果，來引發功能性和生產性的技能」，其好處為：(1)促進學習者主動參與；(2)透過例行事物以及自然的機會去誘發學習；(3)透過有意義以及具功能性的活動增加學習。

　　Novick（1993）指出，活動本位教學（ABI）是一種在自然的環境中提供教學之方法，綜合學前教育及行為分析領域的策略，以符合適性發展原則發展而成，通常稱為嵌入式教學（embedded instruction）、例行本位教學（routine-based intervention）、統整治療（integrated therapy）（Pretti-Frontczak, Barr, Macy, & Carter, 2003），例如：走路時看到花，讓幼兒主動探索聞花的味道，和幼兒談花的特徵（如顏色及氣味），並且告訴幼兒這是花；等下次看到花時，可問幼兒這是什麼？讓幼兒經由平時的體驗，看到花就想起花的名稱。

第一節　活動本位教學的主要要素

　　Bricker與Cripe（1992）將評量內容與教學結合，以評估幼兒的進步狀況。
活動本位教學包含四個基本要素：

1. 教學係由幼兒所主導：以幼兒的興趣為中心，教師須遵循幼兒的帶領，提
　供適合幼兒的教學內容及合適的回饋，以符合幼兒需求。

2. 安排例行作息、計畫及幼兒主導的活動，並將教學目標融入於例行性作息
　（如吃點心、午餐、如廁、收拾等），或計畫性活動（如由老師主導的小
　組活動或大團體時間），或由幼兒主導的活動（如角落時間）中。

3. 教導與幼兒日常生活經驗相關的實用性、功能性和生產性的技能。各領域
　的實用性技巧如下：

   • 抓和握（動作技巧）。

   • 用餐具（叉子、筷子）吃（生活自理）。

   • 要求協助（溝通）。

   • 分類（認知）。

   • 學習遵守團體中的指示（社會技巧）。

   • 和教室中的其他幼兒一起玩（社會技巧）。

   • 輪流（社會技巧）。

4. 提供自然合理的前事與後果的教學：自然地從活動中提供前事及行為後
　果，在活動中利用自然發生的事件，例如：吃點心或吃午餐，教導幼兒洗
　手、食物的種類及餐具使用技巧，或利用玩水時教導物品浮起與下沉的概
　念，以點心、午餐或玩水的自然情境學習餐前洗手、用餐時使用餐具及用
　餐後收拾之技巧，滿足飢餓的需求及玩水的快樂（行為後果），達到情
　境、行為及反應之連結。

第二節　活動本位教學的特質

活動本位教學具有下列特質。

壹、活動可執行多元目標

在學前班的課程中，大多數的活動都可達到基本概念的學習，例如：數、形狀、顏色、大小、語言理解等概念。舉例來說，在進行幫娃娃洗澡這個活動時，老師可以說：「把黃色的毛巾拿過來，它放在櫃子裡面（強調顏色及位置）。」也可以說：「幫娃娃抹上肥皂，先抹右腳，再抹左腳（強調左右的概念）。」雖然以活動為主的教學可達到多項目標，然而在實施活動教學時，仍須考量幼兒的需要，所教的內容必須是幼兒的能力所及。當幼兒無法達成目標時，則必須改變教學目標及活動。以下是一項玩水的活動，透過玩水讓幼兒自然地發現水的特性，並在過程中教導幼兒的認知、語言及社會能力，活動內容如表8-1所示。

一、變化

1. 可用紅豆、綠豆或沙來代替水。
2. 在水中加入顏色。
3. 在水中滴一些洗碗精，再用手攪拌，可製造泡泡（吹泡泡）。
4. 在水中丟入不同形狀的保麗龍板，請幼兒猜猜看保麗龍板會不會浮在水面上。

二、認知概念

・水。　・擠。　・硬。　・乾。　・開。　・熱。

・濕。　・拌。　・冷。　・倒。　・軟。

● 表8-1　活動名稱：玩水（沙）

活動說明及進行順序	用具	達到的目標	評量
・開始時，把塑膠布鋪在地上 ・幼兒必須向老師要圍裙、水盆和玩具 ・當幼兒要求水時，可要求他們解決問題，例如：水桶的蓋子蓋得很緊，幼兒要想辦法打開，或請人幫忙 ・現在水可以倒進大盆子裡了，記得一次給一點，這樣幼兒可以要求「還要」 ・幼兒可以輪流倒水，用玩具打水、玩小船或擠海綿 ・應該給幼兒表達的機會，讓幼兒說說他們在玩什麼 ・遊戲快結束時，要幼兒把各種玩具還給老師 ・請幼兒幫忙把水倒掉，問幼兒要用什麼東西來擦乾手？（毛巾） ・將毛巾拿給幼兒，問他們還有什麼要擦乾的？（玩具、桌子） ・最後，幼兒幫忙把塑膠布摺疊起來，把玩具收好	・塑膠布 ・水 ・水桶 ・水盆 ・圍裙 ・會浮的玩具 ・湯匙 ・海綿 ・杯子 ・毛巾	能穿圍裙 會打開蓋子 能請人協助 說「還要」 能輪流倒水 會用玩具打水 能說出玩的內容 能說出用毛巾擦手 會擦手 會收拾玩具	

三、社會

・輪流。

・收拾。

四、動作

・倒水。

・打開。

五、語言

・說出「還要」。

・玩水。

貳、活動安排要適合幼兒

　　每位幼兒的學習速度不同，學習風格亦不同，活動安排要適合幼兒的程度並且讓幼兒經歷成功，如此幼兒才能有信心。當幼兒在活動時能自己完成工作，就能對自我肯定，也能增進自己的能力。

參、活動需具備八點要求

　　至於一個活動應具備哪些條件才可稱之為活動，則需具備下列八點要求：

1. 有開始、過程及結束三個部分，不管活動時間長或短，都須有這三個部分。
2. 適合幼兒的年齡。
3. 新奇的、有趣的、幼兒從未玩過的。
4. 教師可控制的。
5. 雖然活動的安排有順序性，但仍要保持 一些彈性，可加入其他的內容，讓幼兒經歷成功，例如：進行小組活動時容許幼兒以自己的方式去探索材料，並跟隨幼兒，同時要建立合理的行為與動作的限制。
6. 有教師在旁督導。
7. 能產生師生及同儕的互動，老師與幼兒對活動都有反應。
8. 跨領域及學習經驗，包含不同層次（難度）的教學目標。

肆、活動不需要的部分

1. 活動不一定要完成一件作品。
2. 由教師決定如何進行，亦可由幼兒決定如何進行。
3. 包括所有領域的目標，但不須同時包含認知、語言、動作、社會及生活自理等五大領域的目標。

伍、座位安排

1. 易於在幼兒需要時提供協助。

2. 幼兒能很容易與其他幼兒和成人互動。

3. 需要較多指導的幼兒，能安排在便於指導的位子（如老師旁）。

4. 教具和所蒐集的教材用具，放在便於使用但不妨礙活動的地方。

5. 老師必須和幼兒一起坐下來，與幼兒保持相同的位置。

陸、學習評量

過程包含評量─教學─評量三個步驟，亦即經過先評量幼兒之起點，進行教學，教完再評量三個步驟。小組學習評量表，如表8-2所示。

● 表8-2 小組學習評量表

日期	主要經驗	材料	教學程序	教學目標	評量			
					奇	銘	雯	龍
	認知／形狀聯想	彩豆、馬賽克幾何拼圖、妙堡方塊、作業單	1. 發給每個幼兒形狀板，老師呈現其中一種形狀，請幼兒拿一樣的形狀，並說形狀名稱。 2. 請幼兒選一最喜歡的形狀。描繪邊，做形狀聯想（畫或說）。 3. 發給每個幼兒一份馬賽克形狀、彩豆及底板。請幼兒就拿到之物組合各種形狀的聯想圖（可與他人交換形狀）。 4. 請幼兒發表其作品，並陳列在角落，供隨時觀賞。 5. 作業單：分三個層次： (1)如附 (2)單張聯想畫 (3)單張貼畫	・能做形狀配對（圓形、三角形、正方形、長方形） ・能説出形狀名稱（圓形、三角形、正方形、長方形） ・能選擇自己喜歡的形狀 ・能做形狀聯想（來不及畫可用説明） ・會利用手上物品構圖 ・會與他人交換所需形狀 ・能持續活動五分鐘 ・能解説自己的構圖 ・能算出自己用幾種形狀各幾種（例如：圓形3個、正方形5個） ・能完成作業單(1)(2)(3)				

柒、跨訓練者、環境、材料之教學

教師須仔細計畫活動，以使活動能符合幼兒的學習目標，並將幼兒的學習目標安排在不同的教學活動中，以達到類化的目的，例如：教學目標為指認身體部

位及說出身體部位時,則可透過身體部位拼圖、唱兒歌、畫圖、做臉譜、幫娃娃洗澡、說故事等活動來達成,如此教學目標就可在不同的活動中執行,增加執行的機會;幼兒亦可透過不同的活動,來練習學得的技巧或學習新的技巧。

捌、不同領域的目標

活動中須包含不同領域的目標,如此可同時符合幼兒多方面的需要。領域指的是認知、語言、動作、社會及生活自理等五個領域,每一個活動如設計得好,多半可符合至少一個領域以上的目標,但卻無法同時符合五個領域的目標。活動達到不同領域目標的例子,如表8-3所示。

● 表8-3 手指畫

程序	達到的目標					
	認知領域	語言領域	生活自理領域	精細動作領域	粗大動作領域	社會領域
1. 給幼兒一張紙 2. 用手沾顏料在紙上塗抹 3. 畫出形狀或圖案 4. 畫好後分享畫的內容 5. 收拾	1. 指認顏色 2. 說出形狀 3. 分辨形狀	1. 仿說 2. 遵守指示 3. 描述畫的內容	1. 幫忙鋪報紙 2. 清理 3. 洗手	1. 仿畫圖形 2. 使用手指 3. 畫出形狀	1. 站著拿顏料 2. 坐在位子上 3. 傳遞顏料	1. 分享 2. 輪流 3. 等待 4. 要求協助

在上述的手指畫活動中,同時達到了認知、語言、生活自理、動作(精細及粗大),以及社會領域的目標,這五大領域正是學前特殊教育最重視的教學領域。同樣地,也可以利用每天的點心時間,安排與食物準備或吃相關的活動,自然地達到各領域的目標,點心活動如表8-4所示,可同時達到四種領域的目標。

● 表8-4 點心活動

作息 ＼ 領域	精細動作	粗大動作	語言	認知
點心時間	1. 從茶壺中倒水到杯子裡 2. 用奶油刀塗抹 3. 用湯匙攪拌	1. 拉開椅子 2. 坐在椅子上	1. 遵守指示 2. 描述 3. 討論食物是誰做（準備）的	1. 認識食物的大小、形狀 2. 氣味

　　事實上，並非所有的活動都需同時達到所有教學領域的目標，但只要仔細計畫，一個活動通常可達到不只一個領域的目標。舉例來說，在動作領域的活動中，常可將語言領域的目標包含在內；又如在以教導動作為主的活動中，可加入語言的目標。

玖、不同難度的目標

　　活動中須包含不同難度的目標，好處是在同一活動中可符合不同程度幼兒的需求，即在同一時空包含難易不同、同一領域的目標，例如：教學時，同時要求兩個不同難度的目標：指認哪一張圖片為大象，以及說出圖片的名稱。教師在教物品名稱時，對於能說出名稱者要求說出名稱，而對於只在指認層次的幼兒，則要求用手指指出要求的物品即可。這種教學法稱之為多層次教學（multi-level teaching），是教導特殊兒童常用的方法。以下是如何將活動目標層次化的例子。

活動名稱：車子滑下來了

用具：木板、膠帶、玩具車、積木。

程序：1. 拿一塊木板斜靠在箱子或牆上（形成斜坡）。

　　　2. 用膠帶貼在木板上作為道路。

　　　3. 拿玩具車在木板上滑上、滑下。

　　　4. 可以把積木放在木板上作為路障。

變化：用具可改為其他有軌道的汽車組或加上人的汽車組。

活動目標：可分為五大領域及不同程度，如下表所示。

程度＼領域	社會	精細動作	粗大動作	生活自理	認知	溝通
最差	在同伴旁邊玩	伸手抓車子，將車子握在手中	在支持下站立	無	視覺和聽覺注意，追視移動的車子	聽覺注意，並發聲
中	注意同伴，模仿同伴	伸出手抓車子，放掉車子，把車子從一手換到另一手	不需要支持即可站立	無	適當地玩車子（功能性操作）	指認車子，模仿車子的聲音
最好	和同伴互動，能回答	伸出手抓車子，緊握，一次放開兩部車	蹲下再站起來，站立並往前傾，維持平衡	無	在木板上滑動車子，繞過障礙，有上、下、停、走的概念	說兩個字的片語，如「車跑」

第三節　活動本位教學的常用策略

　　活動本位教學強調在以幼兒為主導的情況下，以有計畫的自然策略來誘發幼兒自發性的學習需求與意願，從而學習到功能性和可類化的技能。其常用的教學策略有以下七種（蔡昆瀛，2005；盧明譯，2001；Bricker & Cripe, 1997; Bricker, Pretti-Frontczak, & McComas, 1998）。

壹、遺漏法

　　所謂遺漏法（forgetfulness），係指教師故意遺漏活動的重要部分或某項學習材料或用具，例如：點心時間到了不立即提供餐點、畫畫課沒有準備蠟筆、故事時間缺少故事書，然後詢問幼兒遺漏的部分，找尋缺少的物件或試著以可能的方法來解決問題等。此種方法可以誘發幼兒解決問題的動機，同時也可以觀察到幼兒知道了什麼、會做了什麼（蔡昆瀛，2005）。

貳、新奇法

　　幼兒很容易會被新的玩具、活動所吸引，利用這種特性可以引發幼兒出現教師期望的行為反應。對於較重度障礙的幼兒，新奇法（novelty）的教學相當適合在日常作息當中來使用，像是在幼兒熟悉的旋律或遊戲中添加新的動作，就能期待幼兒有不同的反應。而對於能力較好、年齡稍長或者障礙程度較輕的幼兒，新奇策略可以運用在複雜的情境當中。唯需要注意的是，新刺激的出現不能過度超乎幼兒的預期，否則可能會減少效果甚至適得其反，像是突然出現的大聲響可能會造成幼兒的驚嚇反應，或者是改變太多造成幼兒無法反應（蔡昆瀛，2005；盧明譯，2001；Pretti-Frontczak & Bricker, 2004）。

參、看得見卻拿不到法

　　若想要促進幼兒的社會溝通能力和問題解決能力，看得見卻拿不到法（visible but unreachable）策略是相當不錯的方法。教師可將幼兒喜愛的食物或玩具擺放於幼兒能看的到卻拿不到的位置，就能刺激幼兒詢問、要求協助或想辦法取得。

肆、違反期望法

違反期望法（violation of expection）係指，將活動或例行作息中的某一個熟悉部分或步驟予以省略或改變，與幼兒所期望的不相符，例如：把褲子當衣服穿在身上、用叉子來梳頭髮、把玩具車放在盤子裡當點心等。違反期望法的目的有二：一是從中可以了解幼兒的辨別力和記憶力；二是可藉以引發各種的溝通反應和問題解決行為（蔡昆瀛，2005；盧明譯，2001；Bricker et al., 1998）。

伍、漸進法

「當活動中需要組合多塊材料或使用到多項、多次物件的活動時，教師就可以使用這個方法，採用片段分次的給予，讓幼兒必須逐次地提出要求才能拿到所需的材料」（蔡昆瀛，2005），例如：玩積木時一次只給一個。使用漸進法（piece by piece）時，教師需要注意的是，過度的分段也可能反而造成不當的干擾，甚或破壞活動的連續性和學習的主體，影響幼兒對活動的興趣。漸進法的使用應在提供幼兒練習技能的機會和幼兒真正主動參與活動之間取得一個平衡（蔡昆瀛，2005；盧明譯，2001；Bricker et al., 1998）。

陸、協助策略

協助策略（assistance）是指，必須安排教師或同儕協助使用的器材或需要師生共同參與的活動，如此將使幼兒必須要求教師或其他幼兒的協助，才得以進行活動，例如：發下需要拆解包裝的餅乾，幼兒便需尋求教師或同儕的協助，教師或同儕可以稍微將包裝袋打開，再讓幼兒練習撕開、取出，從中便能練習到語言溝通和精細動作。

柒、中斷或延宕法

「中斷或延宕（interruption or delay）的目的在於提示幼兒應該要表現的回應。中斷策略的作法是，教師中止幼兒的某一連鎖行為，使幼兒無法繼續該行為」（蔡昆瀛，2005），例如：每天早上掛衣服已經是幼兒的日常習慣，教師就可以在掛衣服時中斷幼兒的行為，並且問他：「你做什麼？」於是幼兒就必須設法說出：「掛衣服。」才得以繼續完成這項行為。而延宕法則是暫停活動或加以延宕，以引起幼兒的反應，例如：與幼兒在玩下棋的遊戲，輪到老師時，老師突然停住不下棋，延宕到幼兒產生目標反應（像是發出「你要」的聲音）之後，再繼續進行下棋的活動。

第四節　活動本位教學與直接教學法之比較

活動本位教學不強調機械式、單一重複的練習，指的是主要照顧者以回應幼兒的主動行為為主。雖然活動本位教學是一套非常理想的教學法，為何現在的教學法仍以直接教學法為主？最主要的原因是使用直接教學法，教師事前不需做太多的準備。活動本位教學及直接教學法之異同，如表8-5所示。

● 表8-5　活動本位教學及直接教學法之異同

活動本位教學	直接教學法
1. 教師和幼兒的互動 ・用幼兒的興趣、行為和動機，引導教師的教學 ・教師鼓勵幼兒主動參與，教師跟隨幼兒（以幼兒為主導） ・幼兒主動時，教師回應	1. 教師和幼兒的互動 ・教師使用事先選好的教材，以口頭指示和動作，來引導幼兒的注意 ・教師鼓勵幼兒反應 ・教師指導活動的進行（以教師為主導） ・幼兒有反應時，教師回應

● 表8-5　活動本位教學及直接教學法之異同（續）

活動本位教學	直接教學法
2. 教學目標（活動中包含目標） 　・教師使用日常和計畫好的活動，來訓練數個教學目標 　・對於不常發生的教學目標，教師須準備練習的機會 　・教師為每一個活動提供一個合理的開始和結束 3. 行為前項、反應和後果的關係 　・教師使用合理發生的行為前項和後果，例如：天氣冷—穿衣—不冷 　・教師使用自然包括活動中的後果來加強學習，例如：利用戶外活動時，要求穿上衣服 4. 類化：教師發展同一類前項和反應之間的關係（和自然情境配合） 　・教師測試新學會的技能（在天氣冷時，要求幼兒穿上衣服）	2. 教學目標 　・教師一次介紹一個新技能，如穿衣 　・在每一個教學步驟裡，教師提供大量的例子來練習 　・教師在最初的教學步驟中，提供介紹和區分正誤反應的例子 3. 行為前項、反應和後果的關係（不考慮行為的前項，直接教） 　・教師使用相同的安排和指示，來示範正確及錯誤的例子 　・教師使用特定的增強及修正方式 4. 類化：教師發展同一類前項和反應之間的關係 　・教師示範各種正確的反應例子（如穿衣），很少使用錯誤反應的例子 　・教師使用新的例子，例如：穿不同的衣服，來測試類化的情形

第五節　活動本位教學課程設計

　　活動本位教學非常適合幼兒園或融合的教學環境，當班上有特殊幼兒融合時，並不需要設計完全不同的活動，需要的是活動的調整，以提升特殊幼兒的能力，改進他們的弱點，這些調整通常也適合班上的其他幼兒。課程實施方式為：把課程主題涵蓋到日常教學活動，如小組、團體、角落、故事、戶外及點心活動，儘量讓活動涵蓋各領域（如認知、語言、動作及社會）。以「認識水果」的主題為例，其流程如圖8-1所示。

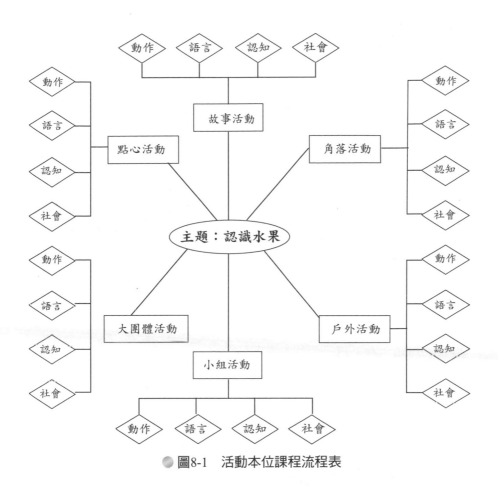

●圖8-1　活動本位課程流程表

　　主題可涵蓋一個星期或更多星期的活動，在做課程計畫設計活動時，要記住每一位幼兒的需要；除了把主題和教學活動結合，還要讓活動涵蓋各領域的目標，亦可視特殊幼兒的需要加入更多的活動或目標，不需特別針對特殊幼兒設計個別的教案，而是儘量把個別的認知、語言、動作及社會領域目標融入普通班的課程中。以下是將個案的目標融入「認識水果」活動中的例子，其作法如表8-6所示。

● 表8-6　「認識水果」活動課程及個別的目標

活動	涵蓋的發展領域及綱要	個別的目標
1. 品嚐水果	語言——句子長度、字彙、主動表達 認知——分類、大小 社會——分享、輪流	‧認識水果（如蘋果）的顏色、形狀、名稱 ‧用2～3個字表達 ‧削皮 ‧切水果
2. 閱讀相關的故事書	語言——注意力及理解力 認知——概念學習	‧傾聽 ‧指認圖片
3. 買賣遊戲	認知——解決問題 社會——引發互動、輪流	‧數錢 ‧指認圖片
4. 做果醬	精細——使用雙手 語言——發問 認知——空間	‧攪拌
5. 品嚐果醬	認知——一對一對應	‧洗手 ‧塗果醬在麵包上

　　從表8-6可知，幾乎每一個活動都可達到多種發展領域的目標，符合普通及特殊幼兒的需要。

　　綜上所述，活動本位教學不但可融入不同領域、不同難度，更可將特殊幼兒及普通幼兒的需求融入活動中，因而教師應儘量使用活動本位教學。教師在設計教學活動時，應掌握下列活動本位教學的原則：

1. 在活動中儘量包含不同領域的目標。
2. 安排不同的教具，用不同的方式來達到目標，例如：抓東西的目標，可以透過抓不同的物品來達成。
3. 透過不同的活動來達到幼兒的目標，例如：透過講故事及分享活動，來達到語言表達的目標。
4. 安排不同層次的目標，例如：在同一活動中，同時安排指認物品及說出物品名稱的目標，以符合不同程度幼兒之需要。
5. 讓活動同時符合普通及特殊幼兒所需，例如：準備難易不同的拼圖，並提示特殊幼兒可依材質、圖案形式、顏色找到答案。輔導幼兒能在遊戲中彼此欣賞與協助，共同解決問題。

第六節 嵌入式學習及策略

活動本位教學指的是教學採取活動進行，幼兒透過活動一起學習，不需額外教導。由於一般學前教育課程很難符合特殊幼兒需求，為了讓特殊幼兒能在一般學前教育環境中學習，而安排了嵌入學習。嵌入（embedding）是一種給予機會練習大目標及小目標，將目標融入課程活動，經由延伸或調整讓活動有意義及有趣的過程（Bricker et al., 1998）。嵌入學習機會（embedded learning opportunities, ELOs）指的是活動中能將目標融入學習活動的機會，在活動中給予特殊幼兒機會練習IEP目標。特殊幼兒需要多樣化的活動幫助他們練習新技能或行為，嵌入式學習的重要性即在於老師能為幼兒營造學習的機會（Horn & Banerjee, 2009）。

壹、嵌入策略的必要性

嵌入式學習被視為融合班的必備策略，是因為它能自然地讓特殊幼兒習得所需的技能。雖然在教學中可以自然地、隨機地達成很多目標，然而針對這些特殊幼兒的教學，仍應事先加以計畫，安排符合幼兒興趣或喜好的活動營造嵌入式學習機會，才能把幼兒的需要嵌入教學中。老師可運用班級中進行的活動及作息，在既定活動中找出最明顯的機會，而不須安排特別的時段或特別長的時間，來製造幼兒學習的機會。其重點在於將幼兒的個別化學習目標及策略（例如：提供特殊幼兒模仿、口頭或肢體提示）融入活動和作息中，再利用教室進行的活動自然達成用眼睛選擇物品的目標、團體時間能遵守指令、點心時間用湯匙或杯子吃點心（Horn, Lieber, Li, Sandall, & Schwartz, 2000）。在融合班級中，教師必須學習將特殊幼兒的目標插入教室作息及活動中，以使特殊幼兒參與課程及活動，也可將治療的目標插入教室作息及活動中。在融合班級中，語言及其他治療師的角色

也是支持特殊幼兒個別目標在教室中有機會達成。經由ELOs，活動及作息變成支持幼兒學習的架構。

貳、運用時機及優點

一、運用時機

當幼兒表現出對教室活動感興趣，以及幼兒的學習目標能與活動和作息目標結合時使用。

二、優點

1. 幼兒的學習目標可以和活動及作息目標結合，符合自然情境，而不必大費周章的改變教學活動及教學目標。
2. 由於老師是以幼兒的興趣和喜好設計活動，教學變得有趣，學習自然得以產生，所以較能引發幼兒參與和學習的動機。
3. 幼兒在自然情境中學習，學到的技巧能用在不同的人及材料上。
4. 老師將幼兒的學習融入在不同類型的活動，可增強幼兒練習、類化及運用新技能和概念的機會。
5. 經由嵌入，可以監控幼兒是否達到預定的目標，如達到就可學習較複雜的技巧。

ELOs被證明能有效運用習得語言及社會技巧，因此為學前教育工作者推薦使用，然而需要在高品質課程及課程調整才能使用（Losardo & Bricker, 1994）。

比較嵌入式教學及幼兒焦點中心策略（CFIS）在學習內容、師生互動、教學策略、學習效果之評估的不同，如表8-7所示。

● 表8-7　嵌入式教學及幼兒焦點中心策略之不同

項目	嵌入式教學	幼兒焦點中心策略
學習內容	同所有幼兒學習的順序及範圍	依照訂定的目標
師生互動	雙向互動，幼兒主導	透過教學引發幼兒反應
教學策略	個別化但適用所有幼兒，在教學過程中提示、協助及引導	在回答前提供線索或協助，系統式回饋
學習效果之評估	透過檔案評量	透過目標評量

參、嵌入式學習機會之基本步驟

製造嵌入式學習機會之基本步驟如下所列。

一、找出特殊幼兒目標

在教學活動中，老師要把個別的目標特別提示出來，如此教學活動才會有意義，且合乎幼兒的需要。可以透過正式及非正式評量，蒐集幼兒現狀能力的資料，了解幼兒的起點後，訂定適合幼兒的教學目標。教學目標分為長期目標及短期目標，個別化教育計畫（IEP）中的長期及短期目標，如表8-8所示。

● 表8-8　長期及短期目標

姓名：　　　　　　　　　　　　　　　　　　　　　　擬定者：

長期目標	短期目標
能增進語言理解及語言表達能力	·會與他人溝通 ·會召喚他人（合宜的方式） ·能說出家人的名字 ·能說出有意義的話 ·能表達自己的需要 ·會聽從指示
能生活自理	·能主動擤鼻涕或擦拭嘴巴 ·能把外套掛在衣架上，並把衣架掛好
能與人互動	·用大人的衣、物等，作裝扮遊戲 ·在角落時能和同儕互動

二、發展嵌入計畫：選擇能夠合理融入目標的活動或作息

老師可將特殊幼兒IEP中擬訂的短期目標嵌入班級中的例行作息及進行的活動中，製造幼兒學習的機會，以使特殊幼兒參與課程及活動。嵌入模式並不是隨機使用，老師必須細心計畫、實施及監控，先確認特殊幼兒的特質和表現模式，找尋有效的策略，再將這些策略嵌入日常作息和活動中，例如：特殊幼兒有興趣的活動是畫畫時，就可以在精細活動中安排畫畫，這樣他就可以反覆參與這個活動，提升其精細動作能力。

通常會使用活動矩陣（activity matrix）來選擇能夠合理融入目標的活動、角落或作息，其好處為：

1. 能有效組織教與學的機會，幫助老師確定教學可以發生。
2. 經由設計讓教學在活動、作息及過渡時間可發生，能增進幼兒學習時間。
3. 能認識個別目標及評量。
4. 目標與活動的結合。
5. 適用於任何幼兒，特別是需額外提供支持的幼兒。

活動矩陣表需列舉出當天必要的各種活動類型，可以幫助教學者記住幼兒在課堂中一天的活動及所需學習的目標，並且可提供多次機會給幼兒學習與練習。活動矩陣表可以針對個人、也可以是團體活動，針對班上不同特殊幼兒而設計，家庭也可參照此方法製作家庭活動矩陣表。有一點必須要特別注意，不在計畫中的突發事件，是讓幼兒練習新技能的極佳機會，或者是一種類化，因此可以用來促進目標的發展。團體活動矩陣計畫表，如表8-9所示。

● 表8-9　團體活動矩陣計畫表

作息	小雯	小麗	小軒	小平
8：30～8：50 點名、日曆活動		主動互動	根據活動中前後關係的提示,遵守兩個步驟指令	使用50個字彙,包括:(1)動作語詞;(2)形容詞;(3)代名詞;(4)名詞
8：50～9：45 角落計畫、角落及分享	在無人協助時,以往前傾的姿勢坐下	主動回應溝通	使用字詞提出要求	可在接近同儕的距離進行遊戲
9：45～10：25 點心時間		點心時間能維持注意力2分鐘	不須成人提示就會使用一種以上的策略解決問題	回答「這是什麼」與「在哪裡」的問題
10：25～11：05 小組時間		在日常活動中,開始有主動互動	參與角色扮演,使用小道具和主動扮演角色	自然地結合兩個句子
11：05～11：35 戶外時間		在日常的戶外遊戲中能適當地輪流三次		使用簡單詞彙和句子來詢問資訊

　　由表8-9可知,同一時段可以同時達到四名不同幼兒的需求,例如:戶外時間,可讓小麗有機會練習輪流溜滑梯的目標,對小平則可練習使用簡單詞彙跟句子來詢問資訊的目標。

三、安排適當的機會來執行這些目標

　　接下來就可依據目標的性質,安排適當的時機,來教導這些擬定的目標。途徑有下列數種。

(一)利用例行的活動時間來執行目標

　　例行的活動時間就是日常的作息。若有計畫地將幼兒的IEP目標融入作息中,自然地執行教學目標,不但可以達到個別化教學的目的,幼兒也能在不同的情境中練習和發展重要的技巧,例如:利用點心時間來練習及學習生活自理的目標。幼兒每段作息的目標及評量表,如表8-10所示。

● 表8-10　幼兒每段作息的目標及評量表

幼兒姓名：

作息	目標	評量
到達	・能向師長、同儕問好 ・能向父母道再見	
8：00～8：25 自由活動	・能獨自玩或和一至二位同儕一起玩 ・能和同儕交換玩具 ・能和同儕輪流玩玩具 ・能在遊戲中遵守規則	
8：25～8：30 收拾	・聽到琴聲能將玩具歸位 ・歸位完後能到大團體位置坐好，並依琴聲表演動作	
8：30～8：50 點名、日曆活動	・能向老師問好 ・能說出今天的年、月、日、星期、天氣	
8：50～9：45 角落計畫、 角落及分享	・能選擇自己喜歡的角落 ・能知道自己要到哪一個角落及角落位置玩什麼 ・能正確操弄玩具、教具	
9：45～10：25 點心時間	・進教室前會先將鞋子擺好 ・吃點心時，能儘量保持桌面的清潔 ・能吃點心時間準備的食物 ・吃完點心會自動收拾桌面 ・會將碗、湯匙收到指定的地方 ・會將自己的桌椅排好	
10：25～11：05 小組時間	・能主動參與小組活動 ・能與同儕共同使用教具、材料 ・能注意聽老師解說 ・能聽從簡單的指令，並做出正確的動作 ・能回答老師的問題 ・能主動問問題 ・能表達自己的需要	
11：05～11：35 戶外時間	・能正確使用遊樂器材 ・能和同儕一起玩 ・能和同儕輪流玩 ・能表達自己的需要（如喝水） ・進教室前會先去洗手間洗手	
11：35～11：50 大團體時間	・能主動參與大團體活動 ・能坐在自己的位子上，而不會坐錯位子 ・能不隨意走動	

● 表8-10　幼兒每段作息的目標及評量表（續）

作息	目標	評量
11：50～13：00 午餐及休息時間	・能吃各種食物而不挑食 ・能不用手抓取食物 ・能正確進食，而不灑落食物 ・用餐完後，能將餐盤歸位	

評量標準：達到：○；部分達到：△；未達到：×。

1. 將目標安排在不同作息中

除了將目標安排在固定的作息時段外，為了達到類化的目的，教學目標亦可在不同的例行活動中執行，例如：大動作的目標可同時在戶外時間、角落及大團體時間來執行，而一些和生活自理有關的目標，亦可在角落、點心或到達時間來執行。詳細的例子如下：

例一：在戶外場及角落的大動作角，可同時執行下列目標：

(1)走斜坡。

(2)跳。

(3)丟球。

(4)爬。

(5)溜滑梯。

(6)了解快及慢。

例二：在日常生活角、休息、到達時間，可同時執行下列目標：

(1)穿衣。

(2)扣釦子。

(3)洗手。

2. 在作息中安排一些和幼兒目標相關的活動

在作息中安排一些活動，以達到幼兒的教學目標，如此可讓作息、目標及活動緊密地結合在一起，例如：教學目標為「能和同學分享昨天發生的事」，則可將此目標安排在大團體的作息中，特別安排分享的活動讓幼兒在大團體時分享昨

天發生的事。此外,在大團體中透過講故事的活動,亦可達到下列目標:

(1)問問題／回答問題。

(2)傾聽。

(3)理解。

(4)表達。

(5)動作。

(6)遵守一個步驟的指示。

(7)遵守兩個步驟的指示。

(8)看著老師。

(9)使用手勢。

(10)輪流。

(11)坐在地上5分鐘。

(12)練習名詞及形容詞的用法(例如:說出故事中的人物)。

(13)圖片配對。

(二)利用幼兒主導的時間來執行目標

幼兒主導的時間包括自由活動時間、角落時間及戶外時間。幼兒在這些時間可以自由決定要玩的內容及要玩的玩具,也是隨機教學的最好時機。幼兒間自由地玩及選擇玩的方式,除了可增進遊戲技巧、社會技巧外,亦可增進溝通技巧。

教師的任務是安排一個有利互動及學習的環境,引導幼兒學習。在融合班的教室中,不管是室內或室外空間都可設計為不同的學習區,例如:戶外場就是一大動作的學習區,教室內則可布置成精細技巧、認知技巧、日常生活、閱讀及語文等學習區,如此幼兒到了各個學習區,即可自然發展出該技巧。雖然由幼兒主導,但透過幼兒主動與環境互動,可自然地學習一些技巧,因此幼兒主導的作息,亦是學習的一種管道。以下列舉在自由活動時間可達到的目標:

1. 選擇玩具。

2. 玩玩具。

3. 分類。

4. 一起遊戲。

5. 輪流。

6. 合作。

7. 等待。

（三）利用教師主導的時間來執行目標

　　教師平時要能仔細觀察幼兒的行為，了解其需求，再決定計畫教學的時機和方式。在平時的教學中，大團體及小組教學是由教師主導，教師須將特殊幼兒的目標放入大團體及小組教學計畫中，如此教學活動才能合乎幼兒的需要。特別是在異質性高、個別差異大的融合班級，設計的活動必須包含不同領域的目標，並以幼兒為主導，配合自然發生的事件來教學，更要隨時評估幼兒的進步狀況。活動本位教學計畫表，如表8-11所示。

● 表8-11　活動本位教學計畫表

評量者：＿＿＿＿＿＿＿＿　　　　　　日期：＿＿＿＿＿＿＿＿

活動名稱	情境／程序	提示	達成目標	評量		
積木遊戲（一）	1. 先把積木或建構類玩具歸好類（例如：所有紅色或形狀相同的放在一起） 2. 清出一塊區域，讓幼兒在地板上工作，一個區域玩樂高，一個區域玩寶貝積木 3. 介紹每一種積木玩法，並讓一個幼兒示範 4. 讓幼兒選擇玩的積木，給予一個區域，並要求其負責收拾整理	一、模仿 1. 看！他正把樂高放在最上面，讓我們照著做 2. 暄正用大的綠色積木，我們也用大的試試看 二、分享／交換 1. 要暄告訴晞，把紅色樂高傳過來 2. 告訴暄，要她把藍色積木給晞 3. 給我看你做的	1. 用材料搭成一個架構 2. 正確地搭10分鐘			
積木遊戲（二）	1. 每一種玩具讓兩個幼兒一起玩 2. 和昨天不同的是兩個人一組一起玩 3. 先分組（自願） 4. 一人先做，另一人模仿，再交換 5. 搭好後，給幼兒積木以外的東西來做扮演	一、遊戲點子 1. 你可以蓋個房子，再拍個照 2. 你的小動物關在籠子裡，太擠了 3. 你的動物跑走了，趕快去找一找 二、分享／交換 1. 如果你需要紅色積木，告訴暄叫她傳過來 2. 給暄看你做的 3. 把綠色的積木給暄，因為它們是在同一個盒子 三、遊戲組織 1. 告訴他，我握住這邊，你放在上面 2. 給他看這個應放在哪裡 3. 說：「暄，窗戶應在這裡。」	1. 提供遊戲點子 2. 把東西傳給另一個幼兒 3. 和同伴一起蓋房子			

評量標準：達到：○；部分達到：△；未達到：×。

（四）在活動中嵌入有效策略，使用策略以達成目標

　　除了將目標融入作息時間外，教師亦須使用一些策略，比如設計一些情境、製造機會、安排活動或準備一些器材以引導目標的發生，例如：有倒水的目標時，在點心時間準備飲料，並在午餐時再次製造機會，以確保倒水的目標有機會執行。當幼兒無法參與遊戲時，教師可以在角落添加該幼兒特別感興趣的玩具或教具，也可以邀請其他普通同儕加入一起遊戲，或可以在旁提供遊戲點子或提供角色扮演的道具。可將目標、嵌入的作息及如何製造嵌入機會記錄在嵌入式學習一覽表中。嵌入式學習一覽表，如表8-12所示。

● 表8-12　嵌入式學習一覽表

| 姓名 ：小雲 |
| 日期：07/02 |
| 老師：李老師 |
| 例行性活動：銜接時間 |
| 目標：小雲會在看到圖片和聽到指令時，馬上跟隨至另一位置開始活動，二天中能做到80% |

做什麼？——給小雲看圖片。
説什麼？——「小雲，到圓圈處集合。」
如何回應？——如果小雲能依指令做，讚美她，也告訴她剛剛做了什麼。
　　　　　　　如果小雲不能做到，再給她看圖片，重複指令給她。
肢體提示——如果小雲無法做到，讓幼兒牽她的手帶她去集合處。
需要什麼素材？——圖片或照片：團體活動圓圈圖片。
有多少練習機會？——利用每天的銜接時間來追蹤進步情形。

星期一	星期二	星期三	星期四	星期五

　　除了提供嵌入式學習一覽表外，也可使用一些讓目標可以發生的策略，如提示等，使目標行為發生並將其列入嵌入式學習機會。作息能達到預定的六個目標的策略，如表8-13所示。

● 表8-13　作息達到預定目標的策略

目標作息	抓東西	參與社會性遊戲
坐車	把一些玩具固定在安全椅上，讓他抓握	當他綁好安全帶時，同他揮手
戶外	在感覺箱中抓玩具，提供玩具讓其抓握	在戶外場能和大家一起玩
角落	在精細動作角，提供一些可以抓握的玩具，如搖鈴、書、筆	鼓勵他主動玩喜歡的遊戲，例如：一起扮家家酒
午睡	提供一個布娃娃或毯子，讓他抓握或抱	唱睡覺歌，安靜地入睡
目標作息	轉向並看著說話的人	會對熟悉的聲調有所回應
穿衣	早上進入房間時問好	問幼兒要穿哪一件衣服
午餐／點心	站在高椅子邊，並問幼兒是否還要	使用誇張的表情，來描述幼兒吃的食物（例如：好吃喔！）
清洗	走到幼兒的高椅子後，並且說：「清洗時間到了。」	要求幼兒在吃完點心後洗手
午睡	坐在地板看幼兒是否會看著老師	問幼兒是否準備睡覺了
角落時間	進入房間或教室和幼兒一起玩	在遊戲時向幼兒笑，並使用一些表示驚奇的字
放學時間	讓幼兒站好，並且說再見	唱再見歌
目標作息	表達需要	聽從指示
大團體	給予機會，要求其發言或舉手	安排固定的位子，在集合時將墊子放在固定的地方

　　總之，教師要使用策略讓目標有機會產生，以使幼兒有機會學習及練習學得之技巧。

（五）執行活動中的觀察和評量，評估嵌入式學習機會的有效性
　　在活動教學時，蒐集幼兒學習的資料以評估嵌入式學習機會的有效性，其目的有二：其一是了解老師是否確實為特殊幼兒安排嵌入式學習機會；其二是幫助老師評量幼兒的學習結果，了解幼兒是否學會技巧，以提供老師在做教學決定時的參考。評估幼兒的進步可檢視幼兒目標達成的結果，如果目標達到標準，就可進入下一個技巧，如果尚未具備該技巧則繼續教。當嵌入式學習效果不好，或是

幼兒需要更多程度的教學時，老師須考慮採幼兒焦點中心策略（CFIS），而非嵌入式學習。嵌入式學習評量表，如表8-14所示。

● 表 8-14　嵌入式學習評量表

幼兒姓名：　　　　　　　　　　　　　評量者：

作息	目標	評量	
		甲	乙
到達	1. 問好 2. 掛衣服		
大團體 （幼兒圍成圓圈）	1. 能坐在自己的小地墊上 2. 能參與音樂、律動和其他團體活動		
戶外	1. 與同儕互動 2. 溜滑梯		
角落	1. 掛角落牌 2. 收拾		
點心	1. 傳物品 2. 說出食物名稱		
衛接（過渡）時間	跟隨指令		

評量標準：達到：○；部分達到：△；未達到：╳。

第九章

多層次教學及課程
重疊策略

多層次教學（multi-level teaching）和課程重疊（curriculum overlapping）是調整課程以增進身心障礙兒童參與的兩種作法。多層次課程（multilevel curriculum）指的是不同能力的學生參與相同的活動，有著相同的課程領域但目標不同，而重疊課程指的是一起參與活動但有著不同領域的目標，例如：在上科學課時，普通幼兒的目標都是和科學相關，但特殊幼兒的目標可能是溝通、遵守指令、輪流（Cook, Richardson-Gibbs, & Nielsen, 2016）。

第一節　重疊課程

重疊課程指的是活動中包含不同領域的目標，例如：上數學活動「錢幣兌換」時，特殊幼兒的目標是幫忙貼物品標籤，而不是學習數學，如此也能達到參與的目的。通常在融合式班級的教學情境中，會將社會性、溝通及動作的目標放在各種領域的教學中，例如：在認知領域的教學活動中，特殊幼兒可能無法做到認知的目標，就可學習分享與輪流等社會性目標，這些目標常會不斷地在各種領域的教學中出現，且不只適合普通幼兒，亦適合特殊幼兒，因而稱之為重疊的目標，這些重疊的目標亦成為特殊幼兒的功能性目標。

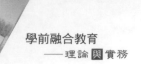

在實施教學時,教學目標要具體可行,顧及小組中每位幼兒的需要,故有些目標適合特殊幼兒,有些則符合普通幼兒。若特殊幼兒達到目標的次數太少或完全無法參與時,教師就要調整材料、教學活動的流程及學習單。至於融合班教學應如何運用重疊課程的概念,將特殊幼兒的目標融入教學活動中,則可參考下列的小組活動。在這30分鐘的小組教學中,教師除了設計教學活動外,還要記錄教學中教到哪些學習經驗,並評量教學目標達到的情形。從表9-1「小組教學活動設計表」可看出教學的內容為花環製作,更可從評量中了解活動達到了哪些領域的教學目標,及其是否符合所有幼兒的需求。

● 表9-1　小組教學活動設計表

活動	美麗的花環							
學習經驗	聽、說 時間、空間 經驗及表達想法							
材料	線、壁報紙做的花、吸管、鈴鐺、有孔的珠子							
作法	1. 先問幼兒:是否知道花環或項鍊是什麼?有沒有看過?以及在什麼地方看過? 2. 將事先做好的花環取出給幼兒看,讓他們說出要怎麼去做花環。 3. 指導幼兒自己做花環,每人拿一條線,利用已做好的花或葉子,穿過上面的洞再加上大小不同之吸管、鈴鐺或珠子。 4. 完成後戴上自己的成品,大家一起欣賞。							
評量	目標	幼兒姓名						
		1	2	3	4	⑤	⑥	⑦	8
	(聽、說) 1. 和他人談及自己的經驗: 　(1)能說出花環的形狀 　(2)能說出花環是用什麼做的 2. 描述人、事、物及各種想法: 　(1)能說出老師做好的花環,是由什麼東西組成的 　(2)能指出老師做好的花環,是由哪些東西組成的(特)								
	(時間、空間) 3. 把一些東西重新組合,並觀察組合後在空間中所呈現之不同: 　(1)能將紙花穿過去								

● 表9-1　小組教學活動設計表（續）

目標	幼兒姓名							
	1	2	3	4	⑤	⑥	⑦	8
評量　(2)能將吸管穿過去 (3)能將珠子穿過去 (4)能將鈴鐺穿過去								
4. 照顧自己的需要： (1)能自行完成作品 (2)能向老師表達自己的需要								
（經驗及表達想法） 5. 討論及分享自己及他人的呈現方式： (1)能說出自己花環的特徵 (2)能說出自己和別人的花環有何不同								
備註　1. 可視幼兒的能力，穿不同數目的花環 2. ⑤⑥⑦表特殊幼兒。								

評量標準：達到：○；部分達到：△；未達到：×。

　　上述的活動除了可達到三種領域的目標：精細動作領域、語言領域（表達）及社會領域（分享）的目標，還可達到不同層次的目標，例如：「指出」及「說出」。若幼兒在評量表上的記錄完全打「×」，表示目標未達到，老師就要修正並設計符合他的課程，例如：幼兒不認得字，可以圖卡代替，再不行則以手勢、肢體語言替代，總之目標要儘量符合幼兒的能力。

第二節　多層次教學的原則

　　多層次教學指的是在活動中，包含同一領域中不同難度的目標。當不同程度的幼兒放在同一組學習，教師就要使用多層次教學技巧，讓教學可同時達到不同難度的教學目標。由於這些目標可能都是屬於同一教學領域，但卻是不同的難度，在同一時間、空間中進行，因而稱之為多層次教學，例如：在語言的教學目標中，有些目標只要求理解的層次，有些則要求表達的層次。

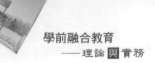

多層次教學必須將同一領域中不同層次的目標，融合在一個教學活動中，它和工作分析有些類似，但涵蓋的技巧較廣。在工作分析中，通常將一個技巧分成幾個步驟，對全是特殊幼兒的小組而言，教導一個技巧的步驟就可用於整組的特殊幼兒，然而對於普通及特殊幼兒同在一組，特殊幼兒的殘障類別又非同一類時，單一的工作分析並無法兼顧整組普通及特殊幼兒之需求，唯有使用多層次技巧才能兼顧。

教師可使用同一教具，亦可使用不同的教具，來達到不同層次的學習目標：

1. 用不同的教具：如以不同的時鐘（數字鐘、碼錶、鬧鐘），來教導相同的目標。

2. 用同樣的教具：如數棒（每根長短不一，每一根分成數小格）可以用來教數數、加法、顏色、長短等不同的概念。

以下呈現多層次教學的例子。

一、活動名稱：摺紙

層次：1. 隨意摺。

2. 摺成一半。

3. 摺成三角形。

4. 摺紙飛機。

二、活動名稱：紙拖鞋

層次：1. 剪一剪。

2. 彩繪紙拖鞋。

三、活動名稱：插洞遊戲

層次：1. 插洞板。

2. 套圈圈。

3. 戴帽子。

4. 打洞遊戲。

四、活動名稱：走一走

層次：1. 走直線。

　　　2. 走平衡木。

　　　3. 倒著走。

　　當一組中之幼兒人數愈多時，或是幼兒之間個別差異愈大時，幼兒的學習目標就愈多樣化；反之，當幼兒之間程度一樣時，老師設定的教學目標就只須集中在某一區，而不會有顧此失彼的現象，例如：上聽故事活動，普通幼兒及特殊幼兒對故事理解的能力不同，教師就必須使用多層次教學的技巧，為幼兒設定不同的聽故事目標，詳見以下聽故事目標的安排，目標由容易到困難。

說故事（三隻小豬）

目的：訓練理解。

先前必備技巧：

　　1. 了解基本概念。

　　2. 遵守簡單指令。

目標序列：

　　1. 當老師講故事時，幼兒能專心聽講，配合故事內容做動作。

　　2. 給他一些圖片時，幼兒能選擇和故事情節有關的圖片。

　　3. 給他兩張圖片時，能分辨哪一張的順序先。

　　4. 聽完一個完整、熟悉的故事後，幼兒能將圖片按故事情節排列。

　　5. 聽完一個完整、不熟悉的故事後，幼兒能將圖片按故事情節排列。

　　6. 能做扮演。

第三節　多層次教學的實施

　　多層次教學最重要的原則是每位幼兒可做不一樣的事，教師對幼兒的要求也

會依幼兒的程度不同而準備不同的學習內容。當每位幼兒的學習起點不同時，到達的終點亦不同。

在學前階段，普通幼兒及特殊幼兒之間的差異較小，特殊幼兒不論是何種類別、殘障程度為何，都可找出普通幼兒及特殊幼兒在教學上的共同需要，再同中求異，依每位幼兒的能力安排適合的教學目標。作法為以小組中程度最好的幼兒之目標為終點目標，再下降至適合特殊幼兒的目標，例如：在語文教學時，普通幼兒的目標為句子表達，特殊幼兒的目標則為用語詞表達，或只需做到理解的層次。在教學時，教師要記得給予不同需求的幼兒機會，以使其教學目標有執行的機會。在準備教學材料時，亦需準備不同的教學材料，以符合不同需求幼兒之需，例如：在進行和畫畫有關的活動時，要準備不同的美勞材料及用具，讓能使用水彩筆的幼兒畫水彩，不能拿筆的幼兒用手指作畫，能握大蠟筆的幼兒則用大蠟筆作畫。因而，多層次教學是一最能符合不同程度幼兒需求的教學策略，然在教學準備上教師花的時間多，教具及教學材料的使用也多，尤其要做到上課時能將不同層次、甚至不同領域的目標融入一個活動中，而不會予人支離破碎的感覺則是需要高度的耐心及技巧，不過只要能掌握住多層次教學的原則，不只是小組教學、大團體、角落及其他型態的教學都可實施多層次教學，並適用在融合班、普通班、特殊班，甚至國小階段的班級。

竹大附小學前融合班的一個班共有21名幼兒，其中7名為特殊幼兒，14名為普通幼兒，小組教學時分成三個小組，每組7名幼兒，其中有2至3名為特殊幼兒，是一普通及特殊幼兒一同學習、異質性高的班級。

以下以實例介紹其中一組（A組）上課的情形，從中可了解多層次教學如何實際運用到小組教學中。A組有5位普通幼兒，1位中度肢體障礙（手、腳不靈活，但智力接近正常）的幼兒，1位語言、聽覺、智力、動作有障礙的幼兒。安排的小組活動領域是認知，主要是教導幼兒認識物體的部分與全部，藉此活動傳遞給幼兒主動學習、分類、聽、說、經驗及表達想法、空間等學習經驗。

壹、教具

實物、剪紙學習單、模型、拼圖。

貳、教學程序

1. 第一步驟：老師用布蓋住物體，僅露出一角，請幼兒猜此物體為何（自由回答或請程度較差者先猜，若猜錯，再請程度較好之幼兒回答），此時2號幼兒因無法表達，故請他在幼兒猜完揭曉答案時協助拉開布，讓他有參與的感覺。

2. 第二步驟：使用教具「猜猜我是誰」（內含男生、女生模型，髮型、衣服、手腳都可以自由搭配）；程度差者，老師先把衣服穿好，只差頭髮部分讓幼兒拼，程度好者自己完成。

3. 第三步驟：拼圖，先將三種拼圖混在一起，請幼兒分類，再一片一片拼回去，拼圖片數不一，可適合不同幼兒的程度。2號幼兒在大部分幼兒操作拼圖時，由老師教導他操作玩具的技巧，如按、推、旋轉等，再讓他自己練習。3號幼兒受限動作及認知能力，只要求他完成5片以下拼圖。而7號幼兒擅長拼圖，故在他完成今日目標後，再多給予片數多的拼圖。

4. 第四步驟：利用坊間的剪紙本，讓幼兒體驗部分與全部之概念，將圖案剪下貼在預定的空格內。3號幼兒由老師或已完成學習單的幼兒給予協助，若來不及完成，則請其帶回家，或利用自由活動時間完成。

5. 第五步驟：請幼兒展示並說明其完成的圖案。3號幼兒來不及完成所有圖案，則說明完成部分或說操作感言即可。

6. 第六步驟：收拾整理。評量結果顯示，不一定程度好的幼兒就能做好收拾的工作！比如7號幼兒雖然拼圖的速度快又好，但卻需提醒他收拾整理，而3號幼兒雖動作不便，卻是個發號施令指導收拾整理者呢！

參、小組教學評量表（如表9-2所示）

● 表9-2　小組教學評量表

日期： 1995/10/16 認知：部分與全部

學習經驗：
經驗及表達方法(4)
空間(1)(2)(10)
分類(8)
主動學習(2)(3)(5)
聽(1)
說(7)
社會學習(11)

材料：
・男生、女生模型
・大塊布
・模型玩具（牛、雞等）
・拼圖
・學習單
・剪刀

學習程序：
一、引導活動
1. 老師拿出用布蓋住的車子（或牛、雞等）露出一角，請幼兒猜猜是什麼
二、發展活動
2. 呈現男生、女生拼圖：請幼兒看露出一、二、三個部位的拼圖，找出對應的部位
3. 說明拼圖的玩法後，請幼兒將三種拼圖打散，再一片一片拼回去
4. 說明學習單，請幼兒剪下學習單左邊部分圖案，黏貼在右邊不完整圖案，使其成為一完整圖案
三、綜合活動
5. 發表並呈現完成之學習單
6. 收拾整理

教學目標	1	②	③	4	5	6	7
1. 會問問題	✓	拉布、玩模型玩具：按、推、拉、轉發條	✓	✓	✓	✓	✓
2. 能依線索猜實物模型名稱	✓		✓	✓	✓	✓	✓
3. 能依線索找出適合的部位：							
(1)露出一個部位時	✓		△	△	✓	✓	✓
(2)露出二個部位時				△	✓	✓	✓
(3)露出三個部位時				✓	✓	✓	✓
4. 能聆聽解說	✓	發條	✓	✓	✓	✓	✓
5. 能依線索將拼圖分成三類	✓		✓	✓	✓	✓	✓
6. 能專注拼圖5分鐘	✓		✓	✓	✓		✓
7. 能在5分鐘內完成拼圖	✓		✓	✓	✓	✓	✓
8. 會正確使用剪刀	✓		△	✓	✓	✓	✓
9. 能沿直線剪	✓		✓	✓	✓	✓	✓
10. 能貼圖案	✓		△	✓	✓	✓	✓
11. 能分辨圖案的部分與全部	✓	帶回家		✓	✓	✓	✓
12. 能用短句說出	✓		✓	✓	✓	✓	✓
13. 能主動收拾整理桌面、桌下	✓	✓	✓	✓	△	✓	△

備註：
1. 速度慢之幼兒，學習單可以帶回家。
2. ②③表特殊幼兒。
3. 通過：✔；需加強：△；不通過：×。

此外，教室也可觀察到多層次教學。多層次教學觀察實錄，如表9-3所示。

● 表9-3　學前融合班多層次教學觀察實錄

教學內容	多層次課程安排
數一數活動的學習單 對應左邊格中物品的數量，在右邊格中的圈圈裡塗色，例如：左邊5個香蕉，右邊塗滿5個圈圈	1. 教材：普通幼兒拿色筆塗圓圈，特殊幼兒用圓圈貼紙貼 2. 教學：普通幼兒多為口頭教學和在錯誤時指正；特殊幼兒則為示範、帶著數等直接教學，如下： 　・○瑞：示範一次後，請他自己數，數完，請他貼同樣數目的貼紙（會提示） 　・○群：示範一次，帶著他一起數，數完告訴他要貼幾張
數一數活動的學習單 依左圖，在右邊的格子中，完成相同的形狀（點連線）	1. 教材：普通幼兒的圖形較複雜，數量較多。○群的筆比較粗 2. 教學：普通幼兒為口頭解說；特殊幼兒如下： 　・○皓：示範一次，其後用手指，請他自己連起來 　・○瑞：示範一次，用手指點一個點，請○瑞指對應的點，請他連起兩個點，再請他自己完成 　・○群：示範一次，用手指一個點，請○群指對應的點，帶著他的手連兩個點
數一數活動及學習單 1. 活動：老師拿動物模型，問幼兒有幾隻腳或有幾種動物 2. 學習單：各組動物下，貼上對應的數字	1. 教材：特殊幼兒回答時，會以數字卡輔助；學習單內容則無調整 2. 教學：活動時，老師會依幼兒而問不同深度的問題，例如：共有幾隻、有幾類、馬在哪裡等 3. 學習單：無調整
老師講解、演示。拿出人偶和數字卡，問：「現在有5個人，有2個幼兒下課被媽媽接走了，剩下幾個人？」老師出題目，每個幼兒輪流操作	1. 教材：無調整 2. 教學：對普通幼兒直接唸題目，請幼兒自己拿人偶及數字卡；特殊幼兒如下： 　・○皓：老師拿出人偶，請他拿出數字牌 　・○瑞：老師拿人偶，請他數，並拿出數字牌
活動：做卡片	幼兒在代表不同意義的圖片上，說出祝福的話，老師會說出幾種不同的選擇，給特殊幼兒仿說，再將幼兒說的內容寫下來
活動：「做壽桃」 用黏土製作壽桃	1. 教材：無 2. 教學：捏壽桃時，普通幼兒自己捏；特殊幼兒如下： 　・○樂：老師抓著他的手捏製黏土
活動：「傳聲筒」 兩兩一組，製作傳聲筒。做好的幼兒自己找伴，玩傳聲筒。最後老師拿出傳音箱，請幼兒找出哪兩條管子是同一條	1. 教材：無 2. 教學： 　・做傳聲筒時，幼兒不會做，老師幫○傑拿瓶子讓他穿線，並請普通幼兒（○安）用眼睛看後，自己做 　・玩傳音箱時，老師請○祖用一條管子講話，其他幼兒找。普通幼兒跟○儀自己找。老師用手協助○傑，讓他的耳朵靠近管子，問○傑有沒有聽到聲音

學前融合教育
—— 理論 與 實務

第四節　教師訪談

問：特殊幼兒和普通幼兒之間有不同的能力，學習單會依照幼兒的能力去調整，你怎麼樣確定學習單真的很適合他去做。

答：我不能夠抓到百分之百，所以我會多準備好幾份不同的層次。有一個家長問我，你為什麼一張學習單要設計四種，因為也只有普通幼兒和特殊幼兒兩種呀。那我會用一、二、三、四排序來講，一是最難的，特殊幼兒我會從三這邊做起。那他三還是不行，我就會退到四來做；那如果他可以，我可能就做到二。

問：四種學習單最主要的不同是設定在程度上嗎？

答：看他在那個領域的表現，可能他的語言程度很好，那他的認知程度很差，或是空間概念很差。有些幼兒的認知能力很差，他卻很會講，可能設計就不一樣。可能這部分用第二個層次的，可能另外一個領域是用第四個層次的。
我也不是所有的學習單都有四個層次，我會看情形，譬如說彩繪，一樣的圖案來講，可能能力較差的，圖案就會大一點點。程度比較好的，我們就會畫到比較細。有時，我會所有的都發下去，他畫到多少算多少。也有可能用一樣的學習單。

問：有可能四種學習單都給同一個人做嗎？

答：有。可是通常，好像做不到四個程度啦。如果說他第一個程度可以做，第四個層次對他實在就太簡單。

問：為什麼要四個學習單都發呢？

答：有時候幼兒會要求呀，只要他有能力我就給他做，即使時間已經超過了，我也會給他帶回去。有些特殊幼兒，我給他那些他都已經做不了。我給他第三個程度的，可是他還是很勉強完成，那我可能會給他二跟四帶回家。四是給他練習，因為他可能已經有這個能力了。二是讓他知道，下一個可能要怎麼

206

樣做。所以有時候可能沒辦法四個。不是每一個作業我都有四種學習單,以免造成誤解。

問:那為什麼有的有四種學習單,有的沒有?

答:要看,假如說「數」,可以有四種層次呀,1～2、1～3、1～5、1～10,就很容易去呈現了。像美勞剪貼方面,就很容易有兩個層次,不會剪的就用撕嘛,就是兩個層次。還有一個,硬要細分,會剪的可是還不太會剪,就給他特殊的剪刀。

問:是依照內容可以切多細嗎?

答:是按照那一批幼兒的程度,如果那一批幼兒的程度都差不多的話,我沒有必要分這麼多呀,累死自己,對不對?我可能就分一、兩種層次就夠了。

問:所以是看內容和幼兒的程度嗎?

答:對。內容包括我們提供的教材和我們要給他的概念。

問:那老師在設計學習單的時候,會碰到什麼樣的困難?可能你覺得不知道要怎麼設計,或是沒有辦法照幼兒的程度設計?

答:我是依照我的理念及要給幼兒的目標去設計,所以學習單大概就是我需要的。有些幼兒是沒有辦法寫學習單的,他就用操作、實作,就不一定要寫學習單了。他真的沒有興趣,我覺得也不要勉強。假如我要給幼兒數概念,那幼兒完全沒有概念,就叫他數嘛,他還是停留在比較具體東西的概念,還沒有平面、抽象的概念。像那種完全沒有抽象概念的幼兒,你叫他做學習單,我覺得太為難他了吧。

學前融合教育
——理論與實務

第十章

幼兒評量

療育的首要目標為儘早鑑定出符合早療服務資格的兒童。在美國，透過「兒童找尋」（child find）方案，用以找出符合或可能符合需接受早期介入服務的兒童。「兒童找尋」是一項州管理之系統，作法是在家庭常去的地方（如診所、學校、超市或購物中心）擺放小冊子或裝置大型廣告。

第一節　篩檢與評量

找出需要早期介入服務兒童的程序通常分為篩檢（screening）及評量（assessment）。分別介紹如下。

壹、篩檢

篩檢是一個簡略且價錢較低廉的方法，用以確認兒童是否需要更進一步全面性的評量。篩檢通常僅需10～20分鐘，涵蓋不同領域，以確定其發展、視力與聽力之問題，如Lichtenstein與Ireton（1984）所言：「篩檢係指篩選出有顯著問題，且進一步了解這些需特殊關照和療育之高風險群的過程。」美國各州對於新生兒或早產兒及有危險因子的嬰兒（如極低體重、低張力或抽筋痙攣），發展了一套全州的篩檢及追蹤系統，這些嬰兒應於4、9、18及20個月時接受一連串的篩檢。

「丹佛發展篩檢測驗」（Denver Developmental Screening Test, DDST）為目前最廣為應用的兒童發展評量工具。DDST在1967年被發展出來，之後經多次的改編及標準化，1992年發展為「丹佛嬰幼兒發展篩檢量表」（第二版）（Denver II），其包含四個發展領域：社會、精細動作、語言及粗大動作，為0至6歲兒童的發展奠定明確標準（Glascoe, Byrne, & Ashford, 1992）。

臺灣常用的篩檢測驗有三：一是行政院衛生署發展的「簡易兒童發展篩檢表」（黃美涓等編），適用對象為0至6歲嬰幼兒，內容包括：粗大動作、精細動作、語言溝通、身邊處理及社會性四項發展領域，同時考量兒童在身高、頭圍及體重的篩檢。二是臺北市衛生局（鄭玲宜等）所研發之「學前兒童發展檢核表」，主要分為動作發展、語言發展、認知發展、社會及情緒發展、視力問題、聽力問題、重要器官失去功能的檢核，另外也有高危險因素的檢核項目。三是徐澄清編成的「嬰幼兒發展測驗」，主要參考美國「丹佛發展篩檢測驗」，其主要目的在於早期發現發展遲緩兒童，測驗分為粗動作、精細動作及適應能力、語言、身邊處理及社會性四個領域（陳怡真，2011）。

在進行篩檢之前，應該先了解發展量表的題目及準備簡易教具或玩具，此外施測人員的評分標準應一致，才能準確篩檢。發展性篩選通常使用簡易「是、否」的方式，只能提供幼兒整體發展的粗略概述。若篩選結果顯示為疑似發展遲緩者，應進一步接受評量，而發展性診斷評量可獲得較為深入的發展資料，包含優缺點。

懷疑嬰幼兒是否有自閉行為時，可採用2017年出版的「自閉症類群障礙檢核表」（華文版）（Checklist for Autism Spectrum Disorder-Chinese Version）進行篩檢，其適用對象為1至16歲孩童，可於一般兒童中找出疑似自閉症類群障礙或泛自閉症障礙者（Autism Spectrum Disorder, ASD）。此檢核表採自閉症光譜的概念設計，亦符合DSM-5的診斷準則，可有效診斷自閉症類群障礙兒童（趙家琛、吳怡慧、曹光文、陳明終修訂，2017）。

貳、評量

當幼兒從篩檢進入評量時，評量之目的由可能是特殊幼兒轉換到決定幼兒是否伴隨某類身心障礙。透過評量蒐集的資料，可作為診斷、安置、持續評量、訂定個別化教育計畫目標、決定兒童是否符合早期介入資格。篩檢與評量之差異，如表10-1所示（曹純瓊、劉蔚萍，2012）。

● 表10-1　篩檢與評量之差異表

項目	篩檢	評量
題數	少	多
評量工具的等級或管制	低／無管制	高／管制
所需時間	短	長（至少一小時）
人力	少	多
測驗執行者專業之要求	低	高
經費	低	高
準確性	低	高
目的	初步釐清疑慮	診斷、分類

根據1986年美國《99-457公法》規定，服務提供者必須提供評量文件以為服務（例如：提供該兒童 IEP 的內容）之參考。施測時由合格人員施測，並應使用幼兒的母語。由於父母最了解孩子的能力及需求，專業人員可與家庭建立合作關係，讓家庭融入評量過程中。

評量時必須使用多種評量方法，結合不同策略來蒐集資訊，例如：在自然的環境下觀察幼兒，了解幼兒在發展上的變化。一般而言，「觀察」是評量幼兒各領域發展最重要的方法。McLean、Wolery與Bailey（2003）認為，特殊嬰幼兒的評量應以團隊方式進行，團隊評量的重要前提是評量必須是全面性的，應包含重要發展領域，以提供做決定所需之重要資訊。在全面性評量中，通常關注以下五個發展領域：

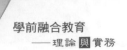

1. 認知技能。

2. 動作技能。

3. 溝通技能。

4. 社交／遊戲技能。

5. 自我照顧／生活適應技能。

一份完整且全面的評量是必須：

1. 能診斷兒童是否符合聯邦政府及各州的早期介入標準。

2. 持續觀察幼兒的進步。

3. 包括定期的再評量。

根據《99-457公法》C部分規章規定，個別化家庭服務計畫（IFSP）除評量與測驗嬰幼兒外，尚需評量嬰幼兒及其家庭服務的需求，以了解家庭資源、優勢及考量點。

1997年通過IDEA修正案（《105-17公法》），其中的B部分施行細則更提出評量程序必須遵守下列規定：(1)測驗與評量工具之內容與施測過程不可以對某些兒童有種族歧視或文化歧視；(2)必須以兒童的母語或是其他溝通方式來施測；(3)對英語能力不足兒童施測時，必須要能測出兒童是否有障礙而必須接受特殊教育，而不是測出該兒童的英語能力；(4)公立機構必須採用各種不同的評估工具與評估策略，來蒐集與兒童有關的各種功能性與發展性資料，以幫助評量小組決定該兒童是否有某類身心障礙，以及該兒童的IEP內容；(5)施測所用的任何標準化測驗必須具有效度；(6)標準化測驗要由受過專業訓練的人員，依據測驗指導手冊施測；(7)如果無法在標準狀況下進行測驗與評量，則在評量報告中必須說明改變標準狀況的程序；(8)所採用的測驗與評量工具要能夠評估兒童有特殊教育需求的特定領域，而不僅僅測出兒童的智商；(9)對視障、聽障、肢障及語障兒童施測時，測驗結果要能正確反映兒童的成就水準或性向水準，而不是反映兒童的視力、聽力、肢體動作能力或說話能力有缺陷；(10)不可以採用單一程序，做為決定兒童是否有障礙的唯一標準；(11)和疑似障礙有關的所有領域都要加以評估，包括：健康狀況、視力、聽力、社交能力與情緒狀態、智力、學業

表現、溝通能力、動作能力（李慶良，1999）。

不論使用篩檢或評量，均需依循下列原則：

1. 需顧及幼兒整體發展，不可就少數領域進行篩檢或評量。

2. 需慎選具有良好效度及信度之篩選與評量工具。

3. 使用者需清楚明瞭工具的使用方式與注意事項，仔細閱讀相關資訊。

依據《幼兒園教保服務實施準則》第9條：「幼兒園應定期對全園幼兒實施發展篩檢，對於未達發展目標、疑似身心障礙或發展遲緩之幼兒，應依特殊教育法及兒童及少年福利與權益保障法之相關規定辦理」（教育部，2019b）。幼兒園須定期實施幼兒學習評量，且以多元的方式進行，並依評量結果調整課程，以確保幼兒學習目標之達成。對於未能達成學習期望之目標，在了解原因後提供必要的輔導與協助，並追蹤其學習狀況與輔導效果。每位幼兒留有個別學習檔案，且一年有三次總結性評量，並留有紀錄。

第二節　評量類型

為了要獲得幼兒的全面性資料，選擇多面向評量是特別重要的，如此才能掌握特殊幼兒的全面性發展情況。常見蒐集資料的評量類型包括：正式評量、非正式評量、效標參照評量（criterion-referenced assessments），以及課程本位評量（curriculum-base assessment）等。以下分別介紹之。

壹、正式評量

正式評量指的是測驗者因特殊目的而採用的標準化測驗，又稱常模參照測驗，主要強調兒童與其他同齡者比較的結果，將受試者的表現與常模樣本做比較。所謂標準化指的是評量過程、評分及結果解釋都需遵循標準程序。常用的幼兒標準化評估工具如下：

1. 「貝萊嬰兒發展量表」（Bayley Scales of Infant Development, BSID）：此量表由Bayley於1969年發表，於1992年重新建立常模，已發展至第三版，稱為「貝萊嬰兒發展量表」（第三版）（BSID III），為常模參照測驗。此量表的適用對象為1至42個月嬰幼兒，BSID III有認知、語言接收和表達、粗大和精細動作、社會情感、適應行為五個分量表，測試結果以發展商數呈現。更新的常模中包含了一些臨床的個案，且常模對照的年齡跨距也縮短。

2. 「魏氏幼兒智力量表」（第四版）（Wechsler Preschool and Primary Scale of Intelligence, 4th ed., WPPSI-IV）：此量表中文版由陳心怡、陳榮華於2013年所修訂，測量2歲6個月～7歲11個月的兒童智力。

3. 「萊特國際操作量表」（Leiter International Performance Scale-Revised, Leiter-R）：此量表由Road與Miller於1997年所編製，適用於2至21歲孩子，為非語文測驗，施測過程不需語言，是以手勢和動作進行施測，以正確找出卡片位置為反應，包括視覺概念與推理題組、注意力與記憶題組兩部分，各有十個分測驗。

智力評估量表主要用於診斷、鑑定、安置、訂定早療方案，以及評估治療前後的效果，其得分稱為「智力發展指數」，它們都由生理年齡和所通過項目的指數算出來。智力量表的標準化程度很高，有非常詳細的指導手冊和幼兒感興趣的測試用具。測量時間約為50～60分鐘，主試者需要經過嚴格的訓練。

貳、非正式評量

相較於正式評量，非正式評量通常採用非標準化測驗。以表10-2「學前融合班普通新生甄試——幼兒社會及情緒評估」為例，其乃自編的非正式評量。

● 表10-2　學前融合班普通新生甄試——幼兒社會及情緒評估

編號：　　姓名：　　　　　　　　　　　總得分：

一、幼兒情緒發展（依題目以觀察、提問、情境演示方式進行）

題目	計分方式（每題5分）	得分	備註
◎分離焦慮（觀察） ◎對不熟悉的人和環境能不覺得害怕	5分：能和父母分離，自己進入試場，並適應轉換情境在試場中進行活動，例如：依指令到指定位子 3分：大人離開時哭泣，安撫後可適應陌生環境 1分：哭泣，家人在教室後方陪同完成評估 0分：哭泣，需由家人陪同完成評估		
◎幫忙清理意外事件（情境演示）：能在主試者不小心打翻筆筒時，提供協助	5分：主動說要幫忙，並且協助收拾 3分：暗示後會幫忙 1分：請求下會幫忙 0分：沒有反應或做出讓現場更亂之事		
◎收禮物的情緒轉換 情境：這裡有兩個禮物要送給你（呈現兩種禮物）；請你猜猜看你喜歡的禮物在哪個盒子裡（呈現兩個猜謎盒）	5分：能選出自己喜歡的禮物，並在接受到非自己喜歡禮物時表示謝謝 3分：能選出喜歡的禮物，並表達禮物並非預期的結果 1分：能選出喜歡的禮物，並表示想要換禮物 0分：不會答題，並用負向語言或行為表達情緒		
◎請你看看電腦中的這些照片（一次呈現一張，共五張），說出照片裡的人的感覺（呈現情境照片並提問）	5分：能正確說出圖片中人物可能的感受（答對一張得1分，五張共5分） 0分：沒有反應		
◎觀看影片並回答問題（呈現情境圖片並提問）： 1. 請你說出這樣做好嗎？ 2. 追問——為何不好？ 3. 追問——怎麼做比較好？	5分：專心觀看影片，並正確回答問題 3分：正確辨識圖片為不適切的行為 1分：說出正確的作法 0分：沒有反應或說錯內容		
小計得分			
評估者			

學前融合教育
——理論與實務

● 表10-2　學前融合班普通新生甄試──幼兒社會及情緒評估（續）

二、幼兒社會互動
（依題目以觀察、提問、情境演示方式進行，並安排一位6歲幼兒與受試者進行互動）

題目	計分方式（每題5分）	得分	備註
◎打招呼：受試者能在同儕向他問好時會打招呼回應 （情境演示：主試者和同儕向受試者打招呼問好）	<u>5分</u>：能主動回應問好 <u>3分</u>：提示後會回應問好 <u>1分</u>：只有點頭回應 <u>0分</u>：沒有反應或回答負面語句等		
◎滾球遊戲：能和同儕及主試者輪流玩滾接球 （情境演示：主試者、受試者及同儕三人進行滾接球遊戲）（時間1分鐘）	<u>5分</u>：能主動依序輪流 <u>3分</u>：說明後會依序輪流 <u>1分</u>：自己玩自己的 <u>0分</u>：完全不輪流		
◎投籃遊戲：能和同儕一起玩投籃 （情境演示：請受試者和同儕一起將球投進籃中）（時間：2分鐘）	<u>5分</u>：能主動一起玩 <u>3分</u>：暗示後會一起玩 <u>1分</u>：自己玩自己的 <u>0分</u>：沒有反應		
◎堆疊積木：能和同儕依示範共同將積木堆疊起來 （情境演示：在主試者示範堆疊積木後，請受試者和同儕一起將積木堆疊起來） （時間：2分鐘）	<u>5分</u>：主動合作且主導完成積木堆疊 <u>3分</u>：鼓勵後能合作完成積木堆疊 <u>1分</u>：自己做自己的 <u>0分</u>：沒有反應		
◎分糖果：受試者能分享糖果 （情境演示：主試者發送獎勵糖果，受試者5個，同儕1個，同儕表示不公平，主試者表示只有這麼多，期間觀察受試者的反應）（時間1：分鐘）	<u>5分</u>：主動分享 <u>3分</u>：暗示後會分享 <u>1分</u>：要求下會分享 <u>0分</u>：沒有反應或回答負面語句等		
小計得分			
評估者			

● 表10-2 學前融合班普通新生甄試——幼兒社會及情緒評估（續）

| 三、生活教育（依題目以觀察、提問、情境演示方式進行） ||||
題目	計分方式（每題5分）	得分	備註
◎點心時間到了，請你倒一杯豆漿喝（或給老師喝） 1. 將碗放進桶子口 2. 用手壓住出水口，並能在適當位置止住 3. 自己喝豆漿或端給老師喝	<u>5分</u>：完成前述三項動作 <u>3分</u>：完成前述其中兩項 <u>1分</u>：完成前述其中一項 <u>0分</u>：完全沒動作或不理會老師		
◎請你將這個碗擦乾淨	<u>5分</u>：拿衛生紙將碗擦乾淨，並將衛生紙丟入垃圾桶中 <u>3分</u>：拿衛生紙擦碗，但衛生紙沒丟入垃圾桶中 <u>1分</u>：老師重複提醒拿衛生紙擦碗，並丟入垃圾桶中 <u>0分</u>：完全沒動作或不理會老師		
◎ 將碗放到餐袋	<u>5分</u>：能將碗依序放進餐袋，並拉上拉鍊 <u>3分</u>：將碗依序放進餐袋，但沒拉拉鍊 <u>1分</u>：隨意放進去，沒拉拉鍊 <u>0分</u>：完全沒動作或不理會老師		
◎整理盒 1. 現在打開整理盒 2. 將背心拿出來 3. 將餐袋放進整理盒 4. 再將整理盒蓋上	<u>5分</u>：一次完成四項指令 <u>3分</u>：完成其中二到三個項目 <u>1分</u>：（提醒）完成其中一個項目 <u>0分</u>：完全沒動作或不理會老師		
◎娃娃現在好冷，請你幫他把背心穿好	<u>5分</u>：完成穿背心的工作，並將拉鍊拉好 <u>3分</u>：只完成穿背心的工作 <u>1分</u>：想要執行工作，但技巧不好 <u>0分</u>：完全沒動作或不理會老師		
小計得分			

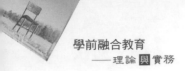

● 表10-2　學前融合班普通新生甄試——幼兒社會及情緒評估（續）

評估者			
四、助人			
題目	計分方式（每題5分）	得分	備註
◎主試者手上抱著一疊資料無法開關門，觀察幼兒是否會幫忙開關門	5分：主動且完成任務 3分：須提示且完成任務 1分：有行動表示但未完成任務 0分：沒有反應或不願意		
◎進門後主試者手上的資料掉落地面，觀察幼兒是否會幫忙撿起	5分：主動且完成任務 3分：須提示且完成任務 1分：有行動表示但未完成任務 0分：沒有反應或不願意		
◎事先先在幼兒及主試者的椅子上放置已搓揉的衛生紙（垃圾），觀察幼兒是否會幫忙將垃圾丟入垃圾桶裡	5分：主動且完成任務 3分：須提示且完成任務 1分：有行動表示但未完成任務 0分：沒有反應或不願意		
◎主試者站起來後不小心將椅子推倒了，同時抱著腳發出：「唉唷！好痛喔！」觀察幼兒是否能關懷他人	5分：主動且完成任務 3分：須提示且完成任務 1分：有行動表示但未完成任務 0分：沒有反應或不願意		
◎主試者表明已無大礙之後，幼兒是否會將椅子扶起擺好	5分：主動且完成任務 3分：須提示且完成任務 1分：有行動表示但未完成任務 0分：沒有反應或不願意		
小計得分			
評估者			

參、效標參照評量

　　效標參照評量聚焦於嬰兒、學步兒或學齡前幼兒所展現之特定技能（如動作技巧），評量幼兒的表現主要是根據特定技巧的精熟程度，而非與常模做比較（Gullo, 2006）。在學期結束時，教師可以利用效標參照評量去評量學生的精熟程度，有無達到教師設定的標準，也可以根據特殊幼兒的表現評量IEP目標是否通過，再根據評量獲得之資料做教學決定或修正兒童的IEP或IFSP。

肆、課程本位評量

以課程為基礎的評量（curriculum-based assessment）與課程直接相關，可根據評量結果訂定介入計畫。以下介紹幾種課程本位評量。

一、跨領域遊戲本位評量

Linder（2008）提出的「跨領域遊戲本位評量」（Transdisciplinary Play-Based Assessment, TPBA）是以課程為本位的評量方法之一，幼兒的動機／能力之關係可在自發性遊戲中被測量，其特色如下。

（一）突破傳統評量模式

以幼兒為主導、成人為引導，再藉父母參與評量，可觀察發展現況，包括：認知、語言、社會情緒與感官動作，以及幼兒的學習風格、互動形式與其他行為資料。其架構、內容、參與者、執行順序等，均可依受測者需求而彈性調整。

（二）適用對象

適用發展功能介於0至6歲的嬰幼兒，包含：一般發展、疑似發展遲緩、已被診斷為發展障礙的幼兒。

（三）實施場所

任何具有遊戲情境的環境，均可作為TPBA實施場所，其空間需要能設有不同的角落及擺放足夠的遊戲器材，以供幼兒選擇。空間鄰近觀察走廊的一邊，以便觀察，若沒有適合的空間，也可選擇個案家裡。

（四）評量者

TPBA需由許多人員組成之跨領域團隊執行，團隊人數並無限制，基本成員

包括：父母、父母協助者、遊戲促進者、觀察小組、攝影機操作員。TPBA團隊成員之功能表，如表10-3所示。

● 表10-3　TPBA團隊成員之功能表

	評量前	評量中	評量後
父母	填寫發展檢核表	參與評量過程	
父母協助者	向父母說明目的、過程、參與方式、取得幼兒資料	接待、解釋、記錄父母提出的問題	協助父母了解團隊之評量結果
遊戲促進者		引導或與幼兒玩	
攝影者	學習使用攝影器材與技巧，明瞭需拍攝的行為內容	執行攝影	
觀察小組		觀察及記錄	說明觀察內容與意見、書寫觀察表

　　在一個跨專業評量中，遊戲促進者應為一熟悉家庭的人，能跟隨幼兒，放鬆地與幼兒互動，使用不同的聲調去吸引幼兒的注意。評量前，遊戲促進者必須準備一系列的活動，以提供嬰幼兒展現其技巧與能力。觀察小組需討論評量的目的、回顧先前評量結果、告知團隊成員家庭與幼兒的資訊。

　　評量開始時，讓幼兒及父母認識觀察小組與環境，觀察小組坐在評量區域周圍觀察及評量幼兒。與幼兒互動的原則為：

1. 讓幼兒做一些事。

2. 跟隨幼兒在遊戲中的引導，讓幼兒選擇做什麼並跟隨幼兒的方向。遊戲促進者介入，詢問幼兒在做什麼，如果幼兒用任何方式（如語言、聲音、姿勢等）回答，遊戲促進者就允許這個行為持續，並提供活動名稱描述，如「你在堆積木」或「你在發出聲音」（然後模仿這個聲音或動作）。

3. 如果幼兒無法用任何方式回答，遊戲促進者就介入，停止活動並解釋為什麼活動不能繼續，直到幼兒產生某種反應為止。

一般而言，遊戲評量分為以下六個階段。

1. 第一階段：非結構性的互動。以幼兒為主導，幼兒可依其興趣自由選擇角落與遊戲時間。遊戲促進者此時的主要任務為引導，可模仿幼兒遊戲行為、語言，可視幼兒程度與之進行平行、關聯或合作性遊戲，縮短其與幼兒距離，以增進和幼兒互動。

2. 第二階段：結構性的互動。本階段安排有活動，內容包括認知及語言。遊戲促進者需給予較多指導，且要求幼兒做出某種行為或完成操作、對幼兒提出問題。活動如同遊戲一般，使幼兒主動參與。這個階段是由遊戲促進者主導，活動中，幼兒被要求進行一些活動，但這些活動必須引發幼兒的動機，使其願意進行各項活動。

3. 第三階段：幼兒之間的互動。此階段主要比較個案與其他幼兒，及與成人互動兩者之互動方式有何不同。這個階段又回到非結構性的互動，但須有一名年紀較大、與個案同性別、與個案熟悉，且能與個案有良好互動的普通幼兒。此階段主要觀察同儕間遊戲、語言、動作及社會互動，遊戲促進者仍以幼兒為主，當幼兒之間沒有互動時，要引導其互動。

4. 第四階段：親子互動。請父母中之一位，以家中互動的方式和幼兒遊戲、互動。這個階段可觀察幼兒和父母互動的模式，也可觀察到幼兒其他的技能。父母或照顧者可加入幼兒遊戲，先從非結構性遊戲開始、暫時分離到結構性遊戲。

5. 第五階段：動作遊戲。剛開始是非結構性的，由幼兒主導玩不同的器材，遊戲促進者參與，物理及職能治療師可以一起進行活動，以便就近觀察幼兒的動作發展技能，之後再由遊戲促進者引導或指導幼兒，做出團隊尚未觀察到的動作，著重於幼兒的肌肉協調性、平衡感。

6. 第六階段：點心時間。藉著吃點心，團隊可觀察社會互動、自理能力、適應性行為及口腔肌肉動作。治療師可藉機確認幼兒是否需要更進一步的語言或動作評量。在這個階段裡，第三階段的幼兒會一起參加吃點心。

最後，由父母與觀察小組討論評量結果、提出問題，觀察小組對家庭與幼兒

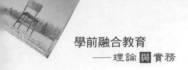

提出療育建議。以遊戲為基礎評量之缺點為，跨專業合作中會造成溝通的障礙與混淆、耗費較多時間。

二、嬰幼兒評量、評鑑及課程計畫系統

「嬰幼兒評量、評鑑及課程計畫系統」（Assessment, Evaluation, and Programming System for Infants and Children, AEPS）乃是由Bricker等人所發展完成，採用活動本位教學為課程設計的基礎，為一套完整的課程本位評估工具，檢測幼兒在日常生活與多樣環境互動下的能力與需求，是一個生態評量工具之例子。「嬰幼兒評量、評鑑及課程計畫系統」（AEPS）分為兩個發展範圍：出生至3歲（一、二冊）及3至6歲（三、四冊）。AEPS是一份在熟悉環境中可以獲得幼兒完整的行為資料，而不是幼兒單一行為方面有限的描述，其所蒐集的幼兒發展資料包含六大領域：精細動作、粗大動作、生活適應、認知、社交性溝通，以及社會性（第一社會福利基金會譯，2005）。

AEPS評量的優點為（第一社會福利基金會譯，2005）：

1. 能提供適合幼兒發展的教育目標。
2. 評量項目與課程教材之間有直接的關係。
3. 能計畫個案個別化的早期療育課程。
4. 藉由家長參與，協助家庭成員與早療專業人員訂定個別化教育計畫（IEP）或個別化家庭服務計畫（IFSP）。

AEPS評量的缺點為（第一社會福利基金會譯，2005）：

1. AEPS的評量結果沒有提供常模。
2. 以AEPS進行評量時，需要先了解一般發展模式。
3. 需自行準備相關器材。
4. 在沒有正確準備下使用AEPS評量，可能產生不正確且誤導的結果。

三、學前課程本位評量

　　吳淑美（1999）編製的「學前課程本位評量」乃是根據兒童發展理論編寫而成，包含的項目亦是教學的項目，因此教師可在期初自其中選取和教學相關的項目加以評量，再選擇量表中需要協助的項目（評量結果為三角形者）施以教學，再在期末施以評量，既可了解教學的有效性，也可了解幼兒進步的情形。當幼兒達到綱要中某一技巧時，亦可將綱要中其他的目標列為教學目標。

　　量表施測對象為0至6歲的普通幼兒及各類特殊兒童，特殊兒童不限年齡0至6歲之範圍，只要發展年齡在6歲以下的特殊兒童都可使用此量表，以評量其發展程度及擬定個別化教育計畫（IEP）。本量表共分為六大領域，每一個領域下再分為數個綱要，綱要再分為細目，細目下再分為步驟，因此每一個目標前有綱要、細目、步驟及題號，後有發展年齡（以月計），例如：目標 238.會站著接住距離1呎遠的大球且球會碰到身體（30M），其完整的範例如下：

　　領域：粗動作。
　　綱要：體能活動。
　　細目：接球。
　　步驟：碰到身體。
　　題號：238。
　　發展年齡：30M（月）。

　　依此類推，六個領域共包含了1,829個評量項目。

第三節　問卷及教師訪談

壹、問卷

一、您會使用何種方式評量幼兒？最常使用的方式為何？

- 實務操作。
- 口頭評量。
- 課堂互動。
- 學習單紙筆評量。
- 課文角色扮演對話。
- 最常用：口頭評量×3，操作評量×3。
- 會提供幼兒多元參與學習的機會，不限情境地隨時為幼兒評量。

二、最常使用的評量方式為何？

- 自由活動時間、點心時間、午餐時間、放學時間：生活自理的評量。
- 小組時間：學習單、操作能力、專注力評量、學習目標的評量。
- 角落時間：互動技巧評量、解決問題能力評量。
- 大團體時間：操作能力、專注力評量、學習目標的評量。

三、特殊幼兒和普通幼兒的評量方式是否有所不同？會如何調整？

- 是的，特殊幼兒以實務操作及口語回答居多。
- 評量方式相同，但是須達到的目標不同。

- 不以普通和特殊幼兒來區分評量內容，而是以幼兒的能力來設計評量方式。
- 通常是以幼兒的發展階段來設計評量內容和評量方式，有時候是設計多種層次的學習單，有時候是提供實物或圖片，有時候則使用不同深度的語言來發問。但是，都會以相同的學習主題來為幼兒評量。
- 方式不一定不同，要視學習內容、幼兒的學習優弱勢來衡量是否需要調整評量方式。

貳、教師訪談

問：老師你要怎麼去評量特殊幼兒有沒有進步？

答：其實我們大部分都是用觀察，可是就是一個段落、一個主題進行的差不多的時候，我們會用最後一、兩堂課，去評量一下這個主題裡面的目標有沒有達到，如果他有達到的話，好，是不是很熟練了？如果已經很熟練了，下一次就不用拿出來了；如果不是的話，進行下一個主題的時候，還是可以把那些目標再拿出來繼續進行。IEP到學期末，如果他通過，通過就很好，我們就會換一個目標，或是進到下一個程度的目標。如果沒有通過，我們就寫下學期繼續進行。如果說用什麼東西呈現，我們就是用IEP呈現。

問：你們沒有考試，對嗎？

答：對呀，幼兒又不會說，觀察他平常上課的表現，大概就知道他會不會了。

問：評量每一個學期都有一本，那本是彙整整學期的嗎？包括什麼？

答：評量包括角落的、大團體的主題學習。

問：普通幼兒的評量是差不多的，是不是？特殊幼兒只是多了IEP那一項，是嗎？

答：除了觀察還有學習單，還有口述，還可用嘴巴去問他們啊！方式蠻多的。基本上是看幼兒適合用什麼方式評量。

學前融合教育
——理論與實務

第十一章

學前融合班的課程與教學調整

　　課程及教學調整是基於並非所有幼兒需要在相同時間做同樣事情的假設，不同種類及程度的參與是可被接受的。每位幼兒都是獨特的，因此調整及支持都應符合幼兒的需要。課程調整的目的為透過改變教室活動和素材，以增進和提高幼兒的參與程度。幼兒能參與活動以及和玩具、同儕互動是幼兒學習與發展的關鍵。課程調整並不需要額外的資源，而是容易執行的介入策略，例如：小強在團體活動中很難安靜坐在固定位子上，但班級常規的要求是每位幼兒在團體活動時，都要坐在小地毯上參與活動。老師為了讓小強能坐在小地毯上，在小地毯上貼了小強的名字，讓他能坐在固定的位子上，這樣的調整是不會增加老師時間且容易執行的部分。

第一節　如何調整課程

　　透過調整，可增進幼兒的學習及促進普通及特殊幼兒之間的融合。當一個課程計畫出來時，老師的工作是使教學計畫符合教學對象的需要，因此老師可能會為了一個幼兒調整整個教學的內容或是做部分調整，調整後還要評估調整是否有效。調整包括調整教學目標的要求（如以點頭代替回答），或是讓教學目標有多

種層次（涵蓋多種難度），或是改編教學材料本身，或是視需要給予協助，或是增加其他的內容，並和其他的活動銜接，以使幼兒能參與。至於如何獲知課程需調整，則可經由下列幾種方式：

1. 直接觀察幼兒課堂上的學習：當幼兒完全沒興趣而不參與，或是幼兒對活動表現出興趣，但是卻不能完全參與時，例如：幼兒看著其他幼兒玩遊戲，卻沒辦法加入；或是幼兒不能從頭到尾參與活動；或是有些幼兒直接表達在活動中遇到困難，例如：不會唱兒歌。即是運用課程調整的時機。

2. 滿意程度：透過與家長面談，了解家長對幼兒學習的滿意度。

3. 技巧的使用：觀察幼兒在處理問題或操作物品等情境時，是否能運用適當的技巧。

4. 幼兒的表現：如從幼兒的學習表現、學習單、美勞成品中，了解幼兒的學習是否循序漸進。

5. 透過標準化測驗及非標準化測驗（如課程本位評量、AEPS），了解幼兒具備哪些技巧、需要加強哪些技巧以及找出所需的調整，以確保幼兒參與。

至於課程調整合宜與否，是否符合幼兒的需求，其指標為：

1. 特殊幼兒經課程調整後能獲得及使用重要或功能性的技巧。

2. 上課能參與課程。參與指的是減少不專心的行為，並對課程內容有反應，例如：能依指示操作或回答。

3. 父母對教學及幼兒的學習覺得滿意。

4. 能發展獨立技巧，例如：能自行操作玩具。

一般而言，課程調整的原則有以下幾點：

1. 並非所有幼兒在同樣的時間都需要做同樣的事。

2. 對特殊幼兒而言，參與的程度及參與的方式不同，是合宜的。

3. 學校的課程及活動應視幼兒的需要調整，特殊幼兒的學習成功與否，依賴就學環境中能否提供符合其需要的教學目標。

第二節　常見的教學調整方式

調整教學的重要性不容置疑，應該如何達成及應從哪些方面來調整，則須在教學前仔細規劃，列入教學計畫。以下列出常見的教學調整方式。

壹、改變教學呈現的方式及型態

盡量使用活動、遊戲、角色扮演、戶外教學，來引導幼兒學習。改變教學型態，例如：安排角落及小組活動，以增進幼兒參與。

貳、改變環境

為了符合幼兒的特殊需求，可在幼兒進教室前做環境評量，評估所需的環境調整，以增進幼兒適應環境的能力。提供學習區，讓幼兒有與人及物品互動的機會，每一個學習區都留有操作的空間，在置放玩具及教具的架子前面必須留有操作的空間，中間通道不能堆積物品以免阻礙活動。大團體區域可用線或膠帶圍成一個區域，提醒幼兒必須坐在區域線上並在線內活動。

參、改變反應的方式

在給幼兒學習單或要求幼兒回應時，考量幼兒的能力而改變形式、標準、內容、步調，以符合特殊幼兒的學習需要。

肆、改變支持的結構

改變人力的結構，在活動或日常工作中，用成人及同儕來支持幼兒的參與及學習重要的目標，例如：提供示範、口頭或動作的協助、給予讚美，以增進特殊

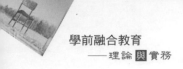

幼兒的參與,並視需要增加人力支援。

伍、教學目標的調整

特殊幼兒的教學目標通常和普通幼兒在質與量上不同,當特殊幼兒和普通幼兒一起學習時,必須給予特殊幼兒適合其程度的目標,也就是必須調整特殊幼兒的目標。

陸、教學材料的調整

教學材料泛指玩具、教具或材料。教學材料調整指的是,調整玩具或材料的種類、數量、內容及材質。一件玩具、教具或材料在使用之前須先分析:(1)幼兒須先具備哪些必備的技巧;(2)玩具及材料具備的功能及目標;(3)玩具、教具或材料的優缺點;(4)可以如何改編,以符合特殊幼兒的需要。大多數的材料都可適用於普通及特殊幼兒,教學時並不需要準備很多特殊的材料,只需將現有的玩具、教具或材料改編,以符合特殊幼兒的需要。當幼兒程度好時,教學材料要難些、多些,當幼兒程度差時,就要準備一些簡單的材料。教學時,若幼兒的程度差異很大,準備的材料就要多樣化,給予幼兒多點選擇。以下以拼圖及串珠為例,說明如何將材料改編:

1. 拼圖:(1)老師完成部分拼圖,讓幼兒完成其他部分;(2)拼圖上有把手;(3)拼圖下有圖形,讓幼兒可以將每一片拼圖用相同圖形配對。
2. 串珠:(1)用管子代替線;(2)用大一點的珠子;(3)老師先完成部分,幼兒再完成其他部分。

此外,在呈現教學材料時,應注意下列幾點:

1. 告訴幼兒如何正確地使用材料及活動的玩法。
2. 告訴幼兒材料及活動應注意的事項及規則,例如:材料用完後要如何收拾。
3. 讓材料容易取得及收拾。

4. 讓材料有秩序地呈現，例如：將材料一束束地綁好。

5. 可以隨時改變主要的材料，例如：將珠子換成洞大一點的環。

6. 提供不同程度需要的材料。

7. 教學時限制材料的種類及數量，不須讓每位幼兒使用所有的材料。

8. 提供可以再製的材料，如吸管或線。

9. 在需要時，提供特殊器材或輔具，使幼兒能夠參與活動。當幼兒手的力量沒辦法使用剪刀，提供輔具剪刀，讓幼兒在使用時手不這麼費力。

柒、改變活動的難度

透過遊戲或具體呈現的方式，降低活動的難度，例如：講故事時，用圖片呈現或放大圖片。Cook、Klein與Chen（2013）建議，融合班級可採用環境支持、素材調整、活動簡化、特殊器材的運用、成人支持、同儕支持、喜好運用（child preferences）、隱性支持（invisible support）等八種調整策略，前面六種上述已提到，喜好運用及隱性支持策略詳述如下：

1. 喜好運用：如果幼兒對於環境中的各種學習活動沒有興趣時，就要找出他喜歡的人、玩具及活動，放入一個特定的學習角落或活動，以引起他的興趣，例如：幼兒沒有準備好要進入大團體活動時，可以在大團體活動開始時，安排一個幼兒喜歡的活動，如吹泡泡或唱幼兒喜歡的兒歌。

2. 隱形支持：有目的性地安排某些在活動中自然發生的事件，安排輪流的次序，例如：在烹飪活動時，幼兒不會攪拌，就讓幼兒排在其他會攪拌或已經攪拌好的同儕後面；或是在一個課程中，巧妙地安排活動的順序，例如：幼兒在進行撕貼畫的美勞活動時，給幼兒一些紙張進行配對，當他完成配對的項目後就可以做撕貼畫，以提升幼兒的參與度（盧明等人譯，2008）。

此外，還可提供合作學習、視覺引導及動手操作的機會，以增進特殊幼兒學習的狀況。

第三節　課程調整的質與量

　　當IEP目標無法在課程中執行時，就要調整教學，調整不成功時，就要再調整。在學前融合班中，課程調整大抵不出調整目標、調整活動及調整材料這些範圍。當幼兒的殘障程度愈嚴重，調整的質與量就愈多，甚至調整到幾乎看不出和普通幼兒的課程有何關聯，以下是四種課程調整的方式，從沒有調整到調整最多：

1. 層次一：同樣活動、同樣材料、同樣目標——調整反應，普通及特殊幼兒分辨積木形狀，特殊幼兒無法用手來分類，改用注視，請別人幫忙分類。

2. 層次二：同樣活動、不同材料、同樣目標——改變材料大小，將材料放在低層架子或提供其他材料。

3. 層次三：同樣活動、同樣材料、簡單目標——給特殊幼兒不同的學習目標，例如：普通幼兒將積木分成大小兩類，特殊幼兒只須將同樣顏色的積木放在一起就可以了。

4. 層次四：同樣活動、不同材料、不同目標——普通幼兒在著色時，特殊幼兒的學習目標在學習溝通、社會及動作技巧，例如：貼貼紙及輪流將材料放回盒內。

　　至於如何將這四種方式應用在幼兒園課程計畫中，如表11-1所示。從此表可看出，課程調整是漸進的。

● 表11-1　課程調整程度一覽表

調整程度與方式 例子	無	1 同樣活動 同樣材料 同樣目標	2 同樣活動 不同材料 同樣目標	3 同樣活動 同樣材料 簡單目標	4 同樣活動 不同材料 不同目標
	活動：著色 活動 目標：能線 上著色 材料：蠟 筆、紙		使用大蠟筆或彩色筆	1. 用貼代替著色 2. 使用彩色筆描線	1. 貼貼紙 2. 輪流將材料歸位

第四節　學前融合班教師的教學問卷調查結果

筆者請學前融合班的6位教師填寫融合教育實施現況調查表，其中關於學校課程與教學調整結果如下。

壹、太陽班

- 陽陽喜歡音樂律動，於是安排他在作息轉換時帶領大家做動作，而其他幼兒也都能一起配合。
- 陽陽常去翻日曆，老師發現他喜歡日曆上的火車圖片，於是將它剪下護貝，當作獎勵；並在他剛到校時教導他拼火車拼圖（四片），先從圖片上的訊息開始引導認識火車頭、車身、車尾及所載的物品等，效果不錯喔！
- 陽陽大便時喜歡用指頭去挖肛門，於是訓練他自己用濕紙巾擦屁股，老師之後會再幫他擦拭乾淨。
- 恩恩的模仿力強，不管其他幼兒的行為是對是錯，他都照單全收，尤其在飲食方面，經老師開導後他懂得哪些事可做、哪些事不能做，現在他是老師的小幫手，他會告訴老師淇淇吃飯時腳沒有放好、峻峻的椅子沒坐好、某某某挑食等。

- 愷愷從不食用學校餐點，老師建議點心時間能與幼兒們做同樣的事，請媽媽帶他喜歡的食物到校，媽媽讓他帶奶瓶到校，老師將牛奶倒少部分在奶瓶蓋內訓練他用喝的，進而嘗試學校的食物（由少量及單樣食物開始訓練），現在他能主動拿水杯倒水飲用，並與其他幼兒一起食用學校的點心及午餐，回家還會告訴媽媽在學校吃了哪些食物。

- 最近愷愷不喜歡睡午覺（在家也一樣），常吵到別人無法入睡。老師教媽媽一個非常有效的方法——輕壓他的腳踝後他可以很快地睡著，媽媽回家試試，還嘖嘖稱奇呢！

貳、星星班及月亮班

表11-2列出部分星星班及月亮班的課程與教學調整問卷。

● 表11-2　星星班及月亮班的課程與教學調整問卷

題號	題目	請舉例說明之
2-1	教師會依身心障礙幼兒學習需求調整課程內容	・依其能力及學習優弱勢，安排生活化、功能性課程內容 ・課程安排貼近生活 ・課程安排、教材及學習單多層次 ・教師依據特殊幼兒的發展與限制做課程內容調整，例如：放大圖片、提供實物、動作協助、降低學習目標、增加聲音效果、增加口語提示等
2-2	教師會依身心障礙幼兒狀況調整課堂教學策略	・示範教學，給予成功經驗，提供實物操作，調整座位，縮短學習時間 ・安排較多的實物操作，引導學習或同儕多次示範，讓特殊幼兒多觀察 ・教師會依特殊幼兒狀況使用策略，例如：調整座位、讓特殊幼兒選擇有興趣的教具或學習單，或是用鼓勵的方式增進特殊幼兒學習效果
2-3	教師會依身心障礙幼兒需求實施彈性上課方式（如個別指導或分組教學）	・安排小老師、個別指導 ・小組時會視課程調整，有時用分組（例如：數學小組進行分類遊戲時），有時採個別指導（例如：使用剪刀來進行剪貼的活動時） ・小組教學時會依特殊幼兒程度調整其教材，並於角落時間引導特殊幼兒拼拼圖、玩分類遊戲、組合玩具、正確使用剪刀 ・教師會安排小老師與特殊幼兒進行互動式的學習，也會適時給予個別指導

● 表11-2　星星班及月亮班的課程與教學調整問卷（續）

題號	題目	請舉例說明之
2-4	教師會用各種教學媒材協助身心障礙幼兒學習	・實物、模型、照片、圖卡、繪本、影片、電子白板 ・教師使用布偶、玩具、教學相關的實物、簡易版的學習單等，增進特殊幼兒的學習效果
2-5	教師會依身心障礙幼兒學習狀況適度調整作業難度與份量	・設計不同難易度及減少題數的學習單 ・設計不同程度的學習單 ・教師依特殊幼兒的學習狀態，調整學習單內容，增加圖示，給予提示等
2-6	教師會依身心障礙幼兒狀況教導其學習策略	・示範教學、實物操作、合作學習、同儕協助等 ・有的用實物操作，有的採合作學習或同儕協助 ・使用口訣、動作協助，或是提示教導特殊幼兒學習策略
2-7	教師會依身心障礙幼兒需求調整教學情境	・座位安排、布置學習情境等 ・請其他幼兒勿干擾或以引導的方式 ・教師使用音樂、環境布置、同儕協助
2-8	教師會採用適合幼兒身心障礙狀況的多元評量方式	・口頭評量 ・操作評量 ・觀察評量 ・紙筆評量 ・安排調整學習單或改用實務操作 ・教師會提供選擇、手指、眼睛看、動作、回答問題、分組發表等多元方式來評量
2-9	教師能營造身心障礙幼兒與一般幼兒融洽相處的班級氣氛	・安排同儕學習和合作學習 ・非常重視班級融合的氛圍 ・與幼兒們一起討論並訂定「愛的小叮嚀」提醒大家 ・提供普通、特殊幼兒相處的目標，並使用口訣來加深幼兒印象，於不同的事件中重申融洽相處的技巧
2-10	教師能針對身心障礙幼兒問題行為採取適當介入方法	・心理輔導、行為改變技術 ・對於打人、撕書及玩口水的行為都能適時介入 ・先觀察特殊幼兒的發展和評估報告，並訪談家長，了解特殊幼兒發展的階段，並使用鼓勵、增強、同儕合作、適時提示等方法幫助特殊幼兒學習，消除問題行為

第五節　教師訪談

問：老師你設計學習單是先設定幼兒的能力，再去設計或是找出一份現成的，再根據他們能力去調整嗎？

答：都有。如果我可以找到現成的，我就用現成的。如果找不到，我可能會用其中一張去改變。

問：那是不是說以現成的為主？

答：基本上能找到現成的，我們就用現成的啦。比如說，這個禮拜，我們要幼兒認識學校的動物，我就找不到現成的啦。那我就是自己用剪剪貼貼，用電腦打上「幼兒請你找找看我們學校有哪些動物」，我可能就會剪很多的動物上去。可能所有的幼兒都用同一張學習單啦！我們就是帶出去，只要你找到什麼動物就圈起來就好，這是所有幼兒都可以做到的。有些幼兒能力比較好的，可能圈好了，就開始著色。

問：邊走邊著色？

答：沒有，我們會說，你們可以在地板上，幼兒可以當場趴在地板著色。有的幼兒做的很慢，有的幼兒做的很快，一下子就圈完，他就可以著色。

問：我想再釐清一下，你覺得最理想的狀況，是兩個幼兒的狀況不同，你個別去找最適合他們的學習單，是不是這樣？

答：我想我不會花太多太多的時間去找學習單，如果不適合的，我會覺得找的時間不如我自己來設計。還有就是逛書局的時候，看到適合的，就買起來了。因為我覺得學習單不是我教學的重點，所以我不願意花太多時間去找，所以我自己去設計反而更快，因為電腦那麼方便，他們又是學前的程度，都很簡單的。我還是會把重點放在幼兒的學習，或是去想呀，去省思這方面。我不會花很多時間去做學習單。

問：上次老師是說，每個幼兒喜歡的課程或方式都不一樣，是不是只要抓對他們喜歡的方式，其實都可以兼顧？

答：差不多。我們在傳遞一些基本概念的時候，比較沒有辦法，因為有的幼兒可能他就是不喜歡。假如說我在教形狀、顏色，那有些幼兒就是沒有興趣，那就做一些他有興趣的事。

第十二章

遊戲技巧訓練

　　遊戲（play）是幼兒的工作，這裡的遊戲指的是自由遊戲（free play），幼兒自己發起的自由遊戲才是遊戲。幼兒自發玩耍的方式與科學家做研究的思維非常相似——觀察、假設、推理、實驗、求證，由此形成對於周遭世界的概念。對幼兒而言，遊戲是最自然，亦是最容易學習的方式，其對幼兒最大的價值，不是讓幼兒將玩具作為工具去獲取知識，而是讓他們在遊戲的過程中，與自己、與世界進行交流，探索自己、探索世界。「探索」意味著根據現實情況不斷提出假設，想像新的可能性（Rubin, Fein, & Vandenberg, 1983）。在1997年美國幼兒教育協會（NAEYC）出版的《發展合宜實務指引》一書中，幼兒啟發、幼兒主導、教師支持的遊戲是最重要的（陳淑芳，2002）。當幼兒沒有辦法用口頭語言表達，或有困擾、有創傷時，他可以透過遊戲和玩具去表達自己的感覺及情緒，疏解他的困擾，修復他的創傷。幼兒都喜歡玩，每一個幼兒都會玩，所以透過遊戲和玩具，可以建立他的自信，培養他的自尊，與其他幼兒建立親密的關係。

第一節　遊戲的分類

　　1936年，瑞士兒童心理學家Piaget就指出，「玩」有助於兒童的認知發展，「遊戲」能反映出認知發展的層次。按照他的理論，兒童是透過玩來理解世界，然後就是「想像遊戲／假扮遊戲」（make believe/pretend play），兒童從現實世界中吸收想法和概念，然後應用到虛構的世界中。對兒童的心智成長而言，這種

假扮遊戲可能是最重要的一種玩，透過想像，他們將大大的世界微縮到他們的智力能夠掌控的大小。Piaget在1962年時發表了「兒童的認知發展論」，提出兒童的認知發展是經過一系列的認知過程，其階段分為四個時期：感覺動作期（0至2歲）、前運思期（2至7歲）、具體運思期（7至11歲），以及形式運思期（11歲以上）。

壹、Piaget的遊戲分類

遊戲和認知發展理論息息相關，Piaget依認知發展，將兒童遊戲分為三個階段：

1. 功能性遊戲（0至2歲，相當於感覺動作期）：又稱為練習（practice）遊戲，是指操作性或機械性的重複肌肉活動，例如：嬰兒取出東西又放進去、把沙裝滿又倒空等，或是不斷爬上爬下、一次又一次地打開一個瓶蓋。此功能提供了練習和探索的機會，且這樣的遊戲會持續到以後，例如：小嬰兒重複抓取、吸吮的動作；當年紀再大一點時，重複著丟球與接球的動作。

2. 象徵性遊戲（symbolic play）（約2至7歲，相當於前運思期）：象徵性遊戲是虛構的、假裝的、想像的遊戲。幼兒約2歲末就開始從事假裝的想像遊戲，大多為單獨進行遊戲，例如：拿著奶瓶餵娃娃喝牛奶、將積木疊成一個城堡等。

3. 規則性遊戲（7歲以上，相當於具體運思期）：在這個階段當中，練習遊戲已經慢慢減弱，兒童變得更有合作性及邏輯性，也愈來愈清楚遊戲有一定的規則要遵循。此階段的遊戲是具有規則性，有事先安排好的規則，或共同議定、修正的規則，例如：「123木頭人」的遊戲，大家就一定要在鬼王轉頭抓人時，靜止不動，誰若犯規，誰就當鬼。

後來，Smilansky（1968）根據Piaget的遊戲發展分期，將象徵性遊戲又分為：(1)建構性遊戲（3至6歲）：操作物體或創造某個東西，例如：利用積木、

沙、紙、繩子、黏土、拼圖等來創造一些東西；(2)戲劇性遊戲：運用創造性的
表徵能力，製造一個可以反應大人真實世界的假裝情境，其中包括了角色扮演，
例如：演爸爸、媽媽等，以及象徵性轉換，例如：用棍子當成馬來騎、將三角型
積木當成梳子等。因而其遊戲分為「功能性遊戲」、「建構性遊戲」、「戲劇性
遊戲」與「規則性遊戲」等四大類。綜上所述，嬰兒在3至6個月時開始學習抓握
手邊的物體成為「玩具」；6至9個月時開始探索手裡的「玩具」，但每次只能
用一個開始遊戲；2歲幼兒具有同時使用多個「玩具」以及假裝「玩具」是真實
存在的能力（象徵性）；4歲幼兒在他的玩具遊戲世界裡儼然是編劇、是演員，
同時也是大導演。遊戲行為從與人玩、與物玩、表徵（扮演）遊戲，發展到動作
（規則）遊戲。

貳、社會性遊戲分類

Parten（1932）提出了社會性遊戲（social play），其類別包括：

1. 第一階段：「無所事事的行為」（約在2歲以前），旁觀、無所事事、不
   會參與任何活動，會自己坐在某個角落看著教室或者無所事事地閒晃著。
2. 第二階段：「旁觀者的階段」（約在2歲以前），兒童是旁觀者，僅僅觀
   察其他人玩遊戲，並會對這些兒童說話及提出建議，但不加入他們的遊
   戲。
3. 第三階段：「獨自遊戲」（2至2.5歲），幼兒開始獨自遊戲、遠離他人，
   自己玩遊戲。幼兒只是一個人玩，而不在意其他人在做什麼，並無與人交
   談或社會互動的行為。
4. 第四階段：「平行式遊戲」（2.5至3.5歲），幼兒開始接近那些使用相同
   材料的同伴，但無交流。幼兒所玩的玩具與其他幼兒一樣，但是以自己的
   意思來玩玩具，而不是與其他幼兒一起玩，彼此之間沒有產生任何合作行
   為，或許會有一些不相關或沒有連貫的交談。
5. 第五階段：「聯合遊戲」（3.5至4.5歲），幼兒與其他幼兒一起玩，彼此

在活動中有互相借用遊戲材料的行為，以及語言的交談，但彼此談話的主題是獨立的，沒有互相影響或干涉的現象，幼兒保有各自的興趣，並不屈服於團體的興趣。

6. 第六階段：「合作式遊戲」（4.5歲），這是最高層次的社會遊戲。幼兒在團體中彼此有共同的目標（如競爭性的目標），或有戲劇角色的安排、故事情節的討論等。而目標的達成需靠團體中的幼兒彼此分工合作，以及各自扮演不同角色去努力爭取。對幼兒來說，他會在這種型態的遊戲中，產生屬於或不屬於這個團體的感覺。

參、遊戲檢核表

「魏氏比象徵遊戲檢核表」（Westby Symbolic Play Scale Check List）將遊戲及語言發展並列，認為促進象徵性遊戲可同時提升語言、閱讀和解決問題的能力（Westby, 1991）。「魏氏比象徵遊戲檢核表」將遊戲分為下列十個階段：

1. 第一階段（9至12個月）：
   - 知道物品的存在性。
   - 知道用方法來解決問題，例如：用椅子來拿高處的玩具。
   - 不會用嘴來咬玩具。
2. 第二階段（13至17個月）：
   - 有意去尋找玩具。
   - 發現玩具的不同玩法。
   - 請求大人幫忙打開玩具。
3. 第三階段（17至19個月）：
   - 自發性的玩法。
   - 假裝去睡覺。
   - 假裝用杯子喝水。
   - 假裝用筷子吃飯。

- 知道一般性玩具的玩法。
- 知道用工具，例如：用棍子去取得玩具。

4. 第四階段（19至22個月）：

象徵式，超過幼兒本身之玩法：

- 用梳子梳娃娃頭髮。
- 用湯匙餵娃娃。
- 用毛巾蓋娃娃。
- 玩時牽涉到不只一人或一物，例如：餵自己、餵娃娃，又餵媽媽。
- 用兩種不同玩具做象徵式的玩法，例如：將湯匙放在鍋子中，將水倒入杯子中。

5. 第五階段（24個月）：

- 在遊戲中表現出日常的一般經驗，例如：蓋房子、扮家家酒。
- 還不知道先後次序。
- 玩積木只知道堆積木和打倒積木。
- 玩砂土石只知道倒、填上去。

6. 第六階段（30個月）：

- 在遊戲中玩比較少遇到的經驗，尤其是他印象最深刻之事，例如：醫生—護士—生病的小孩、老師—小孩、上街買東西。
- 遊戲仍然是短的，也比較沒有連貫性。

7. 第七階段（3歲）：

- 遊戲時有前後秩序、有連貫性，例如：煮飯、吃飯、洗碗、收拾桌子。

8. 第八階段（3至3.5歲）：

- 比較具有想像力。
- 會用某一物品代替另一物品。
- 會與洋娃娃自言自語，或獨自使用間接式請求，例如：「媽媽讓我吃餅乾的，不是我自己要吃的。」

9. 第九階段（3.5至4歲）：

- 知道如何計畫來解決問題，例如：「假如這事情發生了，我應該如何做。」

10.第十階段（5歲）：

- 計畫一系列的假想和玩法，將不同的假扮活動依序組合在一起，以及知道如何組織其他的幼兒和物品。

Belsky與Most（1981）的遊戲分類著重在嬰幼兒如何使用物體，分為下列十三種遊戲：

1. 口腔嚐物：把東西塞到嘴巴。

2. 視覺操弄：把物品放手上看。

3. 簡單操弄：把玩具搖一搖。

4. 特殊操弄：探索車子的功能，例如：輪子。

5. 物體關聯的遊戲活動（relational play activity）：把兩樣物品放一起，例如：把積木放在玩具車裡。

6. 功能性遊戲：進行適當功能的操作，例如：將車子放在地上滑。

7. 功能性有關聯的活動：以適當方式結合兩物體或工具，例如：把湯匙放在碗裡。

8. 系列性有關聯的遊戲：將不同的假扮活動依序組合在一起，例如：將玩具鍋子放在爐臺上，再拿到桌上，將鍋中食物倒入盤子，用湯匙舀食物餵娃娃吃。

9. 近名稱演出（enacting naming）：假裝使用物體或工具的行為，例如：幼兒可能將杯子碰一下嘴唇，並未做出喝水的動作及發出聲音，或是拿一電話筒或揮動電話筒到他肩膀的位置。

10. 自我的假扮遊戲：例如：拾起湯匙並且假裝吃食物。

11. 假扮向外的遊戲：導向於包含他人的假扮行為，例如：假裝餵娃娃吃東西或假裝給大人食物。

12. 替代遊戲：幼兒可能以一根棍棒代替寶寶的奶瓶。

13. 雙重轉換：幼兒在活動中會使用兩種替代，例如：一個幼兒用木棍餵洋娃娃喝牛奶，然後將木棍放床上，為它蓋上布，最後說：「晚安。」

肆、遊戲觀察

　　Linder（1993）在做遊戲觀察時，將觀察分為遊戲的類別、注意力廣度、早期物體使用、象徵的／再現的遊戲、姿勢模仿、問題解決取向、分辨／分類、一對一對應、依序排列能力、描繪能力等十大類別，並定出每一類別的觀察指引。表12-1為遊戲觀察紀錄表。

表12-1　遊戲觀察紀錄表

姓名：○○○　　年齡：3歲11個月　　日期：

觀察重點	長處	等級	決定
遊戲的類別	・扮演遊戲 ・使用探索 ・關聯、建構	＋ ＋ ＋	・進入較高層次遊戲 ・逐漸進入合乎發展年齡的遊戲
注意力廣度	・一對一時注意力較集中 ・對周遭情境的關注力高	＋ ＋	・需增加在團體情境時注意力的廣度
早期物體使用	・已逐漸脫離低層次的基模 ・類化到類似物品的基模	＋ ＋	・引發較高層次基模 ・逐步引導基模的連結
象徵的／再現的遊戲	・喜愛配合扮演的遊戲	＋	・鼓勵自發性扮演
姿勢模仿	・模仿簡單可見的動作 ・具立即模仿的能力	＋ ＋	・建立輪番替換的概念 ・逐漸引導延遲模仿能力
問題解決取向	・利用身體探索嘗試 ・利用視覺、聽覺、動作搜尋	＋ ＋	・鼓勵以語言尋求解決問題
分辨／分類	・分類熟悉且常操作的教具	＋	・類化至其他操作物
一對一對應	・具一對一對應到二	＋	・逐步提升到五
依序排列能力	・尚未形成	－	・逐步引導
描繪能力	・尚未形成	－	・逐步大量引導

第二節　透過遊戲增進各領域發展

　　Widerstrom（2005）認為，可從觀察幼兒的遊戲來了解各領域發展的情形，例如：可從遊戲中了解動作發展、認知發展、社會發展的程度。以下是Widerstrom建議的各領域發展順序。

壹、動作發展

1. 玩積木時，能坐的很好且能保持平衡。
2. 遊戲開始及結束時能自由移動坐姿。
3. 能自行走路。
4. 能蹲著玩遊戲。
5. 能在走路時攜帶物品。
6. 能伸手拿及抓取積木。
7. 能以對掌抓取物品。
8. 能將積木放進容器中。
9. 能將一塊積木堆疊到另一塊積木上。
10. 能堆疊多塊積木。
11. 能適當地放置物品（例如：放在其他物品的裡面、上面、下面和兩個物品之間）。

貳、認知發展

1. 能探索物品的特性。
2. 能結合兩樣以上的物品玩遊戲。
3. 玩遊戲時，能結合兩樣以上的物品，並有兩種以上的動作（例如：把積木

放進卡車內，再推卡車前進）。

4. 可利用積木代替其他物品。

5. 能配對物品。

6. 能依照形狀、功能、顏色和大小分類物品。

7. 能拼拼圖及圖案。

8. 有長短和重量的概念。

9. 有物體恆存及平衡的觀念。

10. 能試驗因果。

11. 能做預測。

12. 能解決問題。

參、社會發展

1. 獨自遊戲。

2. 平行遊戲。

3. 能和其他人一起玩。

4. 能與他人分享玩具。

5. 能和同儕分享自己的意見和感覺。

6. 能在團體活動時與人合作。

7. 有正向的自我概念。

　　Widerstrom（2005）認為，可使用遊戲發展順序來觀察幼兒，了解幼兒的遊戲能力、訂定IEP，以及安排適當的活動，以增進幼兒的能力。幼兒遊戲時老師可加入幼兒的遊戲，模仿幼兒的遊戲方式與動作，並視情況協助幼兒解決問題。各種遊戲由簡單到複雜的發展順序如下。

壹、積木遊戲的發展順序

1. 拿起積木，並放進口中。
2. 拿起兩個積木敲打。
3. 疊高積木。
4. 以積木替代其他物品。
5. 以積木建構簡單的造型。
6. 以積木建構複雜的造型。

貳、沙與水遊戲的發展順序

1. 感官探索：幼兒以觸覺、味覺或視覺探索沙和水。
2. 簡單的探索：幼兒以簡單的方式探索或實驗，例如：將水從一個容器倒進另一容器內，但並沒有注意到質量或形狀的改變。
3. 發展「質量守恆」概念：幼兒開始發現質量守恆的概念，並操作相關的實驗，例如：把東西裝進不同大小形狀的容器裡。
4. 發展象徵性遊戲：幼兒用沙或水進行象徵性遊戲，例如：造城堡、堆沙牆或假裝在海中航行。
5. 形成「質量守恆」概念：幼兒能預測某容器內的沙或水，在倒進另一容器時，是否會溢出。

參、扮演遊戲的發展順序

1. 以某物替代另一物。
2. 於單獨或平行遊戲時，以一簡單的規則玩玩具，例如：假裝一物為玩具碗，餵娃娃吃飯。
3. 複雜的遊戲規則：在聯合遊戲時，有兩個以上的幼兒，並有清楚的開始、

過程和結尾，例如：裝扮成爸爸或媽媽。

4. 在合作遊戲時，以一到兩名幼兒領導大家玩遊戲。遊戲中有複雜的遊戲規則，並有多位幼兒扮演不同的角色。

肆、操作技巧的發展順序

1. 完成一至二片的拼圖。
2. 在協助下，完成複雜的拼圖（拼圖較小片）。
3. 能獨立解決操作上的問題。

伍、戶外活動的發展順序

1. 玩具車：

   (1)坐在手推車裡，由他人拉動推車。

   (2)滑動三輪腳踏車或小汽車，而沒有踩踏板（可由別人在後面推）。

   (3)以踩踏板的方式，騎三輪腳踏車或小汽車（可以有他人協助）。

   (4)拉動推車。

   (5)能獨自做所有活動。

2. 鞦韆和滑車：

   (1)在協助下，能坐在鞦韆上擺盪（鞦韆附有安全欄杆）。

   (2)在協助下，能拉著滑車滑下。

   (3)在協助下，能坐在鞦韆上擺盪（鞦韆沒有安全欄杆）。

   (4)僅協助開始與結束，能盪鞦韆和玩滑車。

   (5)可獨立盪鞦韆和玩滑車。

3. 球類技巧：

   (1)坐在地板上，能將球滾給其他人。

   (2)能以雙手丟球。

   (3)嘗試踢球，有時候會踢中。

(4)嘗試以雙手接球，有時候會接住。

(5)能以單手丟球。

(6)能將球踢給別人。

(7)能追趕球。

陸、律動技巧的發展順序

1. 能跟著節奏敲擊或搖動物品。

2. 能跟著音樂跳動。

3. 能以雙手玩樂器，例如：鼓。

4. 能配合節奏以雙腳打節拍。

5. 能配合音樂跳簡單的舞步。

6. 能參與律動或音樂活動。

柒、音樂技巧的發展順序

1. 能傾聽成人唱歌。

2. 合唱時，能跟著唱某些歌詞。

3. 合唱時，能跟著唱完整首歌。

4. 能自己唱完一首歌。

5. 能一邊唱歌，一邊彈奏樂器。

6. 能獨自唱出自己編的歌。

捌、創造力的發展順序

1. 感官的探索：幼兒以觸覺、視覺、味覺探索。喜歡將水彩或黏稠狀的東西塗在手上，並抹在桌面上。

2. 簡單地使用物料：有目的地使用物料，但主要是模仿他人的使用方式。此

時，幼兒尚未能創造玩法。

3. 簡單的創造性遊戲：玩創造性遊戲時，幼兒開始有自己的想法，能設計，並嘗試完成想像中的成果。遊戲中通常為單一材料，如水彩、蠟筆、漿糊。幼兒會嘗試以熟悉的物品替代另一物品。

4. 複雜的創造性遊戲：幼兒在遊戲時，能有複雜的想法。創作時，也會利用兩個以上的材料。幼兒會展現比前一段時期更豐富的創意，例如：能以色筆畫出自己的夢、能以圖畫表現剛剛聽的音樂。

玖、語文能力的發展順序

1. 有字的概念：幼兒了解字是有意義的，並知道字的排列及閱讀的順序。

2. 意識到口語和印刷字的關係。

3. 了解字、自己的名字與發音的關係：幼兒了解自己的名字和印刷字的關係，並知道這些字是發特定的音。

4. 有發音的概念：幼兒了解某些字母的發音。

5. 發展口語及書寫的字彙：幼兒在日常生活中能運用學到的字詞與句子。

6. 發展故事敘述及對話能力：幼兒能敘述生活事件並能看書說故事。幼兒學習對話的基本規則，例如：輪流和如何開始一個話題。

第三節 遊戲介入

壹、訂定目標嵌入遊戲活動中

　　遊戲可以延長0至5歲幼兒注意力集中的時間。無論是針對6個月大的嬰兒，或是5歲的學齡前幼兒，每天的課程基本上是以玩樂、遊戲為主——讓他們專心把積木堆高、將塔堆高再推倒，以學習「平衡」概念；也可以讓幼兒在沙堆裡埋

玩具、挖出來,教他們「物體恆存」的概念;也可以把力學和運動學的概念融入遊戲中。在點心時間,老師和幼兒一起使用食物夾分配點心,老師只要夾起一個點心(如麵包),讓幼兒一起說「夾」,放到幼兒的點心盤時大家一起說「放」,這是因果關係的學習。每間教室都可擺放許多和科學及數學有關的工具,像是量杯、漏斗等幼兒都喜歡玩的教具,使用量杯和漏斗玩水就可以激發他們是天生科學家的潛力。4歲幼兒的課程開始出現「學習畫圖表計算班級男生及女生人數」和「使用放大鏡及顯微鏡觀察動植物」、「烹飪課中的數學科學原理」這類課程。遊戲也可用來訂定不同幼兒的目標,如表12-2「遊戲式課程活動個別化目標」所示。

● 表12-2　遊戲式課程活動個別化目標

時間:角落及自由活動時間

幼兒姓名	語言領域目標	社會領域目標	認知領域目標
小安	角落遊戲時能使用語詞要求事物	能在遊戲時,觀看其他同儕遊戲	上小組時能完成配對:將漢堡和薯條放進紙袋裡
小明	自由活動時能以合適的口語或非口語與同儕互動	1. 能在積木角和同伴一起堆積木 2. 角落活動時能與同儕交換或分享玩具,一週至少四次	能回憶一天中發生的事情(例如:能告訴老師,在自由活動時間玩什麼遊戲?)
小強	在角落遊戲時問問題,能運用下列句型「誰、什麼、哪裡、什麼時候、為什麼」(例如:你想要什麼?)	能在娃娃角進行角色扮演(如收銀員、廚師)	

貳、透過基模的調整與連結

　　基模(schema)是認知結構的基本單位,會不斷的改變,也必須要不斷的改變,比方說幼兒原本知道樹葉是綠色的,但當幼兒看到了紅色或黃色的樹葉時,就衝擊了幼兒的顏色基模而調整對顏色的概念。根據Linder(1993)的遊戲觀察指引中提到早期的物品使用,基模的類型分為低層次基模(如以嘴嚼物、敲打、

搖擺等）及複雜的配合性基模（如推、伸、拉、擲拉、扭、戳、撕等）。在評量基模操作和類化能力時提及，可觀察兒童是否會對所有物體產生不具辨認的基模操作（例如：以嘴嚐試所有物品），或者選擇適合的基模操作（例如：以湯匙攪拌），或者對類似物品產生基模之類化（例如：打開所有門或蓋子罩東西）；是否可透過模仿及引導（言語、姿態）引發出較高層次的基模？透過訓練是否能學會基模的連結（例如：裝滿水壺，倒水入杯，然後假裝喝水）？或在遊戲中，自然表現出基模的連結（例如：兒童準備晚餐、將晚餐放在桌上排好碗筷、洗碗、上床睡覺）。基模發展的順序為：

1. 8至9個月：開始在關係的遊戲中組合物體，例如：把積木放在容器內組合。
2. 9至12個月：開始尋求複雜的行動和結果之間的關係，例如：開門。
3. 12個月：以不同的基模來操作物體，例如：推及拉車。
4. 12至15個月：在單純的組合中連接各建構，例如：將布偶放入車中和推車。
5. 24至36個月：將多重的基模組合連結成有意義的序列，例如：將牙膏塗在牙刷上、將牙膏蓋子蓋上、刷牙。
6. 36至42個月：連結基模成為複雜的腳本。

　介入的目的為增進幼兒使用基模的種類及範圍，並且是有意義的，作法如下：

1. 模仿幼兒的動作以增進幼兒使用基模及動作，並朝更目標導向及分化，例如：幼兒頭敲地→大人敲桌子→大人敲玩具→幼兒敲玩具，讓敲的基模更加有意義。
2. 注意物品發出的聲音：準備有聲音的玩具及材料，讓幼兒敲或搖。
3. 注意物品的特徵：提供材料給幼兒練習，如積木，基模才能從敲打延伸到拉、轉、捶。
4. 把兩樣物品組合在一起：準備有附件的玩具，例如：車子及人偶、玩具湯匙及碗，或鼓及鼓棒。

5. 準備因果玩具（如發條玩具），讓幼兒了解因果關係，例如：轉發條就會動、打開門就可進入、打開蓋子就可拿到糖果。

6. 功能性使用玩具（基模更加分化），例如：丟球、推車。

7. 使用不同的基模：由丟東西到丟到容器裡。

8. 連結基模，例如：將湯匙放在杯內攪拌，然後喝，或是車上放塑膠人過山洞。

9. 連接基模成一有意義的順序：如把牙膏放在牙刷上，蓋上牙膏蓋，刷牙；或幼兒拿起娃娃時，給他梳子，要他幫忙梳頭。

參、透過遊戲團體來增進遊戲及社會技巧

　　遊戲技巧訓練尤其適合融合的班級，因為融合最主要的目的是達到社會統合（social integration），讓特殊幼兒能和同齡的普通幼兒一起互動。有一些特殊幼兒（如自閉症幼兒）喜歡獨自遊戲，則可以發展成有社會功能的遊戲，例如：一個喜歡玩電腦遊戲的幼兒，可以讓他接觸需要和他人一起合作完成的遊戲，這個新遊戲要受幼兒歡迎，而且很多幼兒都會操作。然後，讓幼兒找到一些和遊戲有關的話題，比如探討如何能夠升級、如何能在遊戲中更好地完成任務等，目的是避免幼兒自己一個人獨自安靜地在玩。當幼兒有意願和他人互動的時候，可以讓幼兒透過安靜聆聽對方、了解對方興趣，並開始嘗試一起玩。幼兒要達到社會統合，必須透過遊戲的方式（如遊戲團體）來達成。遊戲團體著重在教導幼兒功能性地使用玩具、模仿同伴的玩法，進而達到溝通、扮演的目的。

　　遊戲團體不但適用於遊戲技巧極差的特殊幼兒，亦可適用於程度較好的幼兒。融合式之遊戲團體包含普通及特殊幼兒，異質性比較高，至於分組，通常採每組3至5人，其中1至2個為特殊幼兒，2至3個為普通幼兒。作法如下。

一、遊戲團體的成員

1. 同儕可能是：
   - 正常的幼兒。
   - 年紀較大或社會性較佳的同伴。
   - 幼兒園的幼兒。
2. 選擇的考量：
   - 選擇4至6個幼兒。
   - 同樣性別。
   - 有良好的人際關係。
   - 缺席次數少。
   - 能聽指令。
   - 有符合年齡的語言及遊戲技巧。
   - 父母同意。

二、環境及遊戲材料

安排一固定的遊戲區，可由老師利用角落，或於自由時間在教室的一個小角落，並事先安排好材料，主要選擇能增進遊戲團體成員之互動遊戲材料。選擇材料的標準如下：

1. 必須多樣化、色彩鮮豔且是幼兒所熟悉的。
2. 以能增進社會互動，並減少單獨遊戲的材料為主。
3. 足夠一個階段有一至二種遊戲活動。
4. 允許操作。
5. 能促進社會扮演遊戲。
6. 能提供多人玩的玩具。
7. 能分給其他幼兒玩或是玩具的一部分可以給其他幼兒玩。

三、老師扮演的角色

老師扮演的角色包含下列數項：

1. 將幼兒配對。

2. 安排遊戲情境及座位，準備所需的材料，並做好情境的布置。

3. 介紹遊戲主題、活動及玩法，例如：我們今天要玩一個和水有關的遊戲，你們可以用一個杯子來舀水，或是用湯匙來攪拌。你們可以兩個人共同使用一桶水。老師示範如何使用這些玩具，以及告訴幼兒可能發生的事，也可告訴幼兒應如何互動，例如：告訴幼兒今天你可以和你的朋友一起玩車子，你可能撞到車子，這時候你就要去求救，然後你的朋友會幫你把車拖到車庫，這時如果你要換一部新的車，就可說：「婷，你要不要這部藍色的車，現在我們可以一起玩。」

4. 提供示範，包括角色、玩法的示範，例如：告訴幼兒今天可以玩鞋店的遊戲，婷和阿德兩人當老闆，而其他人當顧客，老師可以示範：

   老闆：你要鞋嗎？

   幼兒：我要一雙紅色的鞋。

   老闆：你覺得鞋子好看嗎？你要不要看看鏡子？

5. 引導：須和遊戲主題相關：(1)給幼兒玩法的建議；(2)提醒分享／交換／協助／合作；(3)注意其他幼兒的存在；(4)提醒、支持社會互動，老師隨時注意幼兒間的互動行為及目的，並給予提醒、增強、回饋。

6. 觀察：老師留在遊戲區，觀察幼兒遊戲及與幼兒互動的情形。

四、遊戲進行的模式

1. 老師向幼兒問好。

2. 介紹及描述遊戲主題。

3. 示範或提供遊戲玩法，然後讓幼兒自己玩。

4. 老師在活動中建議幼兒擔任的角色，例如：扮演老闆的角色。

5. 老師會安排幼兒的座位，讓特殊幼兒坐在普通幼兒旁邊，並由程度較好的幼兒帶領程度較差的幼兒。

6. 幼兒參與這個遊戲5～7分鐘。

7. 在需要時，老師可提供口頭的指示。

8. 老師加入遊戲2分鐘，確定是否符合原來主題，當幼兒玩得很好時，老師可以先行離開。

9. 如果有需要，亦可以再加入遊戲中。

10. 當和原來主題不符合時，可重新安排遊戲。

11. 遊戲結束時，要求幼兒收拾玩具。

五、增加社會互動的策略

包含下列設計：

1. 使用二個相同的玩具，鼓勵平行式遊戲及模仿。

2. 使用「社會化」玩具，如娃娃、積木、扮家家酒玩具。

3. 使用口語描述幼兒的遊戲。

4. 使用同儕示範遊戲與互動技巧。

5. 誘發幼兒之間互助的行為。

6. 移開其他的物體，將玩具放置在幼兒面前，提供玩具，然後改變玩具的構造，例如：把玩具頭往下，或試著轉成右邊朝上，以吸引幼兒注意並與人互動。

7. 如果幼兒沒有主動參與，老師可以調整玩具的玩法，然後要求幼兒跟著做；或者老師先示範玩玩具，然後接著讓幼兒完成整個任務。

六、遊戲的內容

老師必須針對幼兒的能力提供協助，並設計不同種類的遊戲活動，如此幼兒可選擇不同類別的遊戲，以獲得社會技巧及活動技巧練習的機會。每天都可安排固定時間，最好每天安排一至二個活動，每種遊戲活動持續5～7分鐘。每種遊

戲可以重複三次,以達精熟的目的。遊戲以結構式、老師主導為主,遊戲種類繁多,主要分成四種層次:

1. 功能性遊戲:需要肌肉重複性的動作(例如:倒出填充、爬上和爬下等動作),可以是手中拿玩具或是手中沒有拿玩具。

2. 建構性遊戲:包括手指的操作;或是暫時或永久性的建構,如蓋房子。

3. 戲劇性遊戲:幼兒能象徵性地或社會性地使用玩具,如扮家家酒。

4. 規則性遊戲:有既定的規則,幼兒需要遵守,如跳棋、大富翁。

七、訓練目標

遊戲團體活動著重遊戲及社會技巧兩方面,為幼兒設定的目標可分兩種:社會性目標及遊戲技巧目標,先著重遊戲技巧,再著重社會技巧,例如:在遊戲活動開始時,幼兒必須先熟悉玩法,再求達到社會性的目標,因而遊戲技巧的目標優先。社會性目標及遊戲技巧目標如下。

(一)社會性目標

1. 分享。

2. 交換(車子)。

3. 提供遊戲點子。

4. 幫助其他幼兒。

5. 模仿同伴一起玩。

6. 邀請同伴一起騎車。

7. 和同伴一起玩。

8. 輪流溜滑梯。

9. 傳東西。

10. 把想法告訴同伴。

11. 和朋友一起蓋房子。

12. 說出蓋的東西。

（二）遊戲技巧目標

　　遊戲技巧目標及參與時間會隨著玩具內容而調整，目標包括：

1. 參與活動（5）分鐘。

2. 安全地爬。

3. 獨自玩（10）分鐘。

4.搖（船）。

5.探索。

6.正確地玩（10）分鐘。

7.爬上（樓梯）並且（溜下）滑梯。

8.裝滿、倒、填。

八、遊戲團體範例介紹

1. 活動名稱：展示及分享。

2. 材料：在團體時間分享及介紹從家中帶來的玩具。

3. 程序：

　　(1)情境安排：在大團體時間要幼兒從家裡攜帶一些可以分享及讓大家一起玩的玩具，把同樣類型的玩具（如車子）放在一起，並讓幼兒選擇在哪一組，如車子組或娃娃組。每一組至少有2個幼兒。

　　(2)提示：提醒幼兒玩具並非自己的要小心愛護。讓幼兒先自己玩，再由程度較好的幼兒示範如何玩，提醒其他幼兒模仿程度較好幼兒的遊戲方式，並讓程度好的幼兒隨時提供協助。

　　(3)目標提示：

　　　・模仿：

　　　　A.看看婷正在推車子，你能不能照婷那樣推車子。

　　　　B.看！婷把泡泡吹起來了，看看你是否也能吹泡泡。

　　　・協助：

A.對鈞說：「去叫婷幫你把玩具組合起來！」

B.對婷說：「鈞不知如何玩妳帶來的玩具，妳能不能走過去幫他？」

・一起玩：

A.告訴鈞，要他把車子推向你。

B.你已經疊了三塊積木，要婷多疊一些在上面。

C.婷已經幫他的娃娃穿上衣服，你能不能幫娃娃穿上鞋子。

4. 訂定目標：

(1)遊戲技巧目標：

・幼兒能正確玩玩具10分鐘。

・能推車子。

(2)社會性目標：

・幼兒能和他人共同使用一個玩具。

・能和他人分享／交換玩具。

・能提供遊戲點子給同伴。

九、遊戲／社會技巧評量表

遊戲團體也可在角落進行，可選取4位普通及特殊幼兒組成遊戲團體。遊戲／社會技巧評量表，如表12-3所示。

● 表12-3　遊戲／社會技巧評量表

地點：操作角　　　遊戲團體人數：　　　　　姓名：

日期 活動／教具	交通工具模型 +軌道組	黏土+工具	形狀積木 （木製泡棉）
目標	1. 會連結軌道 2. 能正確玩10分鐘以上	1. 會搓、揉黏土 2. 會將黏土搓成圓球或長條 3. 會利用黏土做造型 4. 會為所做之造型命名 5. 會利用輔助工具（麵棍、塑膠刀）	1. 會堆、疊、排列積木 2. 會利用積木做造型 3. 會為所做之造型命名
	1 2	1 2 3 4 5	1 2 3
評量結果	✓✓	✓✕△✓✓	✕✓✓
社會技巧 模仿	✓	✓	✓
分享／交換			
要求分享與交換			
提供點子			
問他人			
協助			
輪流			
與人合作			
帶動別人			
角色扮演			
負向互動			
與老師溝通			
遊戲層次			
備註			看上喜歡的東西會想據為己有

遊戲層次：1：探索；2：功能性遊戲；3：建構性遊戲；4：戲劇性遊戲；5：規則性遊戲。

評量說明：通過：✓；須協助：△；待加強：✕。

十、遊戲團體觀察與建議

以2名特殊幼兒參與的遊戲團體為例，記錄老師及幼兒行為如下。

（一）特殊幼兒學習目標及評量（如表12-4所示）

● 表12-4　特殊幼兒學習目標及評量

教學者：王老師　　　紀錄者：助理教師

作息	活動名稱	目標	評量			備註
			小維	小呈		
15：35～ 15：55 遊戲技巧	火車遊戲組	能操作玩具：堆、疊、組合	✔	✔		
		能請求他人協助	×	×		
		能利用道具做角色扮演	×	×		
		能交換玩具輪流玩	×	×		
		能遵守交通規則	△	△		
		能在玩完玩具之後主動收拾	×	×		
遊戲層次	遊戲層次：0：不玩；1：探索；2：功能性遊戲；3：建構性遊戲；4：戲劇性遊戲；5：規則性遊戲		1	2		
注意事項	評量說明：全會：✔；需協助：△；不會：×					
備註	另有3名普通幼兒：唐唐、小皓、小昇參與遊戲團體					

（二）老師帶領的流程

老師開始時先分配組別，接著便將火車組放在地上，讓幼兒自行玩。

師：唐唐，你可以帶小維嗎？

玩過一陣子後，老師過來小呈身旁，在地上推動小火車，跟小呈說：「火車開走了。」

師：小皓，你可以帶小呈嗎？

（小皓仍舊自己玩自己的。）

師：小皓，你來帶小呈。

老師走到小維身旁坐下，帶著小維堆積木（單純的堆高）。

小維有時候會想跑掉，這時老師將小維帶在身邊，示範如何將積木堆高，堆的同時老師會說：「堆～」

老師要求唐唐把積木拿來給小維堆，小維在堆積木時，老師要求小維要儘量堆高。

當小維做到時，老師會鼓勵小維：「好棒喔！」

小昇和唐唐會共同完成組合火車。

唐唐：（組好火車後）這樣企鵝就可以走了。

小昇：企鵝不能站在這裡……。

幼兒大部分是自己玩，老師會引導特殊幼兒，並且帶領特殊幼兒一起活動。

（三）老師帶領的方式

由上述可以看出，老師帶領遊戲團體採用的方式仍舊讓幼兒自行探索和遊戲，事前並沒有給予幼兒心理的準備，而是讓幼兒在玩遊戲時，自由發揮。對於特殊幼兒，老師所採用的方式便是親自帶領，給予幼兒明確的動作指示。普通幼兒並不是主動與特殊幼兒互動，並非主動帶領特殊幼兒遊戲，大部分時間，普通幼兒仍舊與普通幼兒互動，雖然老師已有指定普通幼兒帶領特殊幼兒遊戲。老師在過程中會協助特殊幼兒，例如：老師在帶領特殊幼兒（小維）堆積木時，老師會給小維部分協助，主要讓小維自行操作，還會要求小維要儘量堆高。此外，老師在過程中會給幼兒鼓勵，鼓勵幼兒繼續完成工作。

（四）普通幼兒有何反應

在遊戲團體過程中，當老師要求普通幼兒與特殊幼兒互動時，普通幼兒在老師要求的情況下，會被動地與特殊幼兒互動一陣子，之後仍與普通幼兒互動的時間較多。

學前融合教育
──理論與實務

（五）對幼兒的發展有何幫助

　　普通幼兒和特殊幼兒的互動，可以增進人際互動、相互照顧，互動時可以增進語言能力，並培養互助合作的精神。再者，對於普通幼兒而言，可以增進其對於特殊幼兒的了解；對於特殊幼兒而言，當其遊戲技巧被普通幼兒帶領時，可以提升遊戲層次。

（六）建議

　　帶領遊戲團體確實是需要技巧的，老師是否能夠成功塑造遊戲的情境，對於幼兒參與遊戲的程度與方式有很大的關聯。同時，老師在帶領遊戲團體時應該技巧性地讓普通幼兒與特殊幼兒一起互動，如此才能達到遊戲團體的目標。

　　在這次觀察中，看到普通幼兒仍舊與普通幼兒互動較多，在老師的指示下，普通幼兒會短暫與特殊幼兒互動一下，過不久後又與普通幼兒一起玩。這可能是普通幼兒與特殊幼兒的遊戲層次差太多，因此普通幼兒比較少和特殊幼兒一起遊戲；另一方面，也可能是一開始時的遊戲情境尚未被營造好，即讓幼兒自行遊戲所致，當缺乏遊戲的情境時，普通幼兒自然不會想和特殊幼兒玩，也就失去遊戲團體的意義。

　　在遊戲進行中，老師會給予協助，但協助的部分可以再少一點，多一點時間讓幼兒自行探索、嘗試、發掘，老師其實可以不必急著將所有的東西教給幼兒，也許幼兒在探索後，會發現更不一樣的玩法、功能也說不定，而不須照著玩具的既定玩法教導幼兒。

　　火車組是個不錯的遊戲材料，幼兒可以在建構的過程中，互助合作，如此可以增進人際互動，但對於部分能力相差過多的特殊幼兒，老師則給予另一套玩具（積木），讓幼兒自己去玩，老師限定積木的玩法也使得普通幼兒與特殊幼兒的互動減少，不如就將火車組其中的一小部分給幼兒玩，如此也比較不會造成普通幼兒因為遊戲器材的不同，而減少了與特殊幼兒的互動。

　　老師帶領遊戲團體不是將器材給幼兒，讓幼兒自行探索就可以，還要適時引導及抽離。老師的帶領技巧是需要學習與練習的，玩具的選擇也非常重要，最好

能選擇能一起玩的玩具（如火車軌道組），普通幼兒也要選擇願意和特殊幼兒互動者。

肆、遊戲技巧訓練課程分享

　　遊戲技巧的訓練有一定的規定及方法。遊戲技巧訓練課程是以「遊戲」當作教學溝通媒介，透過遊戲提升幼兒在遊戲、社交技巧方面需加強的目標或技巧。

　　這個遊戲技巧訓練課程共有兩名幼兒參與課程，一週上課一次，每堂課為40分鐘。老師依據幼兒的能力、特質、需求、喜好及當天表現，設計一連串的遊戲課程。參與課程的兩名幼兒皆需要提升口語溝通能力，尚無法在情境下主動提出需求。D生多為仿說單詞，E生則可說出句子，兩者的起始能力不同，因此活動中設定D生之學習目標為「在動作提示下能主動說：『幫忙』」，E生則為「在口頭提示下能說：『老師請幫我』」。兩名幼兒遊戲的方式以感官探索為主，喜歡的玩具較為局限，玩法固定，多為平行遊戲，較少主動或被動與同儕互動。能遵守指令，已具備仿說的能力，但多以動作表達需求及溝通。故在課程中，特別強調幼兒遵守指令的能力，介紹不同的玩具及遊戲方式，希望透過操作及模仿，加強幼兒的功能性操作技巧，並提升口語表達的能力。因這兩名幼兒彼此的互動能力及經驗較少，每次上課時，會抽出10分鐘的時間，加入二到三名普通同儕（經過挑選）一起遊戲，藉以學習正確的遊戲技巧，增加與同儕互動的經驗。遊戲技巧訓練課程及評量表，如表12-5所示。

● 表12-5　遊戲技巧訓練課程及評量表

幼兒姓名：宇、婷　　教學評估者：吳老師　　　　日期：

課程名稱	教學流程	目標		評量		備註
				宇	婷	
火車快飛	1. 聽音樂：兒歌「火車快飛」 2. 點到名的幼兒需學火車的聲音	1-1	能在口頭提示下傾聽音樂	○	○	
		2-1	能在口頭提示下遵守簡單規則（婷）	—	○	
		2-2	能在動作提示下遵守簡單規則（宇）	○	—	
		2-3	能在口頭提示下模仿火車的聲音	×	○	
	3. 幼兒輪流當火車頭。當火車頭者需拿圓盤當作方向盤。其餘幼兒排在後面當車廂	3-1	能在動作協助下以某物替代另一物	△	○	
		3-2	能在動作協助下依序排隊	○	○	
	4. 配合兒歌「火車快飛」往前行進。扮演火車頭的幼兒，要帶領大家前進並通過圓凳做的橋	4-1	能在動作協助下依指示扮演	△	○	
		4-2	能在動作協助下跟著隊伍行進	△	△	
		4-3	走半圓圓凳能保持平衡，而不會跌倒	○	○	
	5. 加上挖洞之地墊為山洞，請幼兒鑽山洞（加入普通同儕三名：紳、佑、嫻）	5-1	能爬行並鑽過洞	○	○	
		5-2	能在動作協助下等待	△	○	
	6. 幼兒輪流當火車鑽山洞。兩名幼兒拿挖洞之地墊，另一幼兒當火車鑽洞（加入普通同儕三名：紳、佑、嫻）	6-1	能在動作協助下輪流	△	○	
		6-2	能在動作協助下玩簡單的合作遊戲	△	△	

● 表12-5　遊戲技巧訓練課程及評量表（續）

課程名稱	教學流程	目標	評量 宇	評量 婷	備註
搭建車庫	1. 老師示範以小型塑膠拼墊拼成立方體，裡面放入一輛玩具車	1-1 能在口頭提示下看老師示範	○	○	
	2. 幼兒輪流拿立方體搖晃，使之發出聲音	2-1 能以感官探索玩具	○	○	
		2-2 能操作因果玩具	○	○	
	3. 幼兒模仿以小型塑膠拼墊拼成立方體，裡面放入一輛玩具車	3-1 能模仿以小型塑膠拼墊建構立方體	○	○	
		3-2 動作提示下能主動說：「幫忙。」（宇）	○	－	
		3-3 口頭提示下能說：「老師請幫我。」（婷）	－	○	
	4. 幼兒以小型塑膠拼墊建構造型	4-1 能在口頭提示下以材料創作建構造型	△	△	
		4-2 能在一堆物品中，選擇想要的物品	○	○	
		4-3 動作提示下能主動說：「給我。」（宇）	○	－	
		4-4 能主動說：「我還要。」（婷）	－	○	
	5. 收拾玩具車和小型塑膠拼墊	5-1 能在口頭提示下協助收拾玩具	△	△	
材料	收錄音機、兒歌「火車快飛」、圓盤、半圓圓凳、箭頭符號、桌子、椅子、挖洞之地墊、小型塑膠拼墊、玩具車				

評量說明：○表示通過；△表示提示或需要協助；×表示不通過；－表示未執行。

第十三章

學前融合班的行為管理

　　行為管理指的是發展適應（adaptive）的行為，降低不適應的行為，進而做到自我主動的管理。行為問題通常是融合班級最大的困擾，因此行為管理在融合式班級尤其重要。行為管理主要之目的是促進幼兒社交及情緒技能的發展，由外而內的促進社交及情緒技能的發展，不僅需要建立積極的師生關係，而且要創建高品質的學習生活環境，解決問題行為及預防問題行為。高品質生活環境的創建，不僅包括物理環境的創建，還包括軟性環境的改善，如一日流程、轉銜策略、大團體活動策略、小組活動策略、遵守指令及班級規則等。以下一一說明如何做好學前融合班的行為管理。

第一節　幼兒的行為問題

　　學前幼兒的行為問題，大致可分為退縮性及攻擊性兩種。當幼兒表達自己的期望和想法，遭到別人的責備或懲罰時，他們就可能感到退縮或害怕，而出現退縮性行為。幼兒如果有退縮性行為就會影響他們接納別人的意願，在社交上他們的表現往往是被動及不合群，甚至不願意與人交往及溝通，更嚴重的會產生自我隔離的情況。根據研究顯示，如果不及早改善幼兒的退縮性行為，隨著幼兒年齡的增長，幼兒退縮的表現只會增多而不會減少，他們將很難與人建立互信的關係（王珮玲、許惠萍，2000）。

　　當幼兒遇到失敗和挫折而得不到適當的鼓勵及安慰，或者未能適應環境的

轉變，又或者是幼兒的溝通能力不足，未能用恰當的方法表達自己，此時的幼兒就很容易出現攻擊性行為，這些行為可能會傷害自己或傷害他人。有一些不良的行為是幼兒在環境中學習到的，他們之所以會從生活中學習到某些不良的行為，可能是因為可以操縱周圍的人，例如：當他們出現攻擊性行為時，別人就會順從他，這些不良的行為便會被強化，於是他們很容易變成「小霸王」，做事我行我素，很難與其他人協調，以致他們很難在同儕中建立融洽的關係。

蔡明富、吳裕益（2014）所編製的「學前兒童社會行為評量系統」，其分量表包含問題行為量表，問題行為包括分心過動（如不專注與過動衝動）、反抗違規（如憤怒反抗與攻擊違規），以及焦慮退縮（如焦慮害怕、退縮害羞及身心症狀）等向度之題目。

陳介宇、蔡昆瀛（2009）所編製的「幼兒情緒與行為問題檢核表」，是由教師評量幼兒的內向性問題，涵蓋焦慮、退縮、情緒反應、身心症狀等四個向度；外向性問題則涵蓋三個向度：注意力／過動、攻擊行為，以及其他不屬於內向性或外向性分量表中之問題，通常為較特別且不易歸類的問題，或特殊幼兒之行為特徵。

第二節　為何幼兒無法參與學習

幼兒的行為也是一種溝通的方式，當幼兒無法參與幼兒園生活時，會從他們的行為中顯現出來。老師的責任即是觀察幼兒行為，並且了解行為背後可能的原因，當幼兒無法參與活動時，可能有下列原因：

1. 幼兒不了解周圍發生的事：比如要求、指令及期望時，幼兒會感到困惑，無法表達困惑會引起攻擊或破壞行為，此時必須教導哪些行為是合宜的。
2. 幼兒不了解遊戲規則：比如當他們不知如何玩玩具時，和同儕一起玩就會有搗蛋的行為出現，他們必須先學會如何玩玩具，才能參與。
3. 幼兒需要得到較多的關注：當他們得不到注意時，就會用其他的方式來引

起老師的注意。

4. 幼兒可能覺得挫折：有些活動對幼兒可能太難，因而幼兒無法參與學習。

5. 幼兒可能覺得無聊：當活動太簡單或不適合幼兒時，他們可能提不起興趣。

6. 幼兒失去主控權：當活動完全由大人主導時，幼兒可能失去選擇的機會，因此而失去興趣。

7. 幼兒可能有生理的問題：像是生病、饑餓、口渴、過敏、營養不良、感官缺陷或其他健康等問題，都會讓幼兒失去參與活動的興趣。

8. 幼兒不了解大人或同伴使用的語言：教師在和幼兒互動時，要觀察幼兒對語言的理解程度，如果發現幼兒聽不懂老師的話，教學及互動時應儘量口語化，減少使用太多的術語及專有名詞。

9. 教室管理規則尚未建立：當班級管理未做好時，教學就容易產生干擾，干擾行為愈多時，幼兒參與教學的機會就愈少，為了讓幼兒參與教學，班級管理一定要做好。

10. 家庭或環境因素：來自家庭的壓力或變化、不合理的學習期待、父母不一致的管教、欠缺明確的行為規範、故意引人注意、不良的空間規劃（如過於擁擠）、對環境刺激的過度敏感等，都讓幼兒無法參與。

11. 錯誤的社會學習：好的行為與不當行為都可能是「學」來的！不當行為被增強導致無法產生正確行為，發脾氣時反而得到注意，可能會增加發脾氣的頻率。

第三節　行為觀察與分析

　　當幼兒有行為問題產生時，可能就無法參與幼兒園課程。什麼是問題行為呢？王珮玲、許惠萍（2000）認為，學前兒童的問題行為是出現在幼兒身上的負向行為表現，通常這些行為不符合社會期望、要求，往往造成生活適應困難、干

擾或傷害他人，形成人際關係的緊張，或出現學習障礙。當問題行為出現時，應先做行為的分析，觀察行為發生的次數、情境、地點、對象、前置事件、動機及結果等，了解一天中幼兒對於不同的情境與活動參與之情況，同時應該觀察其他幼兒在同一情況下的表現，才能推論幼兒是否有行為問題並找出矯正行為的方法。

壹、描述問題行為

首先要知道如何具體描述問題行為，所謂具體指的是問題行為在什麼時候、什麼地點、和誰在一起會發生。例子如下：

1. 描述幼兒不懂得分享時，必須描述幼兒做了些什麼，例如：會搶走別人的玩具、把桌上的食物全部拿走，或是在戶外玩鞦韆時不願意讓給其他幼兒，還會把幼兒從鞦韆上推開。

2. 描述幼兒老是在教室內亂跑時，必須描述亂跑在什麼時候最容易發生，例如：在上大團體課的時候；亂跑的行為在什麼時候最不容易發生，例如：在上小組課的時候。

3. 描述幼兒總是破壞東西時，必須描述幼兒是如何破壞東西，例如：把玩具車的所有輪子都拆下來、把東西從樓上扔到樓下。

4. 描述幼兒發脾氣時，必須描述是如何發脾氣，例如：尖叫、哭泣、踢腳、亂扔東西、辱罵其他幼兒；什麼時候最容易發脾氣，例如：當要關掉電視的時候、當要停止在角落玩耍的時候、需要集合的時候、當玩具被拿走的時候；什麼時候最不容易發生，例如：當自己玩耍或睡著時。

5. 描述幼兒會干擾上課時，必須描述幼兒是如何干擾上課，例如：上課時，會不斷去角落找玩具、去工作櫃找東西、不斷和旁邊幼兒講話、不舉手就站起來發言。

6. 描述幼兒難以遵循遊戲規則時，必須描述幼兒是如何難以遵循遊戲規則，例如：玩玩具時，忽然不玩；當拿不到想要的東西時，大哭；丟骰子不能擲到「6」時，大聲尖叫。

7. 描述幼兒的固著性極強時，必須描述固著性顯現在哪些地方，例如：吃午餐時，要求每一位幼兒必須坐在同一個位子；排隊必須要站第一個，不然就推擠別人；外出時，必須要坐在汽車的副駕駛位置。

8. 描述幼兒無法配合作息及因應作息的改變時，必須描述幼兒是無法配合哪些作息及作息改變，例如：幼兒到午睡時間的時候，抗拒午睡而要玩玩具；當要關掉電視的時候，會發脾氣；當下雨不能在外面玩耍時，就躺在地上耍賴。

貳、觀察及記錄幼兒行為

透過觀察幼兒的行為，了解行為發生的次數、情境、對象及其他相關行為，以期找出行為發生的原因。個案觀察紀錄表，如表13-1所示。

● 表13-1　個案觀察紀錄表

活動名稱：大地藝術家
教學領域：精細（小組）
教學者：林老師
觀察日期：1月5日
觀察地點：○○班教室
被觀察者：A生
觀察重點：個案注意力、離開學習位置
觀察紀錄者：陳老師
說明：1、2……、5代表1分鐘內發生的次數，5次以上用○代表整個時段

時間　次數　觀察內容	分心	離開座位	學生表現	教室進行活動
9：43～9：44	2		個案咬手指，看他處，眼光停留在時鐘上	老師解說活動內容及介紹材料
9：44～9：45	○		整段時間唱歌、趴在隔壁同儕身上，師叫喚，個案未回應	
9：45～9：46	2		唱歌、趴在隔壁同儕身上，師叫喚，個案停止動作，看老師，又趴在隔壁同儕身上	
9：46～9：47	○		趴在隔壁同儕身上，同儕叫老師，師叫個案，個案將椅子退後，看他處	
9：47～9：48			老師對個案一對一輔導說明並呈現材料	

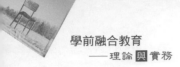

● 表13-1　個案觀察紀錄表（續）

時間　　　次數　　觀察內容	分心	離開座位	學生表現	教室進行活動
9：48～9：49			個案看著老師唱歌，看老師發材料	老師將材料放在桌上
9：49～9：50	1		個案往後看，說：「球。」師：「好，做球。」	
9：50～9：51			個案用雙手捏黏土	請幼兒們自由取用材料：黏土、羽毛、樹枝、樹葉、雕塑工具、白膠，隨自己的意思做創意立體造型
9：51～9：52	1	1	個案站起轉身表示「想去洗手」，師指導：「搓圓圓，就讓你去洗手。」個案找工具	
9：52～9：53			個案邊搓黏土邊說：「搓。」師指導說：「搓、拍、做大餅。」	
9：53～9：54			師：「要白膠嗎？」個案答：「要。」	
9：54～9：55	1		個案停手看他處，師要他繼續做，個案說：「好累。」敲兩下黏土停手，師：「種三顆樹再休息。」	
9：55～9：56			個案玩羽毛、翻材料盒找材料。用塑膠刀沾白膠黏黏土	
9：56～9：57			個案在黏土上塗白膠，師：「你喜歡白膠嗎？」個案未回應	
9：57～9：58			個案在黏土上塗白膠	
9：58～9：59			個案在黏土上塗白膠	
9：59～10：00			個案在黏土上塗白膠	
10：00～10：01			師指個案作品：「這是什麼？」個案答：「抹奶油。」	
10：01～10：02			個案在黏土上塗白膠	
10：02～10：03			個案在黏土上塗白膠	
10：03～10：04			師指導：「這樣塗比較好吃！」個案停手，閉眼	
10：04～10：05	1	1	個案看後面，站起，師：「要不要加餅乾？」個案答：「我做好了。」	
10：05～10：06	1	1	個案站著：「要洗手。」師：「好，去洗手。」	

● 表13-1　個案觀察紀錄表（續）

時間 ＼ 觀察內容次數	分心	離開座位	學生表現	教室進行活動
10：06～10：07	已完成作品，老師同意離座		個案洗手	
10：07～10：08			個案洗手，對觀察者說：「我沒有打1號，沒有打7號……，好可惜喲！」	分享、欣賞、說明幼兒們的作品
10：08～10：09			對觀察者說：「我可不可以玩玩具？」觀察者指老師，個案問老師：「我可不可以玩玩具？」師：「好，你可以玩玩具。」	
10：09～10：10			個案拿精細角玩具，說：「小謙（同儕名字）。」把積木放在Y老師椅子上排列，喃喃自語	
10：10～10：11			個案換到另外C老師椅子上排列，喃喃自語	
10：11～10：12			個案回精細角拿另一個塑膠方塊，站在工作櫃前，喃喃自語	
10：12～10：13			個案在A老師椅子上排列方塊和積木，喃喃自語	
10：13～10：14			個案到C老師椅子旁看電腦，喃喃自語，師：「不可以玩電腦。」	老師和幼兒一起收拾
10：14～10：15			個案在C老師椅子上排列方塊和積木，喃喃自語	

分析與說明：
1. 9：43～9：52 共9分鐘，分心出現16次、離開座位出現1次。9：52～10：06 共14分鐘，分心出現3次、離開座位出現2次。9：52～10：06開始操作黏土，當手上有物品時，分心行為明顯降低。
2. 9：43～9：47老師做小組講述時，個案並沒興趣，在9：47～9：49老師輔導說明呈現材料、發材料時，個案會注視材料，表示他對材料有興趣。
3. 個案在9：55～10：03都專注工作在黏土上塗白膠，表示他可以專注在有興趣的事情8分鐘。
4. 個案有自己的想法和玩法，例如：個案本來在黏土上面塗白膠當成抹奶油，10：03時老師指導：「這樣塗比較好吃！」個案閉眼不想做，想離開，表示當他覺得被干擾時，他會選擇放棄，或者他剛好覺得完成不想再做卻不會用語言表達。
5. 個案對同儕有互動，在9：44趴在隔壁同儕身上，個案對同儕有興趣。
6. 個案在洗手，10：07對觀察者說：「我沒有打1號，沒有打7號……，好可惜喲！」事後問家長，才了解到個案在家有打小型撞球臺，1號是1號球的意思。個案並不怕生，會聊生活經驗，但語意不清楚。
7. 個案會徵求：「我可不可以玩玩具？」觀察者指老師，個案問老師：「我可不可以玩玩具？」可見個案的常規不錯，是一個可以被要求的幼兒。
8. 個案在10：09～10：15會選擇自己想玩的玩具和地方，不過自己玩時喃喃自語的情形也變多，因他喃喃自語聽不清楚，這點暫時無法分析。

參、分析行為，找出不適應行為的前因後果

當問題行為出現時，應先做行為分析，找出行為之前因及後果，此時可使用「ABC行為分析表」，A表前因（antecedent）指的是在行為之前發生了什麼，B表行為（behavior）指的是看到什麼或聽到什麼，C表結果（consequence）指的是在行為之後發生了什麼。ABC行為分析表，如表13-2所示。

● 表13-2　ABC行為分析表

幼兒姓名：A生　　　　紀錄者：林老師

問題行為	時間／地點	行為前表現（A）	表現行為（B）	行為後事件（C）	老師處理
打人	戶外場	同學B不小心撞了他	打人	跑掉	1. 老師告訴A生不能打人並要A生向B生道歉 2. 要求全班同學在戶外場不可玩追逐遊戲

老師處理策略（請勾選）：

_____1.告誡。

_____2.忽視。

_____3.隔離（請記錄地點、時間）。

_____4.其他（請說明）。

當已經了解造成幼兒問題行為的原因（前提事件），以及讓它持續發生的行為後果時，就能透過事先安排，避免這樣的惡性循環繼續發生。此外，發現問題行為的徵兆，例如：打人前會先盯著對方，則可先予以制止，或告訴他該怎麼做。行為後的處理也很重要，如處理不當，恐會導致問題行為更常發生。

第四節　提供正向行為支持

鈕文英（2016）認為，正向行為支持（positive behavioral support, PBS）是一種用以達成改變個人行為、重新設計個人生活環境、增進個人生活品質、減少

問題行為的方法。PBS的主要目標是幫助個人改變其生活型態，用以促進個人生活品質，其次是幫助個人降低或去除問題行為。

壹、正向行為支持的原則

此方法除了矯正負向的行為外，還要提供正向行為支持。在很多情況下，正向行為支持可以引導幼兒如何去看待不適應的行為，以及提供對幼兒有助益的方法。正向行為支持共有四個原則，分述如下：

1. 所有幼兒本性都是良善的，都是可教育的：即使幼兒有一些不尋常、困難、挑戰或妨礙班上的問題行為，仍然可以學習。

2. 創造溝通環境：教室裡的大人會影響班級氣氛的品質，老師和其他專業人員都需無條件的歡迎和支持幼兒，並把創造溝通環境視為自己的責任。

3. 所有的行為都是嘗試傳達某些訊息：隨著年齡增加，幼兒也更加會用語言表達自己的情緒，再一步步透過情緒發展構建自我世界，情緒及行為反應都是幼兒能給我們最多的訊號。通常他們為了被了解，會在教室或家裡表現出不被大眾接受的行為，看到這些行為時可以試著做下列事：

   • 了解幼兒溝通行為的意圖。

   • 協助幼兒做好他們行為和感覺的連接。

   • 協助幼兒使用一些替代性／不同的方式去溝通，表達出他們的想法、需要及期許。

4. 權力和控制並非塑造幼兒行為的有效方式：使用權力和控制去改變幼兒的行為，反而會將幼兒逼迫到角落。建議在執行個別化教育計畫（IEP）時，也能提供幼兒上述四個正向行為支持。

綜上所述，提供幼兒正向行為支持時，還要做到：

1. 盡量減少生活環境中的不當壓力。

2. 從小培養良好習慣。

3. 積極提升幼兒的生活管理能力。

4. 增進幼兒對新環境的適應力。

5. 提供教師／家長教養資源與心理支持。

貳、正向行為支持策略

有些特殊幼兒由於精力比較旺盛而產生干擾上課的行為,對於他們要進行正面的引導,使其過多的精力能發揮出來,此時可安排他們做一些室內外活動,使他們過多的精力能釋放出來。黃美慧、鈕文英(2000)認為,社會故事加入其他策略能增進學齡前自閉症幼兒產生適當行為,而適當行為指的是增進良好的同儕互動行為,例如:打招呼、開啟與結束話題、分享、借東西、眼神注視、表情覺知、適當回應他人、保持適當距離、正向調整行為等。此外,還可從下列幾個方向去提供正向行為支持。

一、調整環境

正向行為支持強調重新設計個人生活環境,因此有效的支持亦和環境安排有關,藉由適當安排環境、活動、課程、時間或作息,排除可能的問題引發點,例如:幼兒太熱時會敲打頭,則先開冷氣預防;無聊時會自我刺激,則安排操作及有趣的活動。此外,也要注意座位的安排,讓幼兒遠離容易分心的位子,例如:窗戶、門邊、廁所,或者讓愛說話的幼兒座位接近教師,可安排位子於較專注幼兒之間,遠離干擾源。

二、適當的行為訓練

事先預防的工作,不見得能使幼兒學會正確的行為,因此必須透過訓練來教導適當的行為,教導幼兒在問題行為出現時,以正確的方式來因應或表達。適當的行為訓練包括下列幾種:

1. 溝通能力訓練:當幼兒出現問題行為時,不要急著指責幼兒,應先了解幼兒做出某些行為的目的,比如是想與同學溝通而打人,這時就要教導溝通

的技巧,當幼兒能和同學溝通,自然可減少打人的行為。

2. 社會技巧訓練:建立幼兒正向的行為應教導幼兒社交技巧和情緒調節技巧,以改善不良行為。提升社交能力有很多的方法,最重要的是讓他自己有自信,因此可以帶他去社區獲取更多的體驗,或者去郊遊接觸大自然,去遊樂場,去公園。至於情緒調節技巧,是用正確的方式把自己的情緒表達出來,例如:透過哭鬧、大笑,甚至是動作或畫畫等。

3. 培養做選擇及做決定的能力:提供幼兒選擇人及事物的機會,例如:角落課選擇去喜歡的角落,自由活動時間選擇要玩的玩具,都可讓幼兒覺得能控制環境而產生自信。

4. 休閒陶冶:在課後及假日安排一些休閒活動(如陶土課),以舒緩身心。

三、作息表與活動的支持

問題行為或意外事件的產生,亦和作息時間安排有關,例如:戶外時間易造成意外事件,因此教師在填寫教室日誌時須將意外事件發生的時間、地點都記錄下來,以了解行為和作息之間的關聯,防患於未然。McBride與Logie(1992)找出幼兒園常發生行為問題的時段並提供一些策略以支持適當的行為,有關作息、問題及策略如下所述。

(一)點心及午餐時間

1. 問題:

(1)不遵守用餐時間。

(2)不願意排隊及等待。

(3)大聲講話。

(4)干擾鄰座同學。

2. 策略:

(1)提供減少干擾之座位。

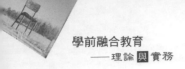

(2)在等待時讓幼兒有事做。

（二）轉換或作息改變（例如：下雨天無法去戶外活動）

　　1. 問題：

　　(1)不適應活動轉換。

　　(2)不知接下來要做什麼。

　　(3)對改變覺得不舒服。

　　(4)聽不懂或不了解老師的解釋。

　　2. 策略：

　　(1)用琴聲提醒大團體時間到了。

　　(2)使用圖片作息表。

　　(3)提示看其他幼兒如何做。

　　(4)給簡單的指令。

　　(5)提早告知作息改變。

（三）角落時間

　　1. 問題：

　　(1)活動時間太久。

　　(2)不知要做什麼。

　　(3)不會選擇。

　　2. 策略：

　　(1)提供角落器材相片。

　　(2)提出活動建議。

　　(3)說出活動的時間。

　　(4)展示活動材料。

　　(5)準備材料盒。

　　(6)讓幼兒有機會選擇。

（四）自由遊戲時間

  1. 問題：

    (1)無法組織玩的順序。

    (2)無法專心。

    (3)不知如何使用材料。

    (4)不知道如何開始玩。

    (5)玩完無法收拾玩具。

    (6)無法單獨遊戲。

  2. 策略：

    (1)設定遊戲區。

    (2)限制遊戲材料。

    (3)幫忙選擇，示範如何玩。

    (4)用相片提示幼兒思考及選擇要玩的東西。

    (5)使用計時器。

    (6)減少噪音。

    (7)邀請普通幼兒帶領特殊幼兒一起玩。

（五）大團體時間

  1. 問題：

    (1)活動時間太久，無法等太久。

    (2)無法知道何時輪到自己。

    (3)無法遵守指令。

    (4)不了解歌詞或活動的方向。

    (5)離開去其他地方玩。

  2. 策略：

    (1)使用具體的輪流方法，如傳手帕。

    (2)等待時手上拿東西，例如：當老師說今天天氣時，讓幼兒拿著太陽的圖

片。

(3)座位靠近老師。

四、教師和同儕的支持

（一）簡化日常任務

把複雜任務分解成更容易完成的多個小任務，儘量給予幼兒容易完成的工作，讓幼兒儘量在短時間內可以完成簡單的一些活動，而能獲得獎勵。之後可以給予較長時間才能完成的任務。

（二）轉移及緩和幼兒的情緒

當教室內有幼兒干擾行為，比如持續哭鬧且影響上課或傷到別人時：

1. 將幼兒帶離情境、事物或人。
2. 靠近幼兒，而不是用叫的。
3. 輕輕地摸幼兒，轉移幼兒的注意力。
4. 讓幼兒放鬆，帶他到一個安靜的角落讓他安靜下來。
5. 和幼兒正向的溝通他在做什麼，例如：「你正在大聲說話！」儘量不要使用否定句，例如：「你不要說話！」

（三）課堂干預

特殊幼兒的問題主要是注意力缺陷和缺乏自制能力，生動靈活的上課方式輔以圖片、實物，讓幼兒有更多操作機會，比較能引起他們的興趣和注意。其他的課堂干預策略包括配合主題使用繪本教材、列出主題重點、降低對特殊幼兒的要求、縮短團體上課時間，都能增加特殊幼兒的參與時間，減少問題行為出現的頻率。

參、設定行為支持計畫

做好了行為分析，接下來則是運用團隊合作，針對幼兒的行為功能、個人與環境互動等問題，提出一套有效的行為支持計畫，可邀請老師及家長共同針對幼兒的行為問題，擬定一致性的處理策略，幫助幼兒發展出可被大眾接受的行為替代方案，改變、減少不良的行為，甚至讓不良行為完全消失。作法為根據行為前項及行為本身設定具體明確的行為矯正目標及時間表，下列例子乃根據行為前項「當同學不小心碰到他時」，設定「當同學不小心碰到他時，能告訴老師」的目標，而不用打人的方式，以進行行為改變的計畫。目標行為評量表，如表13-3所示。

● 表13-3　目標行為評量表

幼兒姓名：_____　　紀錄者：_____

時間／作息	行為前項	行為	正確	錯誤	協助	無反應
大團體時間	當同學碰到他時	能告訴老師				

行為支持計畫還包括重新調整可能引起問題行為的情境因素，例如：在戶外場，同學肢體碰撞容易引發特殊幼兒的情緒爆發，老師可事先安排空間以免引起碰撞，如分批去戶外場玩。此外，依幼兒能力訓練適當行為「替代」問題行為，並透過示範、練習、增強策略給予幼兒正面回饋、肢體或語言提示、遊戲團體、角色扮演、個別輔導等，必要時召開個案研討會。

除了提供正向行為支持外，處理幼兒行為問題時，尚須遵守下列指導方針：

1. 管理須一致，不分特殊及普通幼兒：在做行為管理時，對每位幼兒的管教態度應一致，不能因為是特殊幼兒就給予特殊待遇，即使是特殊幼兒也不允許打人的行為。特殊幼兒由於語言表達能力較差，不懂得如何與人溝

通，常會出現攻擊行為，老師除了矯正其行為外，更應讓每位幼兒知道打人行為是不對的，打人後老師一定會公平處理。

2. 教導及獎賞幼兒適當行為：當幼兒做出適當行為時給予慷慨的讚美及獎賞，獎賞可以是物質或口頭讚賞、微笑和輕撫，但要即時給予和持之以恆才會有效果，並確切指出哪些行為是被稱讚的，例如：「謝謝你先舉手再回答問題」，當幼兒拒絕舉手，可以試著讚美另一個願意舉手的幼兒。

3. 切勿對不當行為給予關注或妥協：有些幼兒是為了要吸引老師注意而故意搗亂，所以如果老師一直制止幼兒的行為，反而達到了幼兒的目的。

4. 找出幼兒發脾氣或不合作的原因，例如：

   • 身體不適或感到不安：幼兒如果真的身體不適，應盡快為他們尋醫診治，如果是不適應某個環境，應先讓幼兒安定下來，然後再逐漸帶幼兒接近那個環境。

   • 不明白成人的指示：老師在下達指令前先引起幼兒的注意，讓幼兒重複老師的指令並輔以示範或說明，以確保幼兒都明白老師的指令。

   • 自己喜歡做的活動給終止了或被要求做一些不喜歡的事情：預先讓幼兒知道活動時間及安排，要改變活動行程之前事先通知幼兒，並給予幼兒時間讓他們適應。

   • 不懂得表達：加強與幼兒的溝通訓練，可利用輔助工具（如手勢或圖片等）。

5. 安排一小段時間做班級間交流，增進不同班級間幼兒的互動。

6. 允許適當的動作與噪音，以使幼兒感到放鬆。

7. 試著使用多元的教學方式：比如影片教學或是增加不同的教學風格、形式，增進幼兒的參與。

8. 將幼兒在校的紀錄給家長，讓家長可以更了解幼兒的行為問題且在家給予實質的幫助，並請家長記錄幼兒在家生活的狀況，以和學校生活對照。

9. 將課程／作息表明確告知、張貼，並讓幼兒了解每日課程計畫及點心、午餐菜單，且確實執行。此外，運用視覺提示（如圖表）讓幼兒知道如何使

用教室設施，如廁所、烘手機、烤麵包機等，這樣幼兒會因他們能控制周圍環境而感到舒適及放鬆。

10. 如果老師忙於處理其他幼兒的問題，可以指派願意提供幫助的幼兒協助。

11. 訓練幼兒當遇見任何狀況時，可以同理對方的想法，接受不同的意見。

12. 建立班級規則並執行：當一個班級有好幾位老師，每位老師的管教尺度不一時，容易造成班級秩序的混淆，幼兒甚至不知該聽誰的。在這種情況下，老師們必須先一起共同訂定班級的規則，也可讓幼兒參與規則的制定，並且將這些規則讓幼兒知道，甚至讓家長知道。可利用視覺提示提醒幼兒班級規則，並示範及說明規則，對遵守規則者給予獎賞，初期頻繁獎賞適當的行為，規則日漸成習慣後，逐漸減弱獎賞強化。

第五節　教師訪談

問：老師有提到說會讓普通幼兒去協助特殊幼兒，大部分的幼兒都可以勝任。那難度比較高就要老師自己來，所謂難度比較高指的是什麼？

答：會跑來跑去的，又人高馬大的，其他幼兒根本抓不住他呀。或是有攻擊性的，幼兒牽他就被搗的，根本不敢讓幼兒去帶他，就自己來帶。

問：那會不會讓普通幼兒去教他？

答：會呀，可是我要澄清一點，我們讓普通幼兒有這個機會，可是我們不希望給他太大的壓力。當普通幼兒跟我說他不願意的時候，我不會勉強他，可是我一定會問他為什麼？有些幼兒他玩得很高興，就不願意去帶特殊幼兒，這種時候我就不會去勉強他。當然我們會用一些鼓勵的方式，讓他們願意去。有些幼兒蠻願意去，因為榮譽感。有時候我們會稱讚某個幼兒很好的時候，他們也會覺得自己有這個能力。但是因為這件事情讓幼兒有挫折感，就不公平了，我覺得尊重特殊幼兒的時候，也要去尊重普通幼兒的權益。

問：那如果教特殊幼兒的話，對普通幼兒來說，這會不會太難了？

答：程度比較好的，就會給他可能難度比較高一點的特殊幼兒，或是說，程度已經可以跟他一起搭的特殊幼兒。因為普通幼兒也有程度比較差一點的，我們可能讓他去教特殊幼兒，程度跟他一樣的，他根本就不會教了，對不對。所以還是要篩選一下。

問：主要是一對一嗎？

答：對。基本上都是一個帶一個。

問：會不會兩個普通幼兒帶一個特殊幼兒？

答：會。但絕對不會說一個普通幼兒去帶兩個特殊幼兒。

問：會不會發生說，你請一個普通幼兒幫忙帶，然後另一個說，我也要？

答：會呀，就一起囉。

問：會不會說另一個說我也要，原先那一個就跑去玩了？

答：會呀，無所謂啦，要玩就去玩啦！

問：會讓普通幼兒去協助特殊幼兒嗎？

答：有一個好方法，就是當他們的小老師，一個照顧一個這樣。大部分的幼兒還是可以啦，只是有一些幼兒比較難照顧的時候，就變成要我們自己來做啦！因為有時候可能普通幼兒會說：「老師他都不聽我的」、「老師他打我」。

問：那請普通幼兒去幫忙的時候，會不會有一些爭執呀？

答：會呀！因為有時候普通幼兒他也不願意呀！

問：哪你怎麼樣讓他願意？

答：那我會看，看他有沒有完成自己的工作。通常幼兒如果完成，很無聊的時候，他們都會願意。那如果幼兒還沒有完成，我通常都不會讓他們做這些事情，通常幼兒都是很願意的。我覺得比較多的時候是他沒辦法協助這個幼兒的時候，例如：向老師告狀他打我的時候，他就會比較沒辦法幫忙，我比較少聽到幼兒說沒有辦法做這方面的訊息。

問：那是已經安排好的，一個配一個，還是說臨時你去幫誰？

答：基本上，我都會在心裡想好誰配誰，因為有時候幼兒會挑耶，那我就會讓他們在一起，可是有時候說真的很難免，可能他這個好朋友還沒完成工作呀，

　　那我就會做更換，所以也不一定是完全固定的，但大部分都是有固定啦。

問：那普通幼兒會不會欺負特殊幼兒呀？

答：其實我覺得互相啦，互相欺負來欺負去（笑）。因為這種情形我不會把它當作普通幼兒欺負特殊幼兒，就是說幼兒之間的爭執啦！處理上就是一視同仁。

問：就是你的態度是一樣的？

答：對對對，我覺得幼兒所謂欺負來欺負去，是難免的。

問：普通幼兒協助特殊幼兒，大部分都是操作的時候嗎？

答：大部分的時候都是操作，然後協助帶去哪裡。有時候可以在幼兒的身上看出老師的影子，所以就像老師常用的一些指導語，我們也發現幼兒也會，假如說我現在派甲照顧乙，甲有可能會用我們的語氣跟方法去教導。我覺得蠻好的一點，可以看到自己有沒有要改進的地方。

問：他們會主動幫忙嗎？

答：主動的話，我覺得跟每一年的幼兒特質有關係。像我教這麼多年，有一年真的不用我講耶，特殊幼兒他們自己也蠻樂意的，那一年讓我不用擔心什麼，可是也只有一年啦！說真的，也只有那一年很奇怪，那些幼兒都非常的樂意、非常的主動。

問：你會要求幼兒主動幫忙特殊幼兒嗎？

答：對，我想這不是我期望的，我比較希望他們是從心裡面很願意去幫助別人。

問：那你會用什麼樣的方法？

答：開學的時候，會跟幼兒講說，有些幼兒可能比較希望人家幫忙，譬如說，有時候幼兒會欺負其他幼兒，我們剛好看到這種情形，就會拿出來討論，有時候就是在講故事呀，角色扮演呀，課程裡面把它帶進去，我們會去顧慮到幼兒的自尊心，那我們私底下就會去處理。如果發現情況很嚴重，或已經變成多數的時候，我就會調整我的課程，或者是更換我的課程。假如說我下禮拜說故事的時候，會故意說這方面的故事，我不會說這個幼兒是誰，我儘量不要教條式，譬如說，希望怎麼樣會更好，故事裡面的角色怎麼樣，就是把我

們的訊息傳遞給幼兒。在小組裡面的時候呀，比方說認知的部分或語言的部分，就會故意設計學習單呀，在小組裡面討論，然後再發表。像這種欺負的問題，如果太嚴重我就會跟家長溝通，看是什麼原因，如果說他是保護自己而反抗的話，可能跟他講說可以換個方法呀，如果是真的存心欺負的話，當然就是另當別論。所以說是看幼兒背後是怎麼樣的原因。

問：那效果怎麼樣？

答：以目前來講，大部分的問題都可以解決。

問：有遇過幼兒攻擊其他幼兒的情形嗎？

答：特殊幼兒有攻擊行為的時候，通常花的時間會比較長。當其他幼兒被打太多次以後，或他的那種力道會沒有辦法去控制時，我會比較擔心的是這個問題，也不知道怎麼去向家長交代。

問：所以在常規方面一視同仁，可以這麼說嗎？

答：有些幼兒不高興就會有攻擊性嘛。我有問過普通幼兒，哪些特殊幼兒，班上同學比較不喜歡跟他玩，很多的答案就是具攻擊性的幼兒。有攻擊性的幼兒，覺得其他的幼兒都會怕他啦。其他的問題就還好，幼兒會跑掉的啦、髒髒的啦，都還好，都不介意。對老師來講，困擾就是，有些幼兒就會不見了，難免要老師去找，普通幼兒就沒辦法顧到。以普通幼兒來講，普通幼兒也會有些壞習慣，特殊幼兒也會模仿。對我來講，他們都是很特殊的個體，所以我一直很尊重每位幼兒的想法跟看法，教每位幼兒也會有不一樣的方法。

問：那會不會發生普通幼兒覺得說，老師的標準不一樣？

答：嗯⋯⋯，我覺得這個狀況還好耶，因為我們的幼兒都很聰明，他們都知道特殊幼兒的狀況跟他們不一樣。我們在處理行為問題的時候，不管他們是特殊幼兒還是普通幼兒，幼兒自己也很清楚。有些普通幼兒還會幫他們求情，「老師，他們不懂啦」、「老師，他們怎麼樣怎麼樣」。其實蠻感動的啦，我們還是要跟他們講，還是要讓他們知道打人是不對的。

問：所以沒有什麼太大的爭議囉？就是不公平呀什麼的？

答：對呀，就是曾經有發生呀，經過我們的解釋，幼兒好像都很能夠接受，其實學前幼兒的彈性也非常大，遇到這種不公平，他們自己也會去消化，也會幫忙老師說話。有時候覺得他們也真的很可愛！那同儕的影響真的很大！

問：所以可能不只是老師，連幼兒大概也有這種概念，對不對？

答：大部分都有一些概念，應該這麼來講，我們不會很強調幼兒的特殊性，可是有時候幼兒自己會觀察到，其實幼兒的觀察比我們更敏銳，幼兒他們自己會去分辨；我們會跟他們講說特殊幼兒不是故意的，其實他真的不是故意的，他們下次自己就會分辨他到底是不是故意的。所以當幼兒覺得他受到不公平待遇的時候，他會強調說，對方真的是故意的，當知道對方不是故意的，他大概就會算了，因為我們會在他面前處理掉，然後問說：「ok，你滿不滿意？」有時候，幼兒還是覺得不滿意或不公平的時候，我們還是會把當事者都叫來，讓他們自己去說嘛，讓他們自己去協調，我會告訴他們：「你們自己協議之後，要告訴我們，你覺得怎麼樣是公平？」我是不很確定他們心裡是不是完全百分之百的ok了。可是對大部分的幼兒來講，他們可能為了要玩，或是說「啊！好，我這樣子就算了」，或是「啊，老師已經注意到這件事情了」，通常我覺得就這樣子，他們大概就去玩了，很快就忘記這件事情。

問：有沒有碰過真的沒有辦法處理的行為問題？

答：就像我剛剛講的，要看情況，只要沒有影響到班上的話，我覺得其實沒有很大的關係耶。

問：這是你們班的共識，是不是？

答：對。剛開學的時候，幼兒會說，那個誰誰誰離開位置，久了，幼兒習慣了，除非他發出很大的聲響，大家都會看一下，嚇一跳！他在遊走的時候，我們都有協助的老師嘛、保育員呀或者義工媽媽，如果那些人剛好都不在的時候，就邊走到那個幼兒的身邊，邊把他帶回來，就是這樣子，不要說就是沒有人看到、沒有人照顧這樣。

問：那其他的幼兒會不會講，比方說你剛剛講的「啊，誰沒有坐好哇，誰在那邊

走來走去呀」，告狀呀？

答：這難免還是會啦，幼兒園的幼兒真的很會告狀（笑），我會跟他講說，可能他今天不舒服呀，讓他走一走，然後趕快把他們的注意力再抓回來。

問：情緒上面？

答：情緒上或是攻擊行為。我會問家長啦，有時候是他在家裡就已經把情緒帶過來，那又不會講，他一整天都發脾氣、打人的時候，那一天我可能就會要求家長陪著。

問：情緒上的事，你會用什麼樣的方式，可能就是去跟家長溝通，你還有用過什麼樣的方式？

答：我會看那時候的狀況，幼兒可能因為他身體不舒服，或是有時候他拿到東西就一定要了，我不給他的時候，他可能情緒就來了。我曾經用一個方法，我先把他放到比較遠一點，因為他情緒一來就打人，在座位安排的時候我會把他隔遠一點。有時候我東西會先給他，我不先給他的時候，我會先知會他，先跟他說等一下，他還是沒有辦法控制的時候，我會故意先抱著他，我就是會跟他聊聊天，讓他緩和，那是在我覺得有空的時候。只有一個老師的時候，沒有那麼多時間，我們會跟家長講說，一些攻擊性的幼兒，有時候要請他自己去照顧，因為我一處理，其他幼兒就沒有人照顧，尤其情緒不是說結束就結束的，這樣子。

問：老師上次講說，有時候特殊生會造成教學的困擾嘛，老師有舉例是攻擊性的行為，還有沒有其他的例子？

答：如果是造成團體的困擾的話，我是覺得攻擊性，還有就是會離開位子，一直跑掉。變成說我們要去照顧這個小孩。還有一個，就是哭鬧得很大聲的，有時候幼兒也沒辦法上課。

問：那你上次有提到攻擊性的，處理的方式就是課程的安排、教具晚點發，還有請保育員來協助。那老師剛剛提到跑掉的，或是動機比較弱的，你會怎麼處理？

答：一直跑掉的，其實他跟攻擊性的幼兒是差不多的。那我會把他放在我旁邊，

我一隻手就可以抓得到的地方。

問：把他撈回來？

答：對，不然他一下子就跑掉了。一樣是座位的安排，有時候就只好抱著他，有時候就真的只好請保育員。我們會拿他喜歡的東西，讓他先玩一下，我們先處理其他的幼兒之後呢，再回來跟他講。至少讓他先不要跑。那哭鬧得很大聲的，我們也事先安撫他，或是請其他老師協助。

問：動機比較弱的？

答：那動機比較弱的，是比較困擾的，因為那種是幼兒的問題。我儘量去找到他的增強物，然後用那個去吸引他，去拐他。抓住幼兒最喜歡的東西是最重要的。因為外在的東西對他來講不是那麼重要，我試過，像是座位啦，都沒有效。那最有效就是找到增強物，用增強物去拐他最好。我覺得這種幼兒比較容易被忽略。

問：就讓他能加入團體？

答：對，就像他愛吃，那我就把吃的擺在我旁邊，如果他肯操作了，我就給他吃一點，吃的就會慢慢減少。有些人愛玩車子，那我就會把他放在旁邊，你操作完一個部分，我就給你玩一下車子。像有些幼兒不愛吃，又不愛玩車子，就比較傷腦筋。有些幼兒比較在意老師對他的看法或是鼓勵。前一陣子，我會畫一個表格，就是針對他的主動性，假如說，老師問話會回答，或是他會主動問問題，我就給他一個圈圈，他就很高興。他不愛吃也不愛玩，可是他喜歡那個圈圈。兩個禮拜，就看到一些成效了。我覺得最重要就是要花時間觀察這個小孩，我不是很喜歡那些立即的改變，我希望他是從心來改變，而不是因為怕老師才去改變，這不是我想要的。我希望他在任何老師面前，或是任何情境都可以做改變，不是只有在我面前很乖，在別人面前不乖，對我來講都是失敗的。

學前融合教育
——理論與實務

第十四章

認知及語言技巧訓練

　　認知先於語言，在教語言前要先教認知。什麼是認知？認知在心理學中是指，透過形成概念、知覺、判斷或想像等心理活動來獲取知識的過程。知覺是在感覺的基礎上產生的，沒有感覺，也就沒有知覺。感覺是以生理的作用為基礎的簡單心理歷程；知覺則純屬複雜的心理歷程。人們透過感官來感覺（包括視覺、聽覺、嗅覺、味覺和觸覺）及接收訊息，並將接受到的感覺訊息傳到認知中心，在人腦中形成對事物的個別屬性和特性的反應。知覺能力指的是有意義的感受，知道你的感覺是什麼。知覺是指將感覺訊息加以統整、解釋的心理活動（動機、態度、情緒）歷程，例如：透過鼻子（感官）聞到味道（味覺），此時知覺將資訊與我們過去所累積的經驗連結，讓我們知道是什麼東西的味道。認知則是透過知覺過程，獲得和運用有關世界知識的能力。學習則是將知覺過程導向概念形成和行為改變的動態過程。認知發展到較高層級，即出現邏輯性思考，邏輯性思考顯示了概念性技能。

第一節　促進認知發展

　　瑞士心理學家Piaget認為，嬰兒的思考只能透過嘴、手、眼等感覺動作的預測與期待而了解外在的世界，也認為幼兒的認知是沒有意識及自我知覺，亦不會使用符號，屬符號前期、表徵前期及反射前期的感覺動作智能。當幼兒出現接收、處理或回應感官訊息能力損傷時，在認知發展上較易出現遲緩的情況。

　　Piaget堅信兒童彼此之間，以及兒童與成人之間的合作與互動關係，對兒童的認知發展具有影響力。他強調幼兒與環境的互動，所有幼兒皆可利用環境中的學習機會，利用日常生活中所見所聞來建立其認知概念。學習則是一種主動參與學習的結果，在學習過程中教師只是個輔助者，兒童才是主動學習者。Piaget建議培育幼兒形成概念、思考推理與問題解決之能力，先教導下列概念：

1. 配對：
   (1)同質配對：是指配對相同的東西。
   (2)異質配對：是指配對相關物品。

2. 分類：
   (1)比較異同：比較兩件物體相同與不同的地方。
   (2)分類：從一堆圖片中找出與指定圖片相似的圖片。
   (3)分類方法：找出一種方法，將一堆物品分成幾類。
   (4)多重分類：了解同一堆物品可以有多種分類方式。

3. 知覺共同關係：
   (1)找出一對一的對應關係。
   (2)了解日常用品的數目與單位的關係。
   (3)數的集合：把一堆東西分成兩個一組、三個一組……。
   (4)比較部分與全部的關係。

4. 了解因果關係：
   (1)從結果推測可能的原因。
   (2)從原因推測可能的結果。
   (3)從事件判斷兩件事情之間是否有因果關係。

5. 序列：
   (1)順序、倒序：數的順序、倒序。
   (2)長度序列：依長度排出序列，並能了解長短。
   (3)時間序列：依照時間先後排出圖片。

6. 量保留概念：

(1)提供幼兒度量、測量的工具與機會。

7. 圖形空間：

(1)辨識圖形：認識基本形狀，了解形狀和大小、顏色無關。

(2)辨識空間地理位置：上下、前後、裡外、左右、遠近、距離。

Fewell與Sandall（1986）認為，特殊幼兒課程應強調幼兒如何學習和發展，強調學習的過程，而非只著重於幼兒學了什麼，建議如下：

1. 使用可吸引並維持幼兒興趣的教材和活動。

2. 利用語言作為認知的工具，用語言測試認知學習的情形。

3. 詢問幼兒具挑戰和成就感的問題。

4. 允許透過發現來學習，並讓幼兒選擇學習工作。

5. 課程必須幫助幼兒能從具體事物進步到符號層次的分類、空間和數量，以及系列化操作等概念。

6. 這些概念可能成為早期療育方案活動的焦點，教師亦可根據相同的原則來組織教材。

　　感覺調節異常的幼兒對感官刺激可能出現過度反應或忽略該刺激的情形。中度到重度感覺調節異常的嬰幼兒，在學齡前階段出現知覺、語言、感覺統合，以及行為和情緒等問題的機率很高。早期鑑定出幼兒的感覺調節異常很重要，如此父母和專業人員才能及時針對問題執行療育計畫，以預防這些問題惡化，此通常可透過父母的訪談和幼兒的觀察來取得相關資訊。

　　自閉症伴隨自閉症和其他廣泛性發展異常的幼兒，常常難以對感官刺激做出適度反應，出現的異常情形包括：感官刺激的接收、調節和回應。舉例來說，有些自閉症幼兒對於感官訊息出現不夠敏感的心理反應，但在觸覺、味覺、嗅覺、動作、視覺和聽覺等回應上則出現過度的行為反應，例如：輕輕碰他時，他會以為有人打他。自閉症幼兒常出現的自傷行為被認為是嘗試溝通遭受挫折的反應，亦可能代表著幼兒無法處理訊息導致感官不適的情況。自閉症幼兒常出現處理感官刺激困難，改善感官輸入之接收、調節和適應的感覺統合治療已被視為一種療育之取向（Miller, Reisman, McIntosh, & Simon, 2001）。Case-Smith與Bryan

（1999）發現，接受感覺統合療育的學齡前自閉症幼兒之無意義行為會減少，且目標導向的遊戲會增加。

第二節　教導語言的原則

　　首先要了解語言發展的階段，正常語言習得的階段包括下列幾項：

1. 前語言和呢喃語階段。

2. 單字詞階段。

3. 早期字彙的結合。

4. 數個文字的結合。

5. 簡單句子結構。

　　「魏氏比象徵遊戲檢核表」將遊戲及語言發展並排，認為促進象徵性遊戲可同時提升語言、閱讀和問題解決能力（Westby, 1991）。「魏氏比象徵遊戲檢核表」中語言部分的檢核表如下：

第一階段（9至12個月）

　　沒有真正的口語，須用肢體語言來表示：

　　□要求□下命令

第二階段（13至17個月）

　　用單字來表達下列語意：

　　□要求□回答□下命令□招呼□拒絕命令

第三階段（17至19個月）

　　利用單字表達下列語意：

　　□物品存在□物品不存在□拒絕人物□拒絕物品□拒絕地點

第四階段（19至22個月）

　　可以牽涉到當時不在場的人或物，使用比較複雜的語句，例如：

□人物+動作□動作+物品□人物+物品□動作+地點□物品+地點

第五階段（24個月）

□用比較複雜的句子來表示第四階段的語句

第六階段（30個月）

回答下列問題：

□什麼□誰□誰的□在哪兒□做了什麼□會問「為什麼」，但通常不會正確回答「為什麼」的問題

第七階段（3歲）

□知道過去式與未來式

第八階段（3至3.5歲）

□會與洋娃娃自言自語，或獨自使用間接式請求，例如：媽媽讓我吃餅乾的，不是我自己要吃

第九階段（3.5至4歲）

□知道如何回答「為什麼」的句子

知道用未來式連接詞，例如：□可是□假如□因為

第十階段（5歲）

會用與順序有關的連接詞，例如：□那時□何時□第一□下一個□最後□前□後

　　語言可增進幼兒控制環境的能力，幼兒如果不能說話，就無法與人溝通，甚至只能透過行為來溝通自己的意圖。教導語言可分為教導性和幼兒引導取向，教導性取向為直接以高度結構化方式，例如：使用行為分析原則，如增強、塑形、鏈結、消褪、示範、提示等技巧，提供楷模、模仿和延伸來教導語言，在教導自閉症或嚴重發展遲緩幼兒語言時，多半使用教導性取向。記憶力在語言習得上扮演重要角色，幼兒必須在記憶力中形成並保留視覺影像，或將所見事物轉換成聽覺符號才會記得；有效地組織看到及聽到的事物及語言複誦，對於記憶力和取用資訊的過程頗有助益。注意力異常的幼兒由於無法專心，常在語言發展上出現困

難，比如伴隨選擇性注意力問題的幼兒常有語言問題，且會衝擊其人際關係。

幼兒引導取向為藉由重要之照顧者的引導，而在自然情境中學習溝通技巧。父母是幼兒的第一個語言教師，當幼兒伴隨著明顯的語言障礙或當幼兒沒有發展語言時，父母可以學習增進幼兒溝通能力的策略。自然情境是早期語言學習的關鍵要素，父母可以結合多專業團隊，採用以遊戲為基礎的療育方案在自然情境中教導幼兒語言。社會互動是溝通發展的關鍵要素，對伴隨著最嚴重障礙的幼兒而言，融合的環境能提供模仿能力較佳的同儕及與他們互動的機會，對改善特殊幼兒的認知、語言和社交技巧非常有幫助。語言療育方案的原則如下：

1. 使用全面性評量結果，了解幼兒的語言現況。

2. 發展增進社會互動的活動。

3. 讓活動變得有目的性，以增進幼兒語言發展。

4. 使用自然情境。

5. 教學搭配不同領域。

6. 善用自然機會教學。

7. 以舊經驗為基礎，發展新的詞彙。

8. 深入地教導字彙。

9. 讓語言的經驗變得很有趣。

10. 教學中應使用完整的句子，以達延伸語言之效。

第三節 如何在教室教語言

某些有關語言治療的文獻都提到，語言治療最有效的方式並不是只利用一天中的某一段時間來教或是治療，而是將教學融入生活中，隨時隨地的教。語言矯治的最終目的是教導幼兒自發地使用語言，並且在自然環境中、日常生活情境中製造語言發生的機會，增加社會互動的機會，學會如何與人溝通。由於語言治療的情境和日常生活完全不同，所以在語言治療時習得的語言不見得能應用到日

常生活情境中，所以日常生活必須給予學前階段語言缺陷幼兒很多練習語言的機會，使語言自然發生，並且能類化到不同的情境。

在幼兒園的學習情境中，要把語言溝通的目標融入整個教學過程及每項活動當中，並不是一件容易的事，它需要仔細的計畫，並且分析現有的課程，還要老師間通力合作，並且建立有效的資料蒐集系統。以下是如何把語言及溝通的目標融入學前教育課程的程序。

壹、界定語言及溝通的目標

界定目標的方法有很多種，最常用的方法是使用一些標準參照測驗或效標參照測驗來評估幼兒的語言發展狀況，以為教學之參考，如「學前兒童語言發展量表」或一般的發展量表，只要其中含有語言之評量項目都可。另外一種界定目標的方法較偏向功能取向，目標選取是經由仔細觀察幼兒語言的缺失，再決定哪些技巧需要加強，通常會將幼兒在周遭環境中與人溝通時最需具備的技巧（或者稱為功能性技巧），優先列為教學之目標，這些目標將有助於幼兒對周遭環境之控制。因此，在教導溝通技巧時，必須先考量哪些話是幼兒最常用到的，例如：吃的食物及「還要」是最常用到的，幼兒必須學會和吃有關的語詞才能滿足自己的需要。家庭和學校是幼兒生長及學習過程中最重要的兩個環境，在學習語言的過程中，必須父母及老師共同配合才能達到既定的目標。

貳、自然環境教學法

蘇盈宇（2003）認為，自然環境教學法是運用生活中自然發生的情境來做語言教學上的介入，以提升幼兒自發性語言，並期待能達到在不同情境類化的效果。自然環境教學法包括示範（model）、要求示範（mand-model）、時間延宕（time delay）、隨機教學（incidental teaching）等四種方法。四種教學技巧的基本定義如下：

1. 示範：由成人說出想讓兒童模仿的單字、慣用語或句子，要兒童模仿部分

或全部發音；一般用於教學活動的起始階段，以教導幼兒學習新的知識。

2. 要求示範：為一個師生互動的模式，由成人提出問題，例如：「你喜歡什麼顏色？」或不完整的句子（如「我要吃⋯⋯」），需要兒童表現非模仿的口語反應。

3. 時間延宕：延宕指的是老師先讓幼兒開始做一部分工作後再給提示，此種方法即是延宕策略，可用於幫助幼兒自發性的表現及口語的反應。時間延宕意指教學者在教學過程中，採取漸進式或系統性的方式延長提示出現的時間，使幼兒最後能在不需協助的情況下，正確反應目標行為。當幼兒不能在預先提供的時間之下完成目標，大人便要提供口頭上、肢體上或者兩者的協助，例如：母親在給予提示「請說：『還要』」之前等待5秒鐘，並且以5秒鐘為單位去延緩提供提示的時間，直到幼兒回答「還要」或「不要」。提示過程中逐漸增加等待時間，以允許幼兒最終能在不需提示的情況下獨立正確反應。

4. 隨機教學：指在非結構的情況下，成人與幼兒之間自然產生互動，並由成人藉此互動傳達新資訊，或提供幼兒練習機會，以增進其溝通技巧。隨機教學可利用自然環境中的任何時間、任何地點，來訓練語言障礙者功能性溝通技巧。

參、選擇最合適的模式

語言治療師在進行語言治療時，通常可分為教室內及教室外兩種情境，其教學方式可以是密集式或是採取隨機方式進行，至於內容可分三種方式呈現：

1. 語言治療的內容和自然情境中相同，例如：在語言治療時，老師手上拿一個娃娃，問幼兒說：「它是什麼？」幼兒回答：「娃娃。」在教室中，老師會把娃娃擺在娃娃角，當幼兒在自由遊戲時，老師也會給幼兒機會練習已學會的語詞，亦即語言訓練的情境和教室一樣。

2. 在自然情境中所教的，必須等到幼兒在語言訓練時已學會，才會在日常情

境中出現。

3. 所有的教學都是在自然情境中進行。

至於哪一種模式較適合幼兒，應考慮幼兒本身的特質以及哪一種情境最適合幼兒學習而定。如果幼兒在教室情境中有很多機會可以學會某種技巧，且不需老師給予太多的指導，那麼幼兒就不需安排特殊的治療課程。在這種情況下，一些日常的作息（如點心時間、角落時間），都可把語言的目標安排進去。

肆、把語言的目標融入其他教學目標中

語言的目標很少是單獨存在的，通常可以和認知及動作等目標結合，而在一般幼兒園的課程中，有很多活動是為了訓練大動作及精細動作技巧而設計。根據Piaget的認知發展理論，在感覺動作期（0至2歲）階段，經由感官動作的協調，動作技巧的訓練將有助於認知能力之發展，而認知的發展可奠定語言發展之基礎，因而將語言的目標融入動作技巧課程之中是很自然，且有助於幼兒的學習，例如：在日常的教學情境中，當老師拿出一些玩具（如樂高積木）時，幼兒必須表達出他想玩的意願，並且說出是什麼東西，老師才讓他玩玩具。老師在和幼兒玩的過程中需要不斷引發幼兒講話，藉此了解幼兒語言的表達能力，在一起玩的過程中同時達到語言及動作的目的。語言和動作目標結合之實例，如表14-1所示。

● 表14-1 語言和動作目標結合之實例

活動名稱	語言／動作目標	對話實例 （C=小孩，T=教師）
障礙賽	1. 徵求同意使用運動設施 2. 遵從指令 3. 命令他人做動作 4. 描述自己和他人的動作 5. 了解介系詞 6. 了解空間關係 7. 理解及表達關於速度、時間、距離和高度的關係	1. C：「我要跳墊子。」 2. T：「跳到溜滑梯旁邊。」 3. C：「上下跳動。」 4. C：「我正在走。」 5. T：「繞著那個箱子跑。」 　 T：「站在那個箱子上面。」 6. C：「我在這裡，小明在哪裡？」 7. T：「那個溜滑梯離這裡近，還是遠？」

● 表14-1　語言和動作目標結合之實例（續）

活動名稱	語言／動作目標	對話實例 （C=小孩，T=教師）
畫人	1. 整理、分類、配對 2. 要求同意使用某些物品 3. 描述自己和他人的動作 4. 了解事物之屬性，如顏色、大小、形狀 5. 指認左右手	1. T：「把大蠟筆放在這裡，小蠟筆放在那裡。」 2. C：「我要一顆小珠子。」 　 T：「給我看那些貼好珠子的圖片。」 3. C：「我正在塗顏色。」 4. C：「我正在做一個小綠球（黏土）和一個大紅球。」 5. T：「用你的右手拿起那枝蠟筆。」
準備食物	1. 描述物品之特徵（大小、顏色、形狀、溫度、味道、時間、速度、質地） 2. 指名要求一些物品 3. 描述自己和他人的動作	1. T：「做一個圓餅。」 　 C：「檸檬嚐起來是酸的。」 　 C：「那杯果汁是冷的。」 2. T：「再給我一些糖！」 3. C：「我們正在做出圓的餅乾。」

伍、教導一些功能性的語言和技巧

　　語言通常分為理解與表達兩部分，語言的理解先於表達，幼兒如果無法理解語言代表的意思，表達將是無意義的。表達性語言通常又可分為兩種性質：(1)描述性，例如：描述看到的事與人分享；(2)功能性，例如：肚子餓了，說出想吃的感覺。在教學時，老師必須不斷提供一些訊息，不斷給予幼兒表達的機會，重複幼兒說的話，用較複雜的語言描述及延伸幼兒說的話，例如：當幼兒說要喝水時，可以說這杯水是冷的，也可以再問幼兒要不要換一杯熱水，以擴展幼兒的知識及字彙。

　　在教室情境中，為了讓幼兒及老師之間能產生互動，常常需要一些基本的語言表達技巧，這些包括：

　　1. 表達需求：如請求協助、要求別人給予東西，或是請求別人告知一些消息等。

　　2. 表達及描述感覺和情緒：如表達不愉快、描述自己或他人的經驗、與他人

分享。

3. 使用一些基本的語言概念：如大小、形狀、數量、位置、時間、顏色、身
   體部位。常用的語言概念，如表14-2所示。

● 表14-2　常用的語言概念

I物體	II身體部位	III顏色	IV形容詞	V數量	VI位置
1.球	1.嘴	1.紅	1.快樂	1.一個	1.上
2.積木	2.眼睛	2.藍	2.傷心	2.二個	2.下
3.卡車	3.鼻子	3.黃	3.大	3.三個	3.左
4.書	4.腳	4.綠	4.小	4.四個	4.右
5.音樂盒	5.頭髮	5.紫	5.熱	5.五個	5.裡
6.娃娃	6.手	6.橙	6.冷		6.外
7.車	7.耳朵	7.粉紅	7.漂亮		7.中間
8.推車	8.頭	8.棕	8.髒		8.旁邊
9.拼圖	9.手指	9.黑	9.壞		
10.房子	10.腳趾	10.白	10.乾		
11.盒子	11.胃		11.濕		
12.餅乾	12.背		12.老（舊）		
13.牛奶	13.膝蓋		13.新		
14.水	14.牙齒		14.藍色的		
15.果汁	15.腳跟		15.快		
16.冰淇淋	16.手指甲		16.打開的		
17.蛋糕	17.頰		17.長		
18.杯子	18.手肘		18.短		
19.盤子	19.頸		19.軟		
20.湯匙	20.腳踝		20.硬		
21.襪子	21.舌		21.關上的		
22.襯衫					
23.褲子					
24.帽子					
25.桌子					
26.椅子					
27.肥皂					

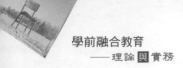

● 表14-2　常用的語言概念（續）

I物體	II身體部位	III顏色	IV形容詞	V數量	VI 位置
28.牙刷					
29.牙膏					
30.垃圾桶					

4. 回答問題：老師在帶活動時，給予幼兒回答問題的機會，可以讓幼兒單獨
回答，或是讓整組的、整班的幼兒一起來回答。

5. 問問題：教導幼兒如何提出問題，當幼兒問問題時，老師要試著引發幼兒
思考，不要馬上提供答案。

6. 開始、回應及維持社會互動：如注視及傾聽別人談話，或是主動發起談
話，維持談話一段時間。

陸、老師的工作

老師的工作是安排語言活動及環境，透過講故事、扮演等語言活動，鼓勵幼
兒自發的表達、使用材料。訓練幼兒說話的場所並不局限在治療室，教室中仍有
很多機會可以引發幼兒說話的機會。在學前融合的班級中，老師的工作是強調幼
兒之間的相同性，要教導幼兒如何與同儕互動、對話，提供特殊幼兒有意義的對
話內容、解釋語言的意義。老師除了製造幼兒練習說話的機會，還要教導幼兒微
笑、輪流及分享，邀請幼兒參與活動，發起及維持社會互動。老師教學的工作繁
重，最好的方法是事先分配每位老師的工作，事先計畫好一天中每位老師負責訓
練的內容，並將其列在「語言訓練計畫表」中，確實執行語言的目標，例如：在
幼兒到校時，有一位老師負責和幼兒打招呼，藉此訓練幼兒一些基本的問候語。
這個計畫表亦可做為記錄幼兒的語言表達之用，平常可以在教室「語言角」的牆
上貼上一張語言訓練計畫表及一枝筆，隨時記錄幼兒的語言表達情形。語言訓練
計畫表，如表14-3所示。

● 表14-3　語言訓練計畫表

幼兒姓名	地點／時間	老師姓名	目標	一	二	三	四	五	六
			1. 進到教室會說早安 2. 會向同學問好 3. 會說出今天的天氣 4. 會說出今天的點心 5. 會回答問題 6. 會說出故事的名稱						

柒、學習評量表

在教導幼兒語言時,亦需不斷觀察及蒐集幼兒的語言反應。在日常教學中,給予幼兒充分表達的機會,讓幼兒有很多機會和同伴或老師產生互動,如此老師就有很多機會可以蒐集到幼兒的語言資料,根據這些語言資料,可以進一步分析哪些語言是幼兒很少說出來的,而將之列為教學重點。語言觀察紀錄表,如表14-4所示。

● 表14-4　語言觀察紀錄表

語言功能	觀察重點
1. 要求想用的東西、動作和事件	1. 東西的名稱 2. 時間 3. 地點 4. 如何表達 5. 反應
2. 打招呼	1. 對象 2. 時間 3. 地點 4. 方式
3. 拿東西給他人	1. 對象 2. 東西 3. 時間 4. 地點 5. 方式

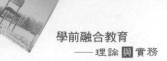
● 表14-4　語言觀察紀錄表（續）

語言功能	觀察重點
4. 展示自己的東西	1. 對象 2. 東西 3. 表達方式（動作） 4. 時間 5. 地點
5. 接收別人的訊息	1. 行為的本質 2. 東西及動作 3. 次數
6. 回覆別人的請求	1. 內容 2. 反應方式 3. 次數
7. 描述物體、動作及事件	1. 動作的名稱 2. 時間、地點 3. 和誰在一起時最易產生這種行為
8. 重複大人的話（部分或全部）	1. 重複內容（部分或整體） 2. 重複誰的話
9. 為別人辯護	1. 辯護的原因 2. 何時何地最易發生

捌、語言的目標必須不斷的修正

　　語言的目標並非一成不變，必須不斷調整，當幼兒達到已設定的目標時，老師可以將目標換到不同情境執行，以求目標行為達到類化的目的，例如：幼兒看到老師甲會說「老師好」，看到另一位老師也要會說「老師好」，接著不只要求會說「好」，還要說出「某某老師好」。亦即語言的目標必須不斷修正，使之變得更精緻、更完整。

　　語言應該是在自然情境中發生，而不是在被人逼迫下說出一些話。教學應和生活銜接，教的東西是幼兒日常生活所熟悉的，再在日常生活中練習，學習才不至於那麼牽強枯燥，語言也才能自然產生。例行活動（如吃點心）是每天都要進行的活動，也是訓練及練習語言的最佳時機。語言目標如能配合日常的例行活動，在各種作息時間製造幼兒說話的機會，例如：吃點心的時候，可以讓幼兒邊

吃邊說，說些和吃點心相關的事，老師也可順便教導和點心相關的詞彙（如食物的名稱），配合情境學習語言，將可達到事半功倍的效果。例行活動中之語言目標，如表14-5所示。

● 表14-5　例行活動中之語言目標

例行活動中之語言目標	對話實例（C=小孩，T=老師）
一、到校和放學	
1. 問候	1. C：「老師早。」「再見。」
2. 稱呼其他小孩和老師的名字	2. C：「羅老師。」
3. 指名要求衣服（當覺得冷時）	3. C：「要外套。」
4. 指稱身體部位	4. T：「讓我看你的手。」
5. 所有權	5. T：「這頂是誰的帽子？」
6. 回憶過去的事件和經驗	6. C：「我坐摩托車來。」「我昨天去郊遊。」
7. 認出貼在掛勾、小櫃子的名字	7. T：「你把外套放在哪裡？」
二、自由遊戲	
1. 指名要求玩具和玩伴	1. C：「我要火車。」 T：「你要和誰玩？」
2. 指出娃娃身上的部分	2. T：「娃娃的眼睛在哪裡？」
3. 描述自己和他人所從事的活動，要求其他人做某些動作或重現某事件	3. C：「我在畫畫。」 C：「請打開它。」
4. 用動作或語言回答「如何做」之類的問題	4. C：「拉這個。」
5. 立即事件和經驗的描述	5. C：「圓圓拿走了車車。」
6. 描述正在進行的事	6. C：「車車拿到積木角。」
7. 預測某些狀況下將發生的事	7. T：「告訴我當你打開那個門時會如何？」
8. 有順序地描述數個事件	8. C：「我先把它放在上面，然後他把它敲下來。」
三、點心時間	
1. 指出食物種類及餐具（如碗、叉子）	1. C：「請給我果汁。」
2. 表達需要	2. C：「我需要湯匙。」
3. 描述自己和他人的活動	3. C：「我正在吃。」
4. 區別食物的種類	4. T：「你吃的東西是水果。」

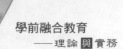

學前融合教育
——理論與實務

● 表14-5　例行活動中之語言目標（續）

例行活動中之語言目標	對話實例（C=小孩，T=老師）
5. 描述一天的事件和經驗	5. T：「我們出去以後做了什麼？」
6. 重現或消失	6. C：「牛奶喝完了。」
四、盥洗時間（休息）	
1. 指名缺少的項目	1. C：「我要肥皂。」
2. 指認空間、位置	2. T：「我們把牙刷放在什麼上面？」
3. 描述下個步驟要做的事	3. C：「沖馬桶。」
4. 要求幫助	4. C：「請你們幫我。」
5. 徵求同意	5. T：「我可以使用剪刀嗎？」
6. 描述物品的性質	6. C：「水很燙。」

　　從上述語言目標融入日常例行活動的實例中發現，只要教師仔細規劃，特殊幼兒的教學目標可自然地配合教學的情境和作息，而不需另外找時間教導、執行這些目標。

第十五章

學前融合班的個別化
教育計畫

在有特殊幼兒融合的普通班級，必須為班上的特殊幼兒訂定個別化教育計畫（IEP）。幼兒剛入幼兒園或每學期初都需進行幼兒發展篩檢，依據幼兒發展篩檢結果，進行相關措施，包括通報、個別化教育計畫。訂定特殊幼兒個別化教育計畫需考量這個計畫與普通班課程是否能契合，也就是要在普通課程的架構下列出特殊幼兒學習的內容。訂好個別化教育計畫後，接下來就是如何讓這個計畫付諸實行。教師可將訂定的目標分工，有些在課堂上執行，有些另訂時間在個別輔導時間執行。

第一節　個別化教育計畫的定義、緣由及法令

壹、定義及緣由

個別化教育計畫（IEP）一詞最早出現在美國於1975年訂定的《身心障礙兒童之教育法案》（亦稱為《94-142公法》）中，法令提出保障3至21歲身心障礙兒童接受免費且適當的公立學校教育、非歧視的評量、個別化教育計畫、最少限制環境、父母參與、法律保障程序等的六大原則。IEP包含下列項目：

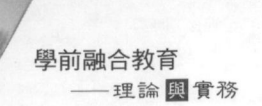
1. 特殊兒童目前的成就水準與表現。
2. 年度目標，包括長期目標與短期目標。
3. 服務提供的模式、內容與期限。
4. 評量的標準與方法。
5. IEP必須每年修訂一次。

貳、相關法令

一、美國相關法令

　　美國於1986年通過《身心障礙兒童教育法案修正案》（Amendments to Education of the Handicapped Act Amendments of 1986）（《99-457公法》），強調從出生到2歲孩子的服務中，家庭扮演了逐漸重要的角色，且提出了個別化家庭服務計畫（IFSP）（李慶良，1999）。對於3歲或3歲以上幼兒所做的計畫稱為IEP，3歲以下所訂的計畫稱為IFSP。個別化家庭服務計畫的內容包括：

1. 基本資料。
2. 早期生活。
3. 父母的擔心及期望。
4. 家庭的長處及需要。
5. 幼兒的現況及需求：
   (1)評量結果。
   (2)現在能力：亦即幼兒在認知、生理、語言、社會、自我協助及適應等發展能力現況。
   (3)需求。
6. 其他需考量的情況。
7. 根據現況，希望提供給家庭及幼兒的服務。
8. 在六個月內欲完成的目標：

(1)幼兒部分。

(2)家庭部分。

9. 短期目標及完成目標的策略／活動、時間、地點、負責人及評量。

郭美滿（2015）比較IEP和IFSP，相似點如下：

1. IEP和IFSP都需擬定長期和短期目標，其長、短期目標都是根據評量所蒐集的資料所擬定。

2. IEP和IFSP皆清楚地記載服務起始及持續的時間。

3. IEP和IFSP皆強調必須在最少限制環境下提供服務。

4. IEP和IFSP皆須提供幼兒下一個生活階段的轉銜計畫。

IEP和IFSP的差別如下：

1. IEP只強調幼兒的教育表現，而IFSP則要求廣泛地記錄幼兒的整體性發展。

2. IEP必須包含確切的短期目標，而IFSP的目標則是較一般性的。

3. IFSP必須每六個月評估一次短期目標，而IEP只要每年評估一次即可。

4. IEP和IFSP的一項重要差異為，IFSP的目標需包括家庭目標，專業人員在為3歲以下幼兒提供早期療育服務時，需考量家庭的資源。

二、臺灣相關法令

除了上述美國法令，臺灣法令也提及了IEP，相關法令如下。

（一）《特殊教育法》第28條

「高級中等以下各教育階段學校，應以團隊合作方式對身心障礙學生訂定個別化教育計畫，訂定時應邀請身心障礙學生家長參與，必要時家長得邀請相關人員陪同參與。」（教育部，2019a）

（二）《特殊教育法施行細則》第 9 條

「本法第二十八條所稱個別化教育計畫，指運用團隊合作方式，針對身
心障礙學生個別特性所訂定之特殊教育及相關服務計畫；其內容包括下
列事項：

一、學生能力現況、家庭狀況及需求評估。

二、學生所需特殊教育、相關服務及支持策略。

三、學年與學期教育目標、達成學期教育目標之評量方式、日期及標
　　準。

四、具情緒與行為問題學生所需之行為功能介入方案及行政支援。

五、學生之轉銜輔導及服務內容。

前項第五款所定轉銜輔導及服務，包括升學輔導、生活、就業、心理輔
導、福利服務及其他相關專業服務等項目。

參與訂定個別化教育計畫之人員，應包括學校行政人員、特殊教育及相
關教師、學生家長；必要時，得邀請相關專業人員及學生本人參與，學
生家長亦得邀請相關人員陪同。」（教育部，2013b）

（三）《特殊教育法施行細則》第 10 條

「前條身心障礙學生個別化教育計畫，學校應於新生及轉學生入學後一
個月內訂定；其餘在學學生之個別化教育計畫，應於開學前訂定。

前項計畫，每學期應至少檢討一次。」（教育部，2013b）

第二節　訂定個別化教育計畫

　　個別化教育計畫由IEP小組會議成員共同參與討論和制定，須廣泛地蒐集不

同的教學建議，整合家長、教師及專業人員的意見與期望，為的是設計一個符合幼兒需要和解決家長困擾的教育計畫。該計畫是政府、學校、教師對特殊幼兒得到適性、個別化教育服務的承諾；教師必須提供有效率、有組織的課程與教學，以及教學後證明幼兒進步的證據。IEP可用來評鑑教學績效，作為教學的管理工具，更是提升特殊教育品質的重要保障。訂定個別化教育計畫的程序如下。

壹、蒐集個案及其家庭的相關資料

包括家庭史、成長史、社經狀況。

貳、透過觀察與評量，找出幼兒的能力起點

透過觀察與評量，了解特殊幼兒各領域（如語言、認知、動作、生活自理與社會）的發展現況外，還要了解幼兒如何學習、優勢領域及待加強領域。Bricker等人（1998）建議，透過完整的課程本位評量列出個案的興趣、長處及需求。課程本位評量的評量內容就是教學內容，對目標的擬定會很有幫助。吳淑美（1999）編製的「學齡前課程本位評量」，其中的目標明確且經過分類，可從中找出幼兒的現況及下一個目標，據此訂定IEP的目標及教學綱要。「學齡前課程本位評量」摘要表，如表15-1所示。

● 表15-1 「學齡前課程本位評量」摘要表

姓名： 年齡： 性別：

領域	綱要	細目	目標	發展年齡	下一個目標
認知	注意力	遊戲	能專注於遊戲5～10分鐘	30個月	能在上課時注意老師（36個月）
	因果關係	顯出興趣	對簡單的機械式玩具表現出興趣（揮手、笑、發聲、踢腳或停止正在進行的活動）	18至21個月	能在遊戲中實驗因果關係（如玩踩氣球時，球會破）（24至30個月）
語言	語言前之溝通	牙牙學語	會喃喃兒語	6個月	能重複地發出母音加子音（6至8個月）
	語言表達	拒絕	用轉身或推開來表達不喜歡或不要吃	6至9個月	聽到「不」時，會暫停活動（9個月）
社會	與人互動	問候	和大人揮手再見	12個月	會主動拿物品給人（12至15個月）
		等待	短暫的等待而不哭	24個月	
精細動作	伸手	抓	當注視玩具時會伸手抓住它	5個月	會伸手握奶瓶（6個月）
	放		能抓住餅乾吃	12個月	能把積木堆在另一積木上（12至15個月）
粗大動作	平衡木		當雙腳站在平衡木時能抬高一隻腳跨步	24至27個月	會橫著走10公分寬的平衡木（30個月）
	上下樓梯		上下樓梯會交替腳	42個月	
	遊戲器材	盪鞦韆	能盪鞦韆，使之搖動	36個月	
		溜滑梯	從滑梯上溜下來	24個月	

參、根據現況擬定教育目標

　　為確保特殊幼兒獲得所需的課程，個別化教育計畫必須訂定長、短期目標，確定下一步的發展方向及服務方向。個別化教育計畫的長、短期目標是根據評量所獲得的現況資料而擬定，目標是描述幼兒在六個月內（對IFSP而言）或一年內（對IEP而言）所期望達成的任務，代表著可觀察、逐漸達到目標的步驟。目標又分長期及短期目標兩個部分，以下是撰寫目標的方法。

一、短期目標的特性

短期目標除了需符合行為目標撰寫的原則外，尚須符合下列幾個條件。

（一）符合年齡及能力

教學目標或行為目標的擬定必須根據幼兒發展的狀況，如果所訂的目標符合幼兒的發展程度，則可作為教學目標。教學目標適合與否，如表15-2所示。

● 表15-2　教學目標適合與否

領域	特徵	教學目標	適合與否
1. 粗大動作	・能爬行以及剛開始學習自己拉著人或物站起來	雙腳跳離地板	不適合
2. 精細動作	・喜歡搖發出聲音的玩具 ・喜歡把東西倒進容器再倒出	用大的蠟筆塗鴉	適合
3. 生活自理	・能用手指拿東西吃以及用兩手扶著杯子喝水	把湯匙上的食物放到嘴裡	適合
4. 語言	・在遊戲時玩語言遊戲及模仿聲音句型	命名熟悉的家人	適合
5. 社交／情緒	・喜歡玩模仿遊戲，當被叫到名字時會看人	對「不」有反應，例如：要幼兒停止活動	不適合

（二）功能性

個別化教育計畫（IEP）中包含的教學目標，通常是依據各個發展領域而設計，例如：粗大動作、精細動作、認知、生活自理、溝通及社會。為了減少轉換的困難，目標必須實用且和日常生活相關，這是由於每天都有機會學習且能增進生活功能，稱之為功能性目標，多半和日常生活作息息息相關。因此，「把葡萄乾放入瓶中」這樣的目標就和日常生活的情境不符合，因為葡萄乾通常不會放在瓶子內。同理，訂定的目標如果和幼兒園課程無關，則沒有機會執行，例如：「丟沙包」的目標在幼兒園課程中，不太有機會執行；若改為對著籃框丟球，則較有機會執行。因而在撰寫目標時，必須選取功能性目標。功能性目標與非功能性目標之比較，如表15-3所示。

● 表15-3 功能性目標與非功能性目標之比較

	粗大動作	精細動作	認知
非功能性目標	1. 丟及接住一個20公分的橡皮球達5分鐘 2. 走平衡木	1. 剪一個圓形、方形和三角形 2. 完成一個三片的木製拼圖	1. 在三選一的顏色配對下分辨出六種顏色 2. 寫自己的名字 3. 一對一對應至5
功能性目標	1. 倒水、走路、拿東西、放東西、靠近冰箱 2. 走路去餐廳或超級市場	1. 塗花生醬、切土司、量果汁的量、排碗筷 2. 打開瓶蓋、倒果汁	1. 顏色：找出柳橙汁、綠色的籃子及黃色的玻璃杯 2. 數：拿出2杯水、5支叉子、6根湯匙 3. 認字：認標籤上的字
	生活自理	溝通	社會
非功能性目標	1. 獨立如廁 2. 自己穿衣服 3. 辨認出哪些是衣服的配件	1. 辨識及說出五件常用的物品 2. 指認衣服是誰的 3. 當給他糖果及檸檬汁時，能選擇他想要的 4. 吃點心前做出「吃」的手勢	1. 從一些相片中指認出家人 2. 減少發脾氣的次數
功能性目標	1. 使用餐具 2. 用餐禮儀 3. 上游泳課時，知道該如何穿衣	1. 要求東西時，能說謝謝 2. 在吃點心時，能以是或否表示還要多吃一點	1. 在點心時間分食物時，能問問其他人是否還要 2. 傳遞食物 3. 玩電視遊樂器

　　由表15-3可知，功能性目標都是日常生活中最有機會完成的目標，亦即在自然情境中隨手可得，不須經過設計的目標。

（三）普遍性

　　目標的擬定固然要很明確，但不能窄化到特定的情境，要求幼兒只能對單一線索、材料或刺激反應。目標最好能在不同情境中執行，以擴充幼兒的反應，尤其當該目標本身代表一個概念時，例如：當目標為具備「物體恆存」的概念時，若將目標訂定為「能將布掀起，拿走布下面的玩具」，就算幼兒可以做到，仍無法確定幼兒是否具有「物體恆存」的概念，因而最好將目標訂為「能尋找藏起來的物體」，藏起來的物體包括藏到櫃子裡、盒子裡、布下面或任何地方，如此不

但可用來評估幼兒是否具有「物體恆存」的概念，亦可適用在各種環境、材料及人的情況。

（四）目標必須反映出使用該技巧的真正目的

如果想測試幼兒是否具備問題解決能力時，應將目標設定為「能用物體去取得另一物體」，而不是「能用手去勾玩具」或是「爬上椅子拿物品」。因為達成這兩個目標僅表示幼兒具備使用手及腳的能力，不能據此推論幼兒具有問題解決的能力。

（五）目標必須和作息結合

教室中每一段作息都提供了各種學習的機會，只要善加把握這些機會，就可增進幼兒的學習。IEP目標的執行要配合作息，也可把每一段作息的目標作為IEP目標，這些目標可隨班級型態、作息、活動而改變。配合學前融合班作息及活動之目標，如表15-4所示。

● 表15-4　配合學前融合班作息及活動之目標

活動／作息	目標	評量（次數）					備註
		一	二	三	四	五	
點心	・大小便訓練 ・洗手						
戶外活動	・走平衡木 ・在球池內活動 ・丟球 ・溜滑梯 ・爬上爬下 ・了解快及慢						
積木角	・堆積木						
圖書角	・一頁一頁翻書 ・認識書中的圖片						
日常生活角	・穿衣服 ・扮演						

● 表15-4 配合學前融合班作息及活動之目標（續）

活動／作息	目標	評量（次數）					備註
		一	二	三	四	五	
角落活動	・功能性遊戲 ・要求協助 ・問問題						
美勞角	・剪紙 ・畫畫						
精細動作角	・串珠 ・釘釘子						

二、目標之撰寫

　　目標分長期及短期，長期目標應屬一般性，多和教學領域（語言、認知、動作、生活自理及社會）結合，通常以一個動詞加上所需學習之內容，形成該領域本學期之長期目標。長期目標之動詞大多為：了解、認識、減少、增進、獲得、發展、練習、熟練、加強等動詞，例如：(1)動作領域：增進手眼協調能力、加強平衡能力；(2)認知領域：認識報紙上常見之字詞、了解數量概念。

　　短期目標是透過教學執行的目標，又稱為教學目標或行為目標。具有下列特質及要素。

（一）特質

　　1. 客觀的：可觀察的、看得到的。

　　2. 具體的：可用動作描述的。

　　3. 量化的：可評量的、測量的。

（二）要素

　　一個完整的行為目標，應包含下列四個部分：

　　1. 誰（可略）：如為同一個個案的教學目標，在撰寫時不用多次都列出個案名字。

2. 在何種情況下：指幼兒在何種情境、條件、刺激或協助下，可表現出此行為，例如：當聽鈴聲時、看圖片時、看到老師比「坐下」之手勢時、在吃點心時、看到媽媽時、老師叫到名字時、給予口頭提示時、替他畫好虛線時等。協助可分為視覺的、聽覺的、動作的協助；協助程度分為全部協助、部分協助、無協助。

3. 做什麼：指希望或要求個案在上述情況下，會有哪些行為產生，其中包括「做」及「什麼」兩部分：

   • 做：指具體可觀察之外在動作，例如：寫、跳、拿、記得、指出、說出、畫出、洗、看、模仿、分類、配對、回答等動作。

   • 什麼：包括所做之材料、內容、時間、距離、數量，例如：畫圓圈、洗手、寫自己的名字、指出紅色的球、說「早」、跳三下、數出五個以內的球、坐在位置10分鐘、指出戴紅色帽子的人象、說出三種動物名稱。

4. 做多好：指通過之標準，通常以「次數比率」（例如：5次有3次正確），或「時間百分比」（例如：75％正確）描述，但大多數目標的通過標準大多相同，故此項除非特別要求，否則在撰寫目標時可省略。

（三）行為目標範例

　　例如：「喧在看到動物圖片時，會說出三種動物名稱，4次有3次正確」，此例明顯地呈現行為目標的四個要素。

　　簡寫：「（喧）會看圖說出三種動物名稱」。

（四）長期目標與短期目標之關係

　　短期目標又稱為教學目標，是達成長期目標的必經途徑。例如：

　　長期目標為：「小英能在大人陪同下到超級市場購物」。

　　短期目標則為：

1. 小英能在姊姊的陪同下，依照所列的清單將超級市場上要買的物品放入推車上，達50％正確。

2. 小英能在提示下，依照所列的清單找到要買的物品，達50％正確。

（五）IEP目標

分為下列幾類：

1. 跨情境。

2. 課程。

3. 和作息相關的目標。

4. 特殊環境。

5. 其他。

肆、召開IEP會議，討論IEP

不管是個別化教育計畫（IEP）或個別化家庭服務計畫（IFSP），都應由幼兒父母、老師、專業人員在IEP或IFSP會議中共同合作制定。依據2013年7月修訂之《特殊教育法施行細則》第10條之規定，每學期開學一個月內教師必須為班上特殊幼兒制定個別化教育計畫（教育部，2013b）。老師及家長須分別從孩子現階段的能力、訂定的目標，以及達成目標的教學活動、策略進行討論。學前融合班個別化教育計畫討論表，如表15-5所示。

● 表15-5　學前融合班個別化教育計畫討論表

幼兒姓名：　　　　　日期：　　　　　紀錄者：　　　　實施期限：

領域科目	目標	目標順序	活動／策略	討論結果			決定
				父母	教師	幼兒	
語言表達	1. 能把知道的或認為有趣的事告訴別人 2. 主動問話與回答 3. 依事件發生的先後敘述 4. 把三到五個圖片，按順序排列拼成故事	1 2 3	1. 分享活動 2. 聽故事 　(1)有疑問時，問「為什麼？」 　(2)問「發生什麼事？」及「怎麼樣了？」 3. 看圖說故事活動	✓	✓	✓	採用
生活自理	1. 會自己穿衣服 2. 會用刀子切簡單的食物 3. 會自己解開身上的釦子、拉鍊 4. 坐在位子上用餐，不隨意離開		1. 扣釦子、拉拉鍊、穿襪子 2. 將蛋糕切成兩半 3. 脫衣服練習 4. 用餐時的禮儀	✓	✓	活動對幼兒太難了	不採用扣釦子活動
語言理解	1. 能唱簡單兒歌並做出動作 2. 預測及計畫下面時間會發生什麼事 3. 了解「讓我們扮演」的意思 4. 說出三種質料的名稱		1. 唱兒歌 2. 配合作息、介紹時間 3. 遊戲扮演 　(1)了解角色變化、談話內容及遊戲方法 　(2)能使用「假裝⋯⋯」開頭的句子 4. 觸覺遊戲	✓	✓	✓	採用
認知技巧	1. 會按照顏色、大小、形狀做單一特性之分類 2. 能使用昨天、明天等時間觀念 3. 能主動參與學習、接觸活動材料 4. 了解部分與全部的關係		1. 動動腦、對對看 2. 日曆活動 3. 觸覺遊戲 4. 拼圖、接龍				

註：✓代表同意。

在整個探討的過程中，如果家長的期望和個案現有的能力存在偏差，也可以透過討論去修正，使幼兒在學校時間內得到最完善及適合的教育。

第三節　執行個別化教育計畫

個別化教育是一種針對特殊幼兒的個別計畫。不過，個別化教育的形式未必是一個教師對一個幼兒的個別施教，也可以是在團體或小組互動學習中，達到個別目標。在訂定個別化教育計畫後，下一個步驟就是如何執行這些計畫。以下是學前融合班執行IEP的方式。

壹、執行個別化教育計畫目標的策略

執行個別化教育計畫目標指的是將這些目標嵌入課程中，課程是全班的，而目標是個人的，如何把不同人的目標放入課程中，就需要一些技巧。方法如下所述。

一、將目標做工作分析

找出達到行為目標的途徑，將這些達成目標的途徑或步驟組織起來寫成一張卡片，每一個目標一張卡片並按難易排列，這種方式就稱為工作分析，例如：行為目標為「當老師指著身體某個部位時，暄能正確地說出，10次中有8次正確」。達到這個目標之前的前期技能是，能在娃娃、暄身上或圖片上指出每一個身體部位。達到終點目標的途徑（步驟）如下：

1. 當老師指著任何身體部位說出這是眼睛時，暄能模仿老師所說。
2. 老師指著身體某個部位問暄：「這是眼睛嗎？」暄會正確地回答。
3. 當老師說：「指出你的眼睛」時，暄會指出正確的部位。
4. 當老師指著（娃娃、暄或其他幼兒的）身體部位問：「這是什麼」時，暄能正確地說出身體部位的名稱。

二、提供練習的機會

1. 將幼兒的IEP目標呈現在教室周圍的每一個角落，可隨時練習並做記錄。
2. 有些IEP的目標，如生活自理的目標——穿脫外套，請家長在家配合。
3. 列出各組共同的目標並貼出來。

三、順序

Bricker等人（1998）建議將目標行為排出優先順序。在擬定IEP目標時，可以根據幼兒目前的發展技巧來排目標的優先順序，例如：在擬定IEP中的動作領域目標時，目標先後順序須符合動作發展順序，原則是先從簡單的目標開始，以免幼兒產生挫折感。

四、教學

融合的好處是可以在幼兒園多樣性的活動中執行特殊幼兒IEP目標，提供特殊幼兒充分的學習機會。這些活動包括例行作息及特別設計的活動，例如：透過洗娃娃、幫娃娃穿衣、洗手及臉、身體部位拼圖、畫臉譜（在白板或紙上）、唱兒歌（頭、肩膀）、說故事、玩布偶等特別設計的活動，來達到認識身體部位的目標；教師可按綜合到分化的方式安排學習活動。以認識身體部位為例，一開始全部幼兒一起學習身體部位；之後分組進行較深入的學習；最後再視特殊幼兒需要進行個別學習。由此可見，融合的情境也可實施個別化教學。以下是依據幼兒現況訂定IEP目標，並透過活動執行目標的範例。

（一）小明（28個月）的能力現況
1. 認知：遊戲技巧符合年齡，喜歡模仿，能專注於問題解決，象徵性遊戲技巧及畫畫技巧良好，能了解數字（符合年齡）。
2. 社會性：能參與一些活動，喜歡跟大人互動。

3. 語言：能使用字溝通，能夠主動與人互動，能夠指出他的需要。

4. 動作：能夠坐、能夠動。

（二）需求

1. 動作：精細動作笨拙（最大的需求）。

2. 社會性：需要學習輪流、與同儕互動。

3. 語言：延伸他的字彙，與人對話的時候能夠有來有往。

小明的IEP目標及活動課程，如表15-6所示。

● 表15-6　小明的IEP目標及活動課程

活動名稱：好吃的蘋果

活動程序	IEP目標
1. 蘋果可以做什麼（蘋果汁、蘋果醬、蘋果派） 2. 蘋果怎麼生長	1. 能用2至3個字來說明蘋果的形狀及顏色 2. 能說出蘋果的製品
3. 白雪公主的故事	1. 能說出白雪公主吃了什麼 2. 能傾聽
4. 玩咬蘋果的遊戲	1. 能移動身子咬到蘋果
5. 看圖說故事	1. 能按故事順序排列圖片 2. 能配對故事中的圖片 3. 能看著圖片說出剛剛聽到的故事名稱
6. 吃蘋果、蘋果派	1. 能洗手 2. 能說出今天的點心名稱 3. 能把蘋果派傳給同桌的其他幼兒 4. 能自己拿切好的蘋果吃

五、評量

療育計畫的第一步驟為透過多專業團隊深入地評量幼兒的各個發展層面，確認優勢和需求，並可作為教師教學參考。IEP目標訂定後，在定期評量目標的達成情形，當達成某一目標或其中之步驟時，就表示有進步。

六、隨時加入新的目標

幼兒園課程多半配合主題進行，每一個主題都有和主題相關的學習目標，特殊幼兒除了IEP目標外，也可以配合主題訂定主題學習目標，以增加幼兒的學習廣度。

七、計畫到計畫間的轉銜

在IEP中，須針對大班即將進入小學的特殊幼兒列出個別化轉銜服務計畫，除了列出幼兒園畢業後就讀的學校及轉銜服務內容（如幼小銜接服務、幼小銜接課程、轉銜通報服務等），還須在特殊幼兒上小學前邀請國小行政人員、家長到學校參加轉銜服務會議。為了讓幼兒在上小學前有充分的準備，幼兒園可安排下列活動：

1. 告訴幼兒即將進入小學階段，幫助幼兒了解小學上課方式。
2. 以圖卡或故事書告訴幼兒，上小學後可能有的壓力。
3. 參觀小學。
4. 了解未來上、下課時間以調適不同的作息。
5. 拍攝小學上課情形及環境，讓即將畢業的特殊幼兒認識小學環境。
6. 與幼兒討論以後的上課方式不再是以遊戲為主。
7. 教導幼兒運筆練習。
8. 幫幼兒準備一些書本或書包，學習收拾整理個人物品。

貳、如何執行小組中每位特殊幼兒的個別化教育計畫

根據最少限制的原則，每一個特殊幼兒應和同年齡的幼兒一起受教育、一起學習。雖然特殊幼兒的能力落後普通幼兒一大截，只要他們能參與小組學習，就可安置在同一小組。以「畫人」活動為例，對於未具備「畫人」能力的幼兒，只須著色、剪貼就可。因而小組教學時，每位幼兒所學的內容是視其能力起點而

定。在竹大附小學前融合班，小組教學是一主要的教學型態，7個幼兒一組，每一組有4個或5個普通幼兒、2至3個特殊幼兒，教學前教師必須先了解組內每位特殊幼兒的IEP，才能設計出適合小組所有幼兒的課程。以下以一組7個幼兒（3名特殊幼兒、4名普通幼兒）為例，闡述小組教學如何同時兼顧3名特殊幼兒及4名普通幼兒的需求，其作法分述如下。

一、將IEP目標彙整

首先，將在同一組的3名幼兒之IEP目標按照領域彙整。3名幼兒的IEP目標彙整表，如表15-7所示。

● 表15-7　3名幼兒的IEP目標彙整表

項目＼姓名		陳生	吳生	賴生
認知		1. 能分辨簡單圖片 2. 能依名稱指出實物（如食物、動物） 3. 能依名稱指出圖片 4. 能指認三種顏色 5. 能指認三種形狀（○△□） 6. 能分辨大小、長短 7. 能聽從指示拿一定數目的東西（1～3） 8. 能分類、配對相同的東西 9. 能保持視線接觸 10. 能區別相同與不相同 11. 能分辨冷熱 12. 能分辨軟硬 13. 能分辨粗細	1. 能指認三種顏色 2. 能指認三種形狀（○△□） 3. 能依指示拿一定數目的東西（1～3） 4. 能分辨大小、長短 5. 能依名稱指出圖片 6. 能維持視線注視某物幾秒 7. 能分辨冷熱 8. 能分辨軟硬 9. 能分辨粗細	1. 能指認五種顏色 2. 能指認三種形狀（○△□） 3. 能聽從指示拿一定數目的東西（3～5） 4. 能分辨大小、長短、輕重 5. 能依名稱指出圖片（如食物、動物） 6. 能分辨冷熱 7. 能分辨軟硬 8. 能分辨粗細
語言	理解	1. 能聽從一項指示 2. 能模仿簡單動作	1. 能聽從一個或兩個連續相關的指令 2. 對自己的名字有反應，或叫到名字會答「有」 3. 能理解「給我」	1. 能分辨聲音的有無 2. 能分辨兩種不同的樂器聲

● 表15-7　3名幼兒IEP目標彙整表（續）

項目（姓名）		陳生	吳生	賴生
語言	表達	1. 能以手勢、姿勢反應或口語表達語言命令 2. 能以類似音表達需要或稱呼人 3. 能仿說單字（如貓）	1. 看到食物或物品時，能仿說名稱 2. 能回答「這是什麼？」 3. 能以肯定或否定的語氣來回答問題（如要、不要、是、不是）	1. 能模仿他人的聲調 2. 能用單字、單詞稱呼物品或人
動作	精細動作	1. 能用拇指、食指取物 2. 能堆疊物品（用1～3塊積木堆疊成塔） 3. 能揉、搓、捏、壓、拉……黏土或麵糰 4. 能將兩點連成一線（3公分） 5. 會一頁一頁翻書（如泡棉書、厚紙板書） 6. 能將有魔術帶的玩具或物品（如布、書、鞋）拉開、合上	1. 能用1～3塊積木堆疊成塔 2. 能仿畫線條 3. 能剪直線 4. 能用2～3塊黏土拼在一起造物	1. 能剪直線（35公分） 2. 能剪彎線 3. 能用2～3塊黏土拼在一起造物 4. 能簡單畫出別人認得出來的圖形（如房子、人、水果）
遊戲/社會		1. 能和幼兒一起做簡單遊戲 2. 在大團體活動時，會模仿老師或幼兒做一些簡單動作	1. 接近被禁止之事物時，在提醒下會遠離，並說：「不可以。」 2. 以模仿其他幼兒玩的方式，遵守遊戲規則 3. 遵守老師帶領的團體遊戲規則 4. 想玩同伴在玩的玩具時，會事先徵求同伴的同意 5. 輪流按次序玩或做活動 6. 會遵守大人的要求 7. 能依要求和別的幼兒分享玩具	1. 想玩同伴在玩的玩具時，會事先徵求同伴的同意 2. 遵守老師帶領的團體遊戲規則 3. 能輪流和等待玩遊戲或使用工具 4. 能用動作表示「謝謝」、「對不起」

二、IEP目標的異同分析

除了彙整不同幼兒的IEP目標外，還要分析目標的異同，找出每一個領域包含哪些目標，其中哪些目標屬於同一類，哪些是完全不同，才能設計出符合幼兒需求的教案。IEP目標異同分析表，如表15-8所示。

● 表15-8　IEP目標異同分析表

領域		目標	幼兒姓名			備註
			陳生	吳生	賴生	打✓表共同需求
認知		1. 能分辨簡單圖片	✓			
		2. 能依名稱指出實物（如食物、動物）	✓			
		3. 能依名稱指出圖片	✓	✓	✓	✓
		4. 能指認顏色	✓	✓	✓	✓
		5. 能指認三種形狀（○△□）	✓	✓	✓	✓
		6. 能分辨大小、長短	✓	✓	✓	✓
		7. 能聽從指示拿一定數目的東西（1～3）	✓	✓	✓	✓
語言	表達	1. 能以手勢、姿勢反應或口語表達語言命令	✓			
		2. 能以類似音表達需要或稱呼人	✓			
		3. 能仿說單字（如貓）	✓			
		4. 看到食物或物品時能仿說名稱		✓		
		5. 能回答「這是什麼？」		✓		
		6. 能以肯定或否定的語氣來回答問題（如要、不要、是、不是）		✓		
		7. 能模仿他人的聲調			✓	
		8. 能用單字、單詞稱呼物品或人			✓	
	理解	1. 能聽從一項指示	✓	✓		
		2. 能模仿簡單動作	✓			
		3. 對自己的名字有反應		✓		
		4. 能理解「給我」		✓		
		5. 能分辨聲音的有無			✓	
		6. 能分辨兩種不同的樂器聲			✓	

● 表15-8　IEP目標異同分析表（續）

領域	目標	幼兒姓名 陳生	吳生	賴生	備註 打✓表共同需求
精細動作	1. 能用拇指、食指取物	✓			
	2. 能堆疊物品（用1～3塊積木堆疊成塔）	✓	✓		
	3. 能揉、搓、捏、壓、拉……黏土或麵糰	✓			
	4. 能將兩點連成一線（3公分）	✓			
	5. 會一頁一頁翻書（如泡棉書、厚紙板書）	✓			
	6. 能將有魔術帶的玩具或物品（如布、書、鞋）拉開、合上	✓			
	7. 能仿畫線條		✓		
	8. 能剪直線		✓	✓	
	9. 能用2～3塊黏土拼在一起造物		✓	✓	
	10. 能剪彎線		✓		
	11. 能簡單畫出別人認得出來的圖形（如房子、人、水果）			✓	
社會	1. 能和幼兒一起做簡單遊戲	✓			
	2. 在大團體活動時，會模仿老師或幼兒做一些簡單動作	✓			
	3. 接近被禁止之事物時，在提醒下會遠離，並說：「不可以。」		✓		
	4. 以模仿其他幼兒玩的方式，遵守遊戲規則		✓		
	5. 想玩同伴在玩的玩具時，會事先徵求同伴的同意		✓	✓	
	6. 輪流按次序玩或做活動		✓		
	7. 會遵守大人的要求		✓		
	8. 能依要求和別的幼兒分享玩具		✓		
	9. 能用動作表示「謝謝」、「對不起」			✓	

說明：打✓者表該幼兒之IEP目標，該項目標如三位幼兒皆打✓，則表示該項目標為共同需求。

　　從IEP目標異同分析表中可清楚地看出陳、吳、賴三生在四個領域中的目標重疊性蠻高的，即使完全不同性質的目標，亦能透過教學活動的安排，將這些目標融入小組教學中，甚至可安排到小組教學以外的教學情境，如角落、大團體、

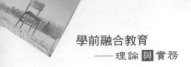

戶外活動中執行。教學活動有了這些既定的目標引導，既可符合幼兒需求，也有了教學的方向。

三、教學活動

　　將在同一小組幼兒的IEP目標分析後，綜合相類似及不同的目標，安排了下列的教學活動，分述如下。

（一）教學流程（如表15-9所示）

◯ 表15-9　教學流程

活動名稱	形形色色
領域	認知、語言、精細動作、社會
目標	認知：1.能指認三種顏色 　　　2.能聽從指示拿一定數目的東西（1～3） 　　　3.能分類、配對相同的東西 語言：能說出物品名稱 精細動作：能堆疊物品（用1～3塊積木堆疊成塔） 社會：1.以模仿其他幼兒玩的方式，遵守遊戲規則 　　　2.輪流按次序玩或做活動
教具	1. 色板（讓幼兒指認、配對） 2. 實物 3. 圖片 4. 圖畫紙 5. 彩色紙（紅、黃、綠三色） 6. 學習單（讓幼兒著色） 7. 自製紅綠燈（用紅黃綠三色玻璃紙將燈泡包住，接上電源，自製成紅綠燈） 8. 插袋 9. 樂高積木 10. 水桶三個
教學程序	認識顏色 一、引起動機 1. 問幼兒紅綠燈是做什麼用的？ 2. 拿出自製的紅綠燈，接上電源，讓幼兒指出哪個燈亮時可以走，哪個燈亮時不可以走。 二、顏色配對遊戲 1. 要幼兒在色板中找出與紅綠燈顏色相同的顏色。 2. 告訴幼兒這些燈是什麼顏色、一共有幾個燈。

● 表15-9　教學流程（續）

教學程序	三、顏色分類
	1. 準備各種顏色的三個實物（如水果、積木），讓幼兒依顏色來分類。 2. 讓幼兒在紅色的一堆實物中，拿出一個紅色的東西，並教幼兒說：「紅的〇〇」 3. 讓幼兒在黃色的一堆實物中，拿出一個黃色的東西，並教幼兒說：「黃的〇〇」 4. 讓幼兒在綠色的一堆實物中，拿出一個綠色的東西，並教幼兒說：「綠的〇〇」 四、著色遊戲 1. 拿出紅色東西的圖卡，要幼兒說出「紅色的〇〇」（如消防車）。 2. 拿出黃色東西的圖卡，要幼兒說出「黃色的〇〇」（如帽子）。 3. 拿出綠色東西的圖卡，要幼兒說出「綠色的〇〇」（如樹葉）。 4. 拿出印有蘋果、香蕉、芭樂圖形的圖畫紙，讓幼兒著色。 5. 用插袋，將紅、黃、綠色的各種圖片分別放入插袋。 6. 幼兒將紅、黃、綠三種顏色的積木分類放入桶內。 7. 幼兒將桶裝的積木倒出來，並將積木堆疊起來。 8. 在學習單上印製有三件衣服的圖案，要幼兒替此三件衣服著色，並希望幼兒不要畫出線外。 9. 遊戲：在地上畫一個十字路口，幼兒站在斑馬線上，依交通號誌前進或後退，未依規定者則出局。

（二）評量表（如表15-10所示）

● 表15-10　評量表

目標	評量			
	陳生	吳生	賴生	普通幼兒
1. 能指認三種顏色	✓	✓		
2. 能聽從指示拿一定數目的東西（1～3）	✓	✓	✓ （3～5）	
3. 能分類、配對相同的東西				
4. 能聽從一項指示				
5. 能堆疊物品（用1～3塊積木堆疊成塔）		✓		
6. 以模仿其他幼兒玩的方式，遵守遊戲規則		✓		
7. 輪流按次序玩或做活動		✓		
8. 能說出物品名稱				
9. 能在線內著色				
說明：1.能自己完成者打「✓」，需要協助方能完成者打「△」，未能完成者打「×」。 　　　2.註明「✓」者表示該目標為IEP目標。				

　　以上的活動除了能同時兼顧普通及特殊幼兒的需求外,更能達到不同領域(如認知、語言、精細動作及社會)的目標。尤其每一項活動目標都是IEP目標,顯然三名特殊幼兒的IEP都可融入教學活動中。

第四節　教師訪談

問:課程設計時是否把IEP的目標放進去了?

答:我們的課程設計裡面就參考了IEP的目標。

問:老師上次說的課程本位評量表題本,就是設計IEP的時候使用的,是不是?

答:對,我們在設計IEP的時候會拿來參考,會從裡面挑出適合幼兒的目標,我們課程也可能會用得到的。如果挑到一堆無法搭配課程的目標,那也是擺著而已。我覺得要做就做真的、是可以用的。我覺得「學齡前課程本位評量」裡面那麼多目標,隨便挑大概都可以契合。

問:所以課程跟IEP、學習單或評量結合,都不是那麼困難?

答:因為我在設計IEP的時候,都已經把它考量進去了,所以還好。

問:會不會這個幼兒很需要一個目標,可是沒有辦法跟課程結合?

答:也還好。除非有比較特別的。IEP我不一定一學期才調,我會臨時加入一些東西。可能不加在IEP裡面,而會加在角落裡面。可能發現我IEP漏掉了,我會馬上補上去,我會先跟家長溝通。

第十六章

學前融合班的IEP範例

第一節　填寫說明

壹、填寫幼兒資料

1. 請父母檢核十三大項學習經驗，詳見本書附錄。「學習經驗檢核表」乃依據筆者於1998年訂定之「幼兒學習經驗」編製而成，幼兒能力在評量項下填寫NA（沒有機會／不知道）、0（完全不會）、1（初期技能）、2（部分技能）、3（熟練技能）。

2. 請教師根據父母在第二項填寫的結果，選取評量為「2」者之項目，並按需要程度排出順序1至5，將結果填寫在「需要」欄下。

貳、填寫「學習經驗篩選表」

依每個領域需要情形（上述第三項結果）填寫在「學習經驗篩選表」，每個領域至少填五項。

參、填寫「學習經驗分工表」

從「學習經驗篩選表」中選取最需要之二十項學習經驗,填寫至「學習經驗分工表」上,並依性質分作息、課程及跨情境三種目標。

肆、填寫「個別化教育計畫表」

1. 將「學習經驗分工表」上的跨情境目標填寫至「個別化教育計畫表」,並在類別欄中填上代號「1」。
2. 將「學習經驗分工表」上之作息目標填寫至「個別化教育計畫表」,並在類別欄中填上代號「2」。
3. 將「學習經驗分工表」上之課程目標填寫至「個別化教育計畫表」,並在類別欄中填上代號「3」。
4. 列出教室中每段作息的目標,並填入「個別化教育計畫表」中的目標欄下「2」。
5. 參考其他發展量表列出課程目標,並填入「個別化教育計畫表」中的目標欄下「3」。

伍、召開會議

召開IEP會議,討論個別化教育計畫如何執行,並填寫「個別化教育計畫討論表」。

陸、學期末填寫「個別化教育計畫執行成效評估表」

檢核:
1. 學習經驗執行情形。
2. 個別化教育計畫執行情形。

柒、召開個別化教育計畫轉銜會議（針對大班即將上小學的幼兒）

第二節 填寫幼兒資料

一、基本資料　　　　　　　　　　　　入學日期：○○○○年8月1日

孩子姓名	小○	身分證字號		
孩子性別	男	出生年月日	○○○○年7月6日	
戶籍地址	新竹市			
通訊地址	同上			
e-mail				
障礙證明文件	身心障礙手冊：□無 ■有（續填） 　手冊記載類別：_____　障礙程度：_____度 發展遲緩兒童聯合評估中心診斷證明：□無 □有（續填） 　發證單位： 鑑輔會轉介文號：			

家庭狀況	父親		服務單位		電話	
	母親					
	兄弟姊妹	排行：_____。兄___人，弟___人，姊_2_人，妹___人				
	□家長領有身心障礙手冊 □家長為低收入戶 □家長領有重大傷病卡 □家長為原住民 □特殊境遇婦女之適齡子女 □父母皆歿 □本校或新竹教育大學編制內專任之教職員工子女					

醫療史	是否須長期服用藥物：□否 　　　　　　　　　■是，多久服用一次_____，藥物名稱_____
	是否有特殊病狀：■否 　　　　　□是（□抽搐 □癲癇 □昏倒 □手術：_____ 　　　　　□其他：_____，多久一次_____）
	視力：□正常 □近視____度 ■遠視450度 □弱視____度 □全盲，原因：____ 　　　是否配戴眼鏡：■是，在_____處配 □否
	聽力：■正常 □聽障（左耳：____db；右耳：____db），原因：_____ 　　　□是否配戴助聽器：□是，在_____處配 ■否
	復健：參加的復健項目請打✓， 　　　□物理治療，醫院名稱：_____ □職能治療，醫院名稱：_____ 　　　□語言治療，醫院名稱：_____ □其他，醫院名稱：_____

二、測驗診斷紀錄

測驗項目	測驗結果	施測日期	施測地點
動作姿勢技能測驗（COMPS）	異常	○○○○/03/26	
感覺功能評量（SPM）	總分：80（80分以上異常）	○○○○/03/26	
情緒量表	60分（48分以下正常）	○○○○/03/26	
注意力測驗量表	115分（48分以下正常）	○○○○/03/26	

三、現況描述（○○○學年度）

社會能力	□熱心助人　□活潑熱情　□文靜柔順　□人緣佳　□彬彬有禮 □具領導能力　□獨立性強　□合群　□挫折容忍度高　■固執 □沉默畏縮　■缺乏互動能力　□常被排斥　■不合群　■依賴心重 □情緒不穩定　□常與人爭執　□出口成髒 其他觀察紀錄：缺乏互動、等待、分享技巧，高興或生氣時會用咬人表示。
溝通能力	慣用溝通方式： ■口　語（■國語　□臺語　□客家語　□原住民語　□其他） □非口語（□手語　□讀唇　□手勢　□書寫　□溝通板　□其他） □說話流暢　□肢體豐富　□表情豐富　□理解指令 □有聽覺接收之困難　□無法理解指令　□以哭鬧表達需求　■詞彙缺乏 ■以不當動作表達需求　□口齒不清　□聲調混淆　□畏懼與人溝通 其他觀察紀錄：說話速度快，動作表達多於語言。
生活自理能力	盥洗方面：□能獨立完成　■需協助 如廁方面：■能獨立完成　□需協助 進食方面：■能獨立完成　□需協助 衣著方面：□能獨立完成　■需協助 其他觀察紀錄：常分心，需提醒及協助才能在時間內完成。午睡偶會尿床。
行動能力	獨立行動方面：■完全獨立行走（穿矯正鞋）　□需用柺杖 　　　　　　　□需用輪椅　□需借助其他輔具　□完全無法獨立行走，需協助 精細動作方面：■能用手指撿起物品　■能捏揉　■能握拿　■能抓放　□能剪貼 　　　　　　　■能穿插拔　□能擊準　■手眼協調不佳，需協助 其他觀察紀錄：精細動作較佳，但常跌倒。

認知能力	顏色概念：■能指認　□能說出　□無此能力 形狀概念：■能指認　□能說出　□無此能力 數字概念：■能指認　■能說出　□無此能力 生活中物品概念：■能指認　□能說出　□無此能力 學習習慣：□動機強烈　□主動認真　□喜愛發言　■缺乏動機被動馬虎 　　　　　■坐立不安注意力不集中　□動作笨拙　□上課喜歡說話 其他觀察紀錄：非常容易受外界干擾，還很自我，不懂團體規則。
感官功能／健康狀況	動作：□快速靈敏　■普通　□緩慢 視覺狀況：□良好　■不佳 聽覺狀況：■良好　□不佳 □能保持乾淨　■不常生病　□能保護自我　□能表達身體的不適 其他觀察紀錄：容易感冒，粗大動作需加強協調度，容易跌倒。

四、優勢能力與特殊需求分析

　　請根據前項現況描述社會能力、溝通能力、生活自理能力、動作能力、認知能力、感官功能／健康狀況等能力分析。

	已具備能力及優勢能力	特殊需求及待加強能力
溝通能力	・能用簡單詞表達基本需求，例如：尿尿、吃 ・有需求時會出聲音或拉老師的手 ・能仿說5～6字的句子	・能用簡單詞表達想法，例如：我不要、我還要、生氣等 ・增加詞語的量 ・理解連續兩個指令
認知能力	・能指認並說出數字1～10 ・能指認常見物品：如碗、湯匙、椅子、杯子	・有數量1～10的概念 ・知道數字與數量的意義 ・擴充生活經驗，減少固著性 ・認識常見物品名稱及功用
社會能力	・能接受老師的協助 ・能做平行遊戲	・能接受同儕的協助 ・能輪流 ・能分享 ・能和他人合作
動作能力	・大致符合發展能力	・平衡感
生活自理能力	・能獨立吃及喝 ・能表達如廁意願	・能保管好自己的物品 ・能完成簡單刷牙工作
感官功能／健康狀況	・配戴眼鏡	・視覺接觸 ・感覺統合

五、障礙狀況對其上課及生活之影響及輔導

內容	在班上上課及生活之影響	
	無影響 （請✓）	有影響，請說明調整方式：作業調整、評量調整、座位調整、分組方式調整、課程與教材調整、同儕輔導、行為輔導、飲食輔導、穿著輔導、衛生輔導、輔具提供、交通服務等。
溝通 能力		（內容向度包括：語言理解、表達等） ・以課程與教材調整、同儕輔導、情境教學、示範輔導，提升語言的理解及表達能力，鼓勵口語表達。
認知 能力		（內容向度包括：專注力、記憶力、推理、概念、閱讀、數等） ・以情境教學，口語、視覺及動作提示提升專注力。 ・以學習單調整、課程與教材調整、評量調整、同儕輔導、情境教學、示範輔導，提升認知能力。
社會 能力		（內容向度包括：情緒、人際互動、環境適應、責任等） ・以情境教學、同儕輔導、行為輔導，協助觀察同儕，提升人際互動的能力。
動作 能力	✓	（內容向度包括：行動能力、粗大動作、精細動作等）
生活 自理能 力		（內容向度包括：飲食、衣著、如廁、清潔衛生、安全、居家活動等） ・在情境中以示範教學、飲食輔導、衛生輔導等，提升生活自理的能力。
感官 功能 ／ 健康 狀況	✓	

六、行政支援及相關服務

服務項目	需求評估	實際提供	內容及方式	備註
健康服務	■有 □無	■有 □無	■基本檢查　□疾病護理 □其他：_____	
無障礙環境	□有 ■無	□有 ■無	□斜坡道　□廁所　□電梯 □其他_____	
交通服務	■有 □無	■有 □無	□交通車接送　■其他：家長自行接送	由市政府提供交通補助費
輔助器材	□有 ■無	□有 ■無	□調頻助聽器　□點字機　□電腦 □擴視機　□放大鏡　□助行器 □其他：_____	
諮商服務	■有 □無	■有 □無	□個別諮商　□小團體輔導 □專業心理治療　■其他：提供資訊	
復健服務	■有 □無	■有 □無	□物理治療　■職能治療　□語言治療 □聽語訓練　□其他：_____	
家庭支援服務	■有 □無	■有 □無	□相關福利　■特教諮詢　□親職課程 □其他：_____	
學前巡迴輔導服務	□有 ■無	□有 ■無	□諮詢服務　□個別輔導　□小組教學 □其他：_____	
其他	□有 ■無	□有 ■無		

七、行為問題輔導紀錄

■有　□無　　紀錄者：羅老師

發生 時間	行為敘述	處理方式	三個月 追蹤紀錄
○○○○/09 〜 ○○○○/12	喜歡拿物品丟地上，讓它發出聲音	・請個案撿起來 ・指導物品正確玩法 ・忽視法	□已改善 ■持續觀察 ■調整處理方式 □其他＿＿＿＿
○○○○/09 〜 ○○○○/12	只要一坐下就喜歡把雙腳放在桌上	・用T型椅 ・直接告知目前該做之事，並用動作協助操作 ・忽視法	□已改善 ■持續觀察 ■調整處理方式 □其他＿＿＿＿
○○○○/09 〜 ○○○○/06	喜歡用臉碰觸絨毛或小熊、兔子圖案（就算圖案是在他人身上的衣服或包包也一樣）	・在角落滿足絨毛及圖案刺激需求 ・若碰觸他人，請別的幼兒直接嚴厲拒絕	□已改善 ■持續觀察 ■調整處理方式 □其他＿＿＿＿
○○○○/09 〜 ○○○○/01	喜歡將物品塞在縫隙中	・請個案將物品拿出，指導其將物品放在正確位置 ・提供存錢筒等相關物品，滿足其需求	□已改善 ■持續觀察 ■調整處理方式 □其他＿＿＿＿
○○○○/09 〜 ○○○○/06	偏食	・鼓勵及示範 ・混合喜歡、不喜歡食物 ・請家長留意，適時請教營養師	□已改善 ■持續觀察 ■調整處理方式 □其他＿＿＿＿
○○○○/10 〜 ○○○○/01	喜歡拿物品丟地上，踢櫃子、牆壁等讓它發出聲音，等待旁人制止	・忽視法 ・指導正確口語表達	□已改善 ■持續觀察 □調整處理方式 □其他＿＿＿＿
○○○○/12 〜 ○○○○/01	用不當行為表達需求，例如：想要用筷子飲食，就丟掉湯匙	・指導其正確口語表達 ・指導其使用學習筷子	□已改善 ■持續觀察 □調整處理方式 □其他＿＿＿＿

八、個別化轉銜服務計畫（針對大班）

（一）未來一年的轉銜計畫

> 預計就讀學校
> □國小普通班＿＿＿＿＿＿＿＿＿　□國小資源班＿＿＿＿＿＿＿＿＿
> □國小特教班＿＿＿＿＿＿＿＿＿　□特殊學校國小部 ＿＿＿＿＿＿
> ■其他：<u>國小融合班</u>

（二）轉銜服務內容

項目	輔導內容	負責人
幼小銜接服務	1.家長參加轉銜說明會	羅老師
	2.學前巡迴老師提供家長幼小銜接諮詢	
	3.邀請國小行政人員、家長到園參加轉銜服務會議	羅老師
	4.提報疑似身心障礙學生鑑定服務	
	5.參加鑑輔會安置會議	羅老師
	6.轉銜通報服務	羅老師、陳組長
	7.轉銜服務會議	羅老師
	8.參觀國小環境	羅老師、廖老師（國小一年級老師）
幼小銜接課程	1.上、下課時間作息的調適	羅老師
	2.運筆練習	羅老師
	3.收拾整理個人物品	羅老師
其他相關專業服務	1.提供家長幼小銜接諮詢	羅老師
	2.幼兒環境與生活適應諮詢	羅老師

（三）追蹤輔導紀錄

日期： 年 月 日

	目前安置情況	適應情況
□ 1.就學	＿＿＿＿＿＿＿＿＿	＿＿＿＿＿＿＿＿＿
□ 2.就業	＿＿＿＿＿＿＿＿＿	＿＿＿＿＿＿＿＿＿
□ 3.在家	＿＿＿＿＿＿＿＿＿	＿＿＿＿＿＿＿＿＿
□ 4.其他	＿＿＿＿＿＿＿＿＿	＿＿＿＿＿＿＿＿＿

第三節　學習經驗評估：○○○學年度第一學期

一、填寫「學習經驗篩選表」

日期：○○○○/09～○○○○/06

一、數	
1	比較數字及數量之多少（如比較兩堆餅乾，哪一堆較多）
2	比較大小
3	排數字及集合大小順序
4	在談話、畫畫及寫字時，了解數字代表的意義
5	分辨／做出組型
二、分類	
1	探索及標明每樣事物的特性及名稱
2	使用一種標準來比較事物（如大小、輕重、粗細、軟硬之異同）
3	可同時用兩種標準來描述及分類（如找出一張是紅色又是木頭製的椅子）
4	把物品按照某一種順序排列（如長短），並了解之間的關係
5	
三、時間	
1	能依照功課表或作息表作息
2	
3	
四、空間	
1	經驗及了解自己的身體（如身體部位的位置及不同部位的功用）
2	經驗及描述物品之間的位置（如中間、旁邊、上下、左右）
3	描述圖畫及相片中空間之關係
4	把一些物品重新組合（如摺、轉、拉、堆、綁），並且觀察組合後在空間中所呈現之不同現象（如不同的形狀、不同的平面）
5	

	五、主動學習
1	充分使用學校的設備（如圖書室、操場、戶外場）
2	經由感官主動探索、認識各種物品與材料的功能及特性，並正確操作（包括玩具及教具）
3	藉由經驗了解物體間的關係（幫孩子發現關係）
4	預測可能發生之問題（包括情緒問題），並解決之
5	能選擇材料及活動，並表現出學習的興趣及需求
	六、聽及理解
1	傾聽
2	理解並遵守指令
3	喜歡聽故事
4	能理解看到的圖（經由各種方式及情境）
5	能理解聽到、看到的句子（日常生活及書上）
	七、說
1	表達自己的需要、喜好、感覺
2	會要求（如會要求物品、食物、活動、協助）
3	模仿及描述周圍的聲音
4	會做選擇並説出自己選擇的人、事、物
5	回答問題
	八、閱讀
1	對書感興趣
2	有目的地找書中的圖片
3	自己選書及選擇喜歡的書
4	能主動閱讀並從閱讀中獲得訊息
5	
	九、寫
1	貼字代替寫
2	蓋印代替寫
	十、經驗及表達想法
1	用語文或其他方式表現出想法
2	
3	
4	
5	

十一、照顧自己的需要	
1	會穿脫衣服
2	會如廁
3	會照顧自己的清潔衛生（如刷牙、洗臉、洗手、洗澡）
4	
5	
十二、社會學習	
1	能接受他人的協助
2	能輪流
3	能與他人分享
4	能參與小組活動
5	能適應日常作息活動的轉移
十三、科學	
1	觀察氣候變化
2	探索自然環境
3	觀察及描述一些變化

二、填寫「學習經驗分工表」

日期：○○○○/09～○○○○/06

順序／優先項目	每一項指示優先選勾一項			家庭
	學校環境			
	跨環境	作息	課程	
1.傾聽	✓			
2.理解並遵守指令	✓			
3.能接受他人的協助	✓			
4.能與他人分享	✓			
5.表達自己的需要、喜好、感覺	✓			
6.會做選擇並說出自己選擇的人、事、物	✓			
7.模仿及描述周圍的聲音			✓	
8.能輪流	✓			
9.用語文或其他方式表現出想法			✓	

順序／優先項目	每一項指示優先選勾一項			家庭
	學校環境			
	跨環境	作息	課程	
10.會照顧自己的清潔衛生（如刷牙、洗臉、洗手、洗澡）		✓		
11.自己選書及選擇喜歡的書		✓		
12.能選擇材料及活動，並表現出學習的興趣及需求		✓		
13.經驗及了解自己的身體			✓	
14.能參與小組活動		✓		
15.比較大小			✓	
16.在談話、畫畫及寫字時，了解數字代表的意義			✓	
17.藉由經驗了解物體間的關係（幫孩子發現關係）			✓	
18.經由感官主動探索、認識各種物品與材料的功能及特性，並正確操作（包括玩具及教具）		✓		
19.回答問題		✓		
20.使用一種標準來比較事物（如大小、輕重、粗細、軟硬之異同）			✓	

第四節　訂定個別化教育計畫：○○○學年度第一學期

一、「個別化教育計畫表」

○○○學年度第一學期個別化教育計畫表

學生姓名：小○　擬定日期：○○○○/09　執行日期：○○○○/09～○○○○/01

班別：○○班

出生日期：○○○○年7月6日　擬定教學者：羅老師　協同老師：林老師

類別：1表示跨環境，2表示列入作息，3表示和課程相關，4表示由家庭執行

評量說明：○表示通過，△表示提示或需要協助，●表示繼續執行，⊠表示不通過，－表示未執行

類別	編號	領域 / 科目 / 作息	目標	時間 / 地點	評量	備註
1	1	跨環境	＊能傾聽	學校、教室、家庭	△	易分心沒聽
	2		＊能在口語提示下理解並遵守指令		△	偶須動作協助
	3		＊能接受他人的協助		○	
	4		＊能在口頭提示下與他人分享		○	
	5		＊會要求		○	
	6		＊能在口頭提示下與同儕輪流		○	
	7		＊能在動作協助下耐心等待		○	
	8		＊能表達自己的需要、喜好、感覺		△	心情好時可
2	9	到達（自由活動時間）	＊能自己主動進教室	8：00～8：30 教室	○	
	10		＊能在口頭及動作提示下將點心碗放在指定處		○	
	11		＊會在動作提示下將餐袋放在自己的工作櫃		○	
	12		＊能在動作提示下向老師道早安		○	
	13		＊能在動作提示下向同儕道早安		○	
	14	計畫時間（日曆 / 點名 / 選角落）	＊點到名字時能在口頭提示下做出回應	8：30～8：45 教室	○	
	15		＊點名時能模仿做出指定的動作		○	
	16		＊能在口語提示下參與日曆活動（放日曆、星期、天氣牌）		○	
	17	角落時間	＊能仿說自己所處的角落名稱	8：45～9：40 14：40～15：00 教室	○	
	18		＊能在一個角落停留5分鐘以上		△	娃娃屋可以
	19		＊能正確玩玩具		△	丟
	20		＊能在成人帶領下經由感官主動探索、認識各種物品與材料的功能及特性，並正確操作（包括玩具及教具）		○	
	21		＊能回應同儕的溝通行為（用手勢或語言）		△	不一定理會

類別	編號	領域／科目／作息	目標	時間／地點	評量	備註
	22		＊能在成人陪同下選書及選擇喜歡的書		○	
	23		＊能在成人陪同下有目的地找書中的圖片		○	
	24		＊能選擇材料及活動，並表現學習興趣及需求		○	
	25		＊角落結束後能在口頭提示下放角落牌		○	
	26	小組時間	＊能主動參與小組活動5分鐘		△	視活動不同表現
	27		＊能在口頭提示下仿說以回應老師問題	9：40～10：10 教室	○	
	28		＊能在各種學習活動中與人合作，並對自己的表現感到高興		△	不一定與同儕合作
	29		＊能找出自己的檔案本		○	
	30	點心時間（如廁／點心）	＊能排隊等待上廁所		△	喜歡老師牽
	31		＊能在同儕陪同下去上廁所	10：10～10：40 15：00～15：20 教室、廁所	○	
	32		＊能跟著哼唱一、兩句點心歌		○	
	33		＊能坐在位子上直到點心吃完		△	喜歡走動
	34		＊吃完點心後能在動作提示下將碗收進餐袋內		○	
	35		＊吃完點心後能在動作提示下去語言角看書		△	一下子就跑開
	36		＊會照顧自己的清潔衛生（如刷牙、洗手）		○	
	37	戶外時間	＊能在動作協助下跟著做出簡單的體操動作	10：40～11：10 15：20～15：40 戶外場	○	
	38		＊能接住1公尺傳來的球		○	
	39		＊能嘗試玩不同的戶外場遊具		○	
	40		＊聽到集合指令能在同儕協助下到指定位置集合		○	

類別	編號	領域／科目／作息	目標	時間／地點	評量	備註
	41	大團體時間	*能在大團體討論時保持專注5分鐘	11：10～11：25	△	容易分心
	42		*能在動作提示下遵守團體遊戲規則		○	
	43		*能在動作提示下參與音樂律動		○	
	44		*能跟著仿唸（唱）一到三句兒歌歌謠	15：20～15：40 教室	○	
	45		*能安靜聽故事5分鐘		△	易被干擾
	46		*能在引導下回憶並仿說出部分的作息		○	
	47	放學時間	*會在成人協助下整理或看管好個人的物品（如玩具、文具、用品）	15：40～15：50 教室	○	
	48		*回家時，能在口頭提示下向老師說再見		○	
	49		*能坐在指定位子等待家長接回		△	喜歡走動
	50	認知（含數……）	*能說出班上三位老師的稱呼		○	
	51		*能比較大小		○	
	52		*有配對及數數1～10		○	
3	53		*在談話、畫畫及寫字時，了解數字代表的意義	9：40～10：10 教室	△	有固著行為
	54		*藉由經驗了解物體間的關係		△	須視覺提示
	55		*經驗及了解自己身體（如身體部位的位置及不同部位的功用）		△	須視覺提示
	56		*使用一種標準來比較事物（如大小、輕重、粗細、軟硬之異同）		△	須視覺及操作提示
	57		*能在動作提示下分辨上下、前後位置		○	
	58	語言	*能理解簡單語彙	9：40～10：10 教室	○	
	59		*能用單詞回答問題		○	
	60		*能用語文或其他方式表現出想法		△	多用動作
	61		*在遊戲中模仿環境的聲音（如風的聲音）		○	
	62		*能在動作提示下遵守二個連續的指令		○	

類別	編號	領域／科目／作息	目標	時間／地點	評量	備註
	63		＊能仿說常見物品的名稱		○	
	64		＊能指認具有某功能之物品		△	須口語提示
	65		＊能在動作提示下理解圖片中的動作		○	
	66		＊當同伴靠近玩耍、打招呼時，會適當回應		△	不一定搭理
	67	精細	＊能用彩色筆或蠟筆描直線或橫線			
	68		＊能在動作協助下將紙對摺		○	
	69		＊能在動作協助下將色紙撕開貼在指定位置		○	
	70		＊會正確使用剪刀	9：40～10：10 教室	○	
	71		＊能使用簡單的工具（如刀子模型）來玩黏土及其他美勞材料		○	
	72		＊會將黏土揉成長條狀		○	
	73		＊會撕下雙面膠帶膠膜		○	
	74		＊能說出常見物品的名稱		○	

老師的話：

　　小○在生活自理方面，能照顧自己的簡單需求，可再加強自我管理，例如：把自己的東西收在工作櫃、主動拿出點心碗等。精細動作方面大都符合其發展年齡，而粗大動作方面因其衝動性，還需加強其身體平衡及動作計畫能力。在認知方面，因其固著性，表現較好的會局限在數字方面而已，需再加強其廣度與類推的能力。在語言方面，小○有進步，從一、兩個常用字，到現在可用簡單句表達需求，仿說的長度也有增加，可再加強其適時的表達。在人際互動方面，從自我刺激到發出一些聲音或做出一些動作吸引旁人注意，也願意接受同儕協助，還需加強的是引導他用正確的方式吸引他人注意，並與同儕簡單互動。

　　老師每天都利用各種機會協助小○融入班上，適應社會生活，而孩子的進步還需家長的配合，相信小○在家長與老師努力下，一定能有更多的成長，加油！

羅老師
○○○○/12/28

家長簽名：＿＿＿＿＿＿

二、個別化教育計畫期初討論會——個案

◎日期：○○○○年9月26日

◎地點：○○班教室

◎出席人員：媽媽、羅老師、林老師

◎紀錄者：羅老師

◎討論事項：

一、IEP擬定說明

    1. 說明IEP擬定依據：(1)入學前，轉銜單位提供之資料；(2)家長在看過「個別化教育計畫」（IEP）執行手冊內容，評估後，填寫在標示處為2或1之目標；(3)本學期開學後小○的表現。

    2. 決議：依本學期所擬定的IEP執行。

二、親師溝通

（一）家長描述幼兒現況

    1. 喜歡看電梯，玩模型屋。

    2. 目前困境：少與人群互動，常自己玩。無法與人正常交流表達自我，家人不知如何指導他。

    3. 目前需求：需老師們專業的指導，希望他能和正常人一樣，能和別人交談，能達到實際年齡孩子所做的事。

（二）教師描述幼兒現況及建議

    1. 常自己一個人在娃娃屋玩，玩食物模型、模型屋，但通常都是用敲打讓玩具發出聲音的玩法，也會撫摸毛根、小毛毛狗，偶爾還會爬到矮櫃上往下跳，需指導玩具的正確玩法。

    2. 坐在椅子上時，喜歡將雙腳放在桌子上或踏腳讓地板發出聲音，若在大團體上課，常會起來遊走或從椅子上躍起，或者發出聲音，須給予適當的行為規範。

    ◎建議事項：物理治療師建議給予感覺統合治療，或到公園給予動作訓練。

家長同意欄：

□我同意「個別化教育計畫」的內容與安排。

□我不同意「個別化教育計畫」的內容與安排。

原因：_____　　家長簽章：_____

三、個別化教育計畫期末討論會——個案

◎日期：○○○○年1月2日

◎地點：○○班教室

◎出席人員：媽媽、羅老師、林老師

◎紀錄者：羅老師

◎討論事項：

一、IEP執行說明

  1. 如上項個別化教育計畫之評量表。

  2. 決議：依本學期IEP執行後之評量表做為下學期IEP之參考。

二、親師溝通

（一）家長分享

  1. 小○有些特殊的習慣，例如：用手指搓毛球，看到小熊或兔子的圖案，小○就會衝動的去親它，或用額頭、下巴去碰它，有時力道太大，還曾把眼鏡撞壞。有次去親吻超商玻璃門上的娃娃圖案，手還被電動門夾到，不知如何修正。

  2. 「你、我、他」會混淆使用，要如何指導？

  3. 對事情有固著行為，例如：在學校吃完午餐要刷牙，刷完牙就睡午覺。現在在家晚上睡覺若中途起來尿尿，小○一定要刷牙才肯回到床上睡覺，弄得媽媽睡眠不足。

（二）幼兒在學校現況的描述及分析

  1. 小○能接受同儕協助，偶爾還可以和同儕簡單互動，尤其是玩球類遊戲時，他可以和對方短暫互打乒乓球、丟接球。

  2. 小○在學校木門邊會用力踏木地板，好像提醒大家他已來上學，偶爾還會踢櫃子，不過腳放桌上和丟湯匙的次數已減少。

  3. 老師已指導小○多用口語表達需求，例如：「我要用筷子」、「我吃飽了」、「我還要」、「請幫忙」等，至於人稱代名詞（你、我）會混淆使

用的部分採示範教學。

三、決議

1. 下學期再多製造機會，協助小○與同儕互動技巧。

2. 儘量用鼓勵的方式，讓他學習正常行為去替代異常行為。可以運用他的固著性，幫助他自己，例如：第一次教他收拾工作櫃，就要確實執行，一旦成為習慣，他就會收拾得很好。

3. 請家長在家配合指導簡單口語表達。

第五節　訂定個別化教育計畫：○○○學年度第二學期

一、個別化教育計畫表

○○○學年度第二學期個別化教育計畫表

學生姓名：小○　擬定日期：○○○○/02　執行日期：○○○○/02～2014/06

班別：○○班

出生日期：○○○○年7月6日　擬定教學者：羅老師　協同老師：林老師

類別：1表示跨環境，2表示列入作息，3表示和課程相關，4表示由家庭執行

評量說明：○表示通過，△表示提示或需要協助，●表示繼續執行，⊠表示不通過，－表示未執行

類別	編號	領域／科目／作息	目標	時間／地點	評量	備註
1	1	跨環境	＊能傾聽	學校、教室、家庭	○	
	2		＊能在口語提示下理解並遵守指令		○	
	3		＊能接受他人的協助		○	
	4		＊能在口頭提示下與他人分享		○	
	5		＊能用短句要求		○	固定詞語
	6		＊能輪流		△	需提示
	7		＊能在口頭提示下耐心等待		○	
	8		＊能表達自己的需要、喜好、感覺		○	用自己的方式
2	9	到達（自由活動時間）	＊能自己穿脫外套	8：00～8：30 教室	△	需協助穿
	10		＊能在口頭提示下將點心碗放在指定處		○	
	11		＊會在口頭提示下將餐袋放在自己的工作櫃		○	
	12		＊能在口頭提示下向老師道早安		○	
	13		＊能在口頭提示下向同儕道早安		○	
	14	計畫時間（日曆／點名／選角落）	＊點到名字時能在口頭提示下做出正確回應	8：30～8：45 教室	△	有回應但不一定正確
	15		＊能在口語提示下參與日曆活動（放日曆、星期、天氣牌）		○	
	16		＊能在口頭提示下將日曆牌放在正確位置		○	
	17	角落時間	＊能仿說自己所處的角落名稱	8：45～9：40 14：40～15：00 教室	○	
	18		＊能在一個角落停留5分鐘以上		○	娃娃屋
	19		＊能正確玩玩具		△	固定玩法
	20		＊能在同儕帶領下經由感官主動探索、認識各種物品與材料的功能及特性，並正確操作（包括玩具及教具）		△	只對某些物品有興趣，局限固定玩法

351

類別	編號	領域／科目／作息	目標	時間／地點	評量	備註
	21		＊能回應同儕的溝通行為（用手勢或語言）		○	
	22		＊能在同儕陪同下選書及選擇喜歡的書		○	自己也會選
	23		＊能在同儕陪同下有目的地找書中的圖片		○	
	24		＊能選擇材料及活動，並表現學習興趣及需求		○	
	25		＊角落結束後能在口頭提示下放角落牌		○	
	26	小組時間	＊能主動參與小組活動5分鐘		○	
	27		＊能在口頭提示下仿說以回應老師問題	9：40～10：10 教室	○	固定模式、語詞
	28		＊能在各種學習活動中與人合作，並對自己的表現感到高興		△	喜歡自己的玩法
	29		＊能將作品放在自己的檔案本		△	需部分協助
	30	點心時間（如廁／點心）	＊能排隊等待上廁所		○	偶爾撒嬌要老師牽
	31		＊能自己去上廁所		○	老師表示在教室等
	32		＊能跟著哼唱一、兩句點心歌		○	
	33		＊能坐在位子上直到點心吃完	10：10～10：40 15：00～15：20 教室、廁所	△	遇到不喜歡的點心會遊走
	34		＊吃完點心後能在動作提示下將碗收進餐袋內		○	
	35		＊吃完點心後能在動作提示下去語言角看書		△	期末有幾次成功
	36		＊會照顧自己的清潔衛生（如刷牙、洗手）		○	喜歡且會做，但不一定確實

類別	編號	領域／科目／作息	目標	時間／地點	評量	備註
	37	戶外時間	＊能在口語提示下跟著做出簡單的體操動作	10：40～11：10 15：20～15：40 戶外場	○	
	38		＊能拍、接住球		○	
	39		＊能嘗試玩不同的戶外場遊具		○	
	40		＊聽到集合指令能主動到指定位置集合		○	
	41	大團體時間	＊能在大團體討論時保持專注5分鐘	11：10～11：25 15：20～15：40 教室	△	易分心或陷入自己的世界
	42		＊能在口語提示下遵守團體遊戲規則		○	
	43		＊能在口語提示下參與音樂律動		○	需不斷提示
	44		＊能跟著仿唸（唱）三到五句兒歌歌謠		△	需一句一句提示
	45		＊能安靜聽故事5分鐘		△	易分心或陷入自己的世界
	46		＊能在引導下回憶並仿說出部分的作息		○	
	47	放學時間	＊會在口頭提示下整理或看管好個人的物品（如玩具、文具、用品）	15：40～15：50 教室	△	除口頭提示，還需陪伴在旁
	48		＊回家時，能在口頭提示下向老師說再見		○	
	49		＊能坐在指定位子等待家長接回		○	
	50	認知（含數……）	＊能說出圖片中三種物品名稱（如海洋生物、蔬菜）	9：40～10：10 教室	○	常見的可
	51		＊能比較大中小		△	大小可
	52		＊能排出數序1～10		△	提示
3	53		＊在談話、畫畫及寫字時，了解數字代表意義		△	會模仿，不一定理解
	54		＊藉由經驗了解物體間的關係		△	
	55		＊經驗及了解自己身體（如身體部位的位置及不同部位的功用）		○	

類別	編號	領域／科目／作息	目標	時間／地點	評量	備註
	56		＊使用一種標準來比較事物（如大小、輕重、粗細、軟硬之異同）		△	會模仿，不一定理解
	57		＊認識物體各個部分，即從部分認出全部		○	常見的可
	58		＊能指認五種顏色		○	
	59	語言	＊能用簡單句回答問題		○	固定語詞
	60		＊能用語文或其他方式表現出想法		○	用自己的方式
	61		＊能在口語提示下遵守二個連續的指令		△	除口頭提示，還需陪伴在旁
	62		＊當同伴靠近玩耍、打招呼時，會適當回應	9：40～10：10 教室	△	會避開
	63		＊能仿說常見物品的名稱		○	
	64		＊能指認具有某功能之物品		○	常見的可
	65		＊能在口語提示下理解圖片中的動作		○	
	66		＊能說出圖片中的簡單事件（××在吃飯）		△	需口語提示
	67	精細	＊能用彩色筆或蠟筆描曲線			
	68		＊能在動作協助下將紙對摺		○	
	69		＊能在口語提示下將色紙撕開貼在指定位置		○	
	70		＊會沿著直線剪	9：40～10：10 教室	○	
	71		＊能使用簡單的工具（如刀子模型）來玩黏土及其他美勞材料		○	
	72		＊會將黏土揉成長條狀、球形		○	
	73		＊能在線內著色		○	

老師的話：
　　比起上學期，小○進步更多，小○有時就像需要啟動開關的孩子，例如：他想開教室的燈，一定要老師說：「開燈。」他才會動手。綜合言之：小○單純、溫和、可愛，是個有可塑性的孩子。

羅老師
○○○○/6/20

家長簽名：_____

二、個別化教育計畫期初討論會——個案

◎日期：○○○○年3月20日

◎地點：○○班教室

◎出席人員：媽媽、羅老師

◎紀錄者：羅老師

◎討論事項：

一、IEP擬定說明

1. 說明IEP擬定依據：(1)上學期期末IEP之評量內容；(2)家長說明小○最近表現及未來期望；(3)本學期開學後小○的在校表現。

2. 決議：依本學期所擬定的IEP執行。

二、親師溝通

（一）家長分享

1. 寒假去上冬令營，學到一些不當行為（如抖動身體），也未見進步，所以放棄不上了，寒假只上治療課。

2. 已能做簡單表達，也減少發出聲音自我刺激，覺得大班才來學前融合班念書太晚，應該中班就來，相信會進步很多，謝謝老師的付出與指導。

3. 擔心上小學鑑定安置之事。

（二）教師描述幼兒現況及建議

1. 最近很少踏木地板和踢櫃子，會拉老師並用簡單語詞表達需求，不過有時有「語言密碼」需解讀。小○已能聽懂簡單指令，可以嘗試以口語或動作提醒他完成指令，有時他需要「啟動」指令。

2. 吃藥的確減少小○橫衝直撞及注意力短暫的問題，有助於小○穩定學習，只是吃藥仍須聽從醫生指示。

3. 對物品仍有固定玩法，例如：將兩塊積木當電梯門，組合積木當樓梯。

4. 鑑定安置之事，待心評結果及鑑安輔程序後，相信有最好的安排。

◎建議事項：家長每天進班前可以帶小○到體育館玩球，發洩其旺盛的精力。

家長同意欄：
□我同意「個別化教育計畫」的內容與安排。
□我不同意「個別化教育計畫」的內容與安排。

原因：＿＿＿＿＿＿＿＿＿＿＿＿＿＿＿　　家長簽章：＿＿＿＿＿＿＿＿

三、個別化教育計畫期末討論會——個案

◎日期：○○○○年6月20日

◎地點：○○班教室

◎出席人員：媽媽、羅老師

◎紀錄者：羅老師

◎討論事項：

一、IEP執行說明

　　1. 如上項個別化教育計畫之評量表。

　　2. 決議：依本學期IEP執行後之評量表做為下學期IEP之參考。

二、親師溝通

（一）家長分享

　　1. 現在能在學校上大號，生活適應又進步了，放心不少。

　　2. 感覺語言表達有進步，有時會看到班上小朋友主動和小○互動，希望小○能持續進步。

　　3. 很高興經由鑑定安置後，國小能繼續上融合班，放心不少，但還是會擔心上小學後的適應、學習等問題。

（二）幼兒在學校現況的描述及分析

　　1. 小○在生活自理方面，已能照顧自己簡單需求，但還需老師做確認。

　　2. 需特別留意小○的偏食問題，喜不喜歡的食物反應明顯，要適時調整並鼓勵嘗試各種飲食。

3. 教室裡除了用積木，還會用書本、玩具底板做成電梯門，玩法單調、重複，常玩開門、關門的遊戲。

4. 上課時能接受將玩偶放置旁邊，角落時間喜歡自己探索，偶爾會觀察同儕。小組能從事操作活動，會主動要求老師指導。大團體需較多協助和提示才能融入。

三、決議

1. 老師須再協助小〇加強自我管理能力。

2. 學習基本認知能力時，要採精熟學習及工作分析，協助小〇不斷重複，一個步驟一個步驟的練習奠定基礎。

3. 為小〇安排轉銜會議。

四、個別化教育計畫執行總表

將每學期列出的IEP目標總數、達成目標數及百分比算出，以了解每學期的目標執行情形。

期間	類別	總數（個）	達成數目（第一學期）	達成百分比	達成數目（第二學期）	達成百分比
〇〇〇〇/09 〜 〇〇〇〇/06	跨情境目標	8	5	63%	7	88%
	作息目標	41	30	73%	29	71%
	課程目標	24	17	71%	16	67%
	總計	73	52	71%	52	71%
	跨情境目標					
	作息目標					
	課程目標					
	總計					
	跨情境目標					
	作息目標					
	課程目標					
	總計					

五、個別化教育計畫轉銜會議

◎會議日期：○○○○年6月28日 13：00～14：30

◎地點：教室

◎紀錄者：羅老師

◎出席人員：如簽到單

◎討論事項：

一、學前原教師

　　1. 轉交有關小○之歷年IEP、轉銜各項表件書面資料（如附件，略）、教學檔案。

　　2. 說明小○學習經歷及現況：

　　　　(1)小○在認知、語言、生活自理、社會各領域課程均需協助及加強。

　　　　(2)小○的個性溫和，只要老師溫柔地堅持，他大都能配合要求，唯有較偏食，未來午餐時，老師需多加留意。

　　　　(3)對玩偶或小熊、小兔圖案有不當之依附，可協助逐步減少。

　　3. 小○在生活功能、學習技能、自我照顧、情緒轉換等部分仍需較多的協助，請老師和家長達成共識，訂立適合其學習之目標。

二、家長

　　1. 遇到特殊事件，小○少主動用口語分享，但未反映在他的情緒及行為上，請老師留意並包涵。

　　2. 希望小○能愉快地邁入國小階段，請老師多指導，找到其最佳學習管道。

三、小一老師

　　1. 8月24日（六）舉辦班親會，會介紹教學理念以及做親師溝通，屆時請準時出席。

　　2. 已了解小○情形，會事前多做預告，提升情緒調整的技能。

　　3. 未來小○有適應困難導致有情緒反應時，還請家長在家多協助安撫。

4. 請家長多與老師聯繫與溝通，可善用聯絡簿。

◎建議事項：

1. 開學前，先到學校認識老師，並了解未來的學習環境。

2. 剛開學時，請老師及家長協助小○適應上課模式、指導作息轉換、留意下課活動，並提醒如廁。

學前融合教育
——理論與實務

第十七章

學前融合班的師資管理

　　老師能扮演許多不同的角色，可以是小組、團體教學的主導者，比如安排活動的材料、介紹活動的進行、使用教具；也可以是引導者，比如提出問題，讓幼兒回答問題，延伸幼兒的語言或經驗，引導幼兒在角落活動；也可以在旁觀察不給予任何與活動有關的指導或建議。

第一節　師資管理

　　在學前融合班的教室中，幼兒學習和自己不一樣的同學相處及做朋友，老師也要想想怎麼上課才能讓不一樣的幼兒都能學到東西。首先，必須先了解特殊幼兒需要學什麼？當特殊幼兒被安置在學前特教班，班上都是特殊幼兒時，課程主要是以生活自理、社會、語言、認知、動作五個領域為主，而普通幼兒園的課程則分為身體動作與健康、認知、語文、社會、情緒、美感六大領域。相較之下，普通幼兒園與學前特教班的課程領域大同小異，學前特教班課程多了生活自理領域。融合班級若同時有普通及特殊幼兒，除了提供幼兒園課程外也要兼顧特殊幼兒的課程需求。為了因應特殊幼兒個別化教學的需要，現有的幼兒園課程及活動需加以調整及統整，以使特殊幼兒的課程能融入普通課程之中。特殊幼兒的教學目標可以貼在教室的布告欄中，或是按領域直接貼在合適的學習角落。將教學目標融入日常教學情境中，不但可增加幼兒執行目標的機會，亦可拉近普通幼兒和特殊幼兒之間的距離。

當一個班級有一個以上的老師時，老師之間的分工與協調，就顯得格外的重要。在學前融合班裡，班上有普通及特殊幼兒，也可能有受過學前教育訓練和特殊教育訓練的老師，當二種專業背景的老師一起工作時，就要一起合作，一起參與課程的計畫及實施，而不是分成兩個部分，由一些老師完全負責普通幼兒的課程設計，另外一些老師負責特殊幼兒的課程設計和教學。每位老師的地位亦是平等的，沒有主要、次要之分，不但要能帶個別教學、小組教學，亦要能帶團體教學。雖然不是每位老師都受過特殊教育專業訓練，但可由受過特殊教育訓練的老師帶領其他老師，學習觀察幼兒的需要、擬定教學目標、設計教學活動。

第二節　融合班教師須具備的專業知能

特殊幼兒和普通幼兒一起上課，若老師的比例較高時，固然較易照顧到所有的幼兒，然而老師多並不能保證班級帶得好，尤其需要具備專業的知能。依據《師資職前教育課程教育專業課程科目及學分對照表實施要點》（教育部，2013a）規定：

「特殊教育教師師資職前教育課程教育專業課程科目，應修至少40學
分，其中：

1. 一般教育專業課程，應修至少10學分；

2. 特殊教育共同專業課程，應修至少10學分。

3. 特殊教育各類組（身心障礙組或資賦優異組）專業課程，應修至少10
　　學分。

4. 特殊教育各類組（身心障礙組或資賦優異組）選修課程，由各校依特
　　殊教育法之規定，就師資培育理念、條件及特色自行規劃。」

學前特教老師及國小特教老師的差別在10學分的一般教育專業科目，想取得

學前特教教師資格就要修習10學分幼兒園教育階段課程，想取得國小特教教師資格就要修習10學分國小階段課程，比起一般幼兒園教師，只修習過10學分幼兒園教育階段課程的學前特教老師，可能不知如何帶活動、教唱兒歌。受過學前教育訓練的老師並未具備特殊教育的專門知識，因而在學前融合班的教室中，老師必須重新接受在職訓練，其學習內容包含：

1. 兒童發展的理論。

2. 擬定個別化教育計畫。

3. 設計功能性課程。

4. 學習如何把語言訓練或其他治療性課程安排到日常作息活動中，使之成為幼兒課程的一部分，並安排技巧類化的機會。

5. 課程設計、擬定教學計畫及教學活動：有些教學活動可以達到很多目標，而有些活動只能達到一種目標，全賴老師選取能有效地達到教學目標的教學活動，可先行列出哪些技能是一學期要教的，再計畫課程與教學活動，以節省教學時間。

6. 班級管理：在課程內容訂定後，必須學習一些行為管理技巧，例如：教導幼兒如何相處及改變不良行為。

7. 隨機教學：此技巧可用在教導各個發展領域，例如：在教導語言溝通技巧時，老師必須隨時觀察幼兒如何與人溝通，是主動還是被動，是用口語表達抑或是手勢，並且提供幼兒模仿及說話的機會，在幼兒有所反應時，馬上給予回饋。

8. 做評量、填寫評量表及其他紀錄。

第三節　學前融合班教師的工作及自評表

依照Piaget的認知發展理論，學齡前幼兒正值前運思期，老師須依照幼兒興趣、能力、生活經驗去引導幼兒思考、計畫、操作、解決問題，如此幼兒才能學

習的更有意義及深入。為了省思教學是否達到既定的目標，教師每日須撰寫教學省思日誌，了解本身教學的缺失，以做為日後教學調整的依據。此外，須撰寫整學期課程計畫，包括：主題教學、小組教學及一週教學計畫、幼兒觀察紀錄等，以佐證教學活動確實依計畫執行，並能考量幼兒的實際狀況與需求做調整。除了上述要求，教師在融合式班級要同時兼顧普通及特殊幼兒的課程需求，更需要充分的教學準備及訓練，才能勝任融合班的教學工作。學前融合班教師自評表，如表17-1所示，從此表中可了解融合班教師的工作內容。

● 表17-1 學前融合班教師自評表

評鑑內容	評鑑向度	評鑑指標	參考檢核重點
一、課程設計與教學	1. 課程規劃	1-1 了解學校課程計畫的理念與架構	1-1-1 了解課程計畫與內容 1-1-2 了解領域之課程目標與分段能力指標 1-1-3 了解幼兒園願景與幼兒園課程目標 1-1-4 了解幼兒園課程計畫與內容
	2. 教學規劃	2-1 研擬適切的教學計畫	2-1-1 依分段能力指標研擬教學計畫 2-1-2 依幼兒能力研擬多層次教學計畫 2-1-3 規劃編寫適切的教學教案，教案包含開始、發展及綜合三個部分 2-1-4 教案設計應包含跨領域及多層次學習經驗的呈現
	3. 教材呈現	3-1 適切呈現教材內容	3-1-1 由淺入深、具邏輯性呈現教材與教學內容 3-1-2 依幼兒學習能力適切調整教學內容 3-1-3 教材及課程安排適中情形 (1)適合不同程度幼兒學習 (2)有合作學習 (3)注意個別差異 (4)與IEP內容相符（特殊幼兒）
		3-2 清楚講解教學內容	3-2-1 音量足夠、發音咬字清楚 3-2-2 適當運用肢體語言表達教學內容 3-2-3 適時歸納教學重點
	4. 教學方法	4-1 運用有效的教學方法	4-1-1 教學流程允當適中 4-1-2 依教材性質與幼兒特性選擇適切的教學方法 4-1-3 將特殊幼兒目標安排在教學流程中

● 表17-1 學前融合班教師自評表（續）

評鑑內容	評鑑向度	評鑑指標	參考檢核重點
一、課程設計與教學		4-2 有效引發幼兒學習	4-2-1 教學活動能引發幼兒的學習興趣並維持持續參與 4-2-2 教學活動能結合幼兒的生活經驗 4-2-3 提供幼兒適切的學習活動，如善用多層次教學 4-2-4 依幼兒不同的需求實施補救或充實教學
		4-3 善用教學資源輔助教學	4-3-1 善用各種教學資源（如圖書館、網路、多媒體等） 4-3-2 善用人力及社區的資源 4-3-3 教具的恰當使用 4-3-4 因應幼兒需求使用不同的教學輔具
二、班級經營與輔導	6.班級經營	6-1 營造安全且助於學習的情境	6-1-1 布置適當的學習環境 6-1-2 營造適當的學習情境 6-1-3 依幼兒學習能力給予幼兒期望
		6-2 營造良好互動的班級氣氛	6-2-1 呈現班級良好的溝通方式 6-2-2 激發班級榮譽感與凝聚力
		6-3 建立良好的親師關係	6-3-1 向家長說明教學、班級經營的理念和作法 6-3-2 告知家長幼兒的學習情形和各種表現 6-3-3 有效獲得家長合作，提供有關資源和服務
	7.幼兒輔導	7-1 運用輔導技巧協助幼兒成長	7-1-1 有效進行幼兒學習輔導 7-1-2 有效進行幼兒行為輔導
		7-2 遇到「重要」的問題時，設法解決並詳實記錄	7-2-1 找相關老師開會訂定解決方法，並做成相關紀錄 7-2-2 邀請家長召開個案研討會 7-2-3 定期召開IEP會議
三、專業發展與教育研究	8. 專業成長	8-1 參與進修活動	8-1-1 從事教師個人的自我成長活動（含校內外） 8-1-2 配合幼兒園發展專長參與相關研習
		8-2 精進教學	8-2-1 以教學實務需求做為專業成長的依據 8-2-2 透過多元管道（如研習、學習社群等）提升專業知識

● 表17-1　學前融合班教師自評表（續）

評鑑內容	評鑑向度	評鑑指標	參考檢核重點
三、專業研究與	9.專業發展	9-1 記錄與分享專業工作心得	9-1-1 能積極記錄教學工作情形及心得 9-1-2 樂於分享教育工作心得
		9-2 有自編、自製適合幼兒學習之教材、教具	9-2-1 把自己平時自製教具拍照並存檔 9-2-2 交換及觀摩別人的教材教具 9-2-3 參加教材教具競賽
四、敬業精神	10.專業倫理	10-1 積極投入教育工作	10-1-1 主動學習教育新知 10-1-2 適切應用專業成長知能於實務工作

（教育發展與態度）

第四節　老師對融合教育的態度

　　在學前融合班，老師的態度和行為尤其重要。在讓普通幼兒接受特殊幼兒之前，老師首先要先接受這些幼兒的差異性，然後以身作則，公平公正地對待每一位幼兒。事實上，老師很容易看到幼兒的障礙而放棄幼兒，以為幼兒尚未準備好上學。老師更常想要改變他們，想讓他們和其他幼兒一樣「正常」，眼光始終都聚焦在他們的「問題」上，而不願意接納他們現在的樣子。融合教育認為，接納幼兒的現況是很重要的，老師應該按著幼兒的需要幫助其成為最好的自己。

　　融合教育的內涵是以人為本，尊重差異，不因能力不同遭受歧視。順應融合的趨勢，愈來愈多的特殊幼兒進入幼兒園，但特殊幼兒或能力欠缺的幼兒因學習及行為問題導致無法融入幼兒園的例子時有所聞。幼兒園的園長和老師更需要學習融合的理念與教學，調整普通班的課程、座位安排及上課方式，以提升幼兒園對於特殊幼兒的包容、引導及教學能力。鄒啟蓉（2004）探討四個不同幼兒園共10位老師的融合教育理念，發現融合教育的理念包括建立接納與協助的班級文

化、認識並尊重自己與他人的獨特性、培養獨立與適應社會的能力，以及兼顧不同領域的學習與所有學習者的需求等。為了推展融合教育的理念，教師們強調與家長及所有幼兒合作經營班級文化的重要性。教師對普通幼兒的教導強調對個別差異的認識與接納以及同理心的培養，他們重視幼兒內在的感受、想法的改變、自發的行為，而不僅是外在的行為表現，使用的方法包括：以身作則、問題討論、角色扮演、故事教學等。對於特殊幼兒的教導，老師強調要一視同仁，培養獨立的能力，在方法上則以隨機教學為主。

第五節 老師的改變

在一次針對60位幼兒園教師作學前融合教育演講後，筆者請與會之教師提出辦理學前融合教育班級需具備哪些條件。教師們提出了下列條件，並請教師們針對所提的每一個項目舉手表達其重要性，得到以下的結果。

壹、對待幼兒的觀念

1. 接納與尊重的心 …………………………………… 13人。
2. 了解、包容、體諒的心 ………………………………… 9人。
3. 尊重個別差異 …………………………………………… 2人。
4. 學習等待 ………………………………………………… 1人。
5. 具備耐心 ………………………………………………… 1人。
6. 尊重同儕情感 …………………………………………… 1人。

貳、教學

1. 因材施教 ………………………………………………… 11人。
2. 調整課程 ………………………………………………… 11人。

3. 課程多元化、趣味化、活動化 ……………………………… 10人。

4. 設置不同層次的教學目標與評量目標 ……………………… 10人。

5. 增加教師人力及專業治療師 …………………………………… 4人。

6. 加強同儕互動 …………………………………………………… 4人。

7. 教師進修 ………………………………………………………… 3人。

8. 課程具結構、次序性 ………………………………………… 3人。

9. 注重課程準備 ………………………………………………… 3人。

10. 提供合宜教具 …………………………………………………… 2人。

11. 建立特色 ………………………………………………………… 1人。

12. 提供主動學習經驗 …………………………………………… 1人。

13. 加強幼生生活自理 …………………………………………… 1人。

14. 教師要能耐心等待幼兒的成長 …………………………… 1人。

15. 加強家庭教育 ………………………………………………… 1人。

16. 豐富教學資源 ………………………………………………… 1人。

17. 老師自省能力 ………………………………………………… 1人。

參、空間

1. 安全舒適的空間 ……………………………………………… 12人。

2. 無障礙學習的空間 …………………………………………… 9人。

3. 角落規劃 ………………………………………………………… 9人。

4. 寬廣的空間 ……………………………………………………… 9人。

5. 自主性學習空間 ………………………………………………… 5人。

6. 動線規劃 ………………………………………………………… 5人。

7. 減少干擾 ………………………………………………………… 2人。

8. 考量座位編排 …………………………………………………… 1人。

9. 固定的空間 ……………………………………………………… 1人。

肆、態度

1. 接納的心 ……………………………………………… 25人。
2. 具備愛心與耐心 ………………………………… 7人。
3. 積極進修 …………………………………………… 7人。
4. 心態的改變 ………………………………………… 7人。
5. 平等對待幼兒的心 …………………………… 3人。
6. 加強親師互動 …………………………………… 2人。
7. 接納團隊合作觀 ………………………………… 1人。

伍、其他

1. 團隊合作的重要性 …………………………… 6人。
2. 親師互動的必要性 …………………………… 4人。
3. 接納的心胸 ………………………………………… 4人。
4. 尋求社會資源 …………………………………… 3人。
5. 具備自省能力 …………………………………… 2人。
6. 增加肢體語言 …………………………………… 1人。
7. 了解幼兒家長家庭狀況 ………………… 1人。

上述調查結果顯示，在對待幼兒的觀念項中，「接納與尊重的心」（13人）最重要；在教學項中，「因材施教」（11人）及「調整課程」（11人）都是最重要，其次為「課程多元化、趣味化、活動化」（10人）及「設置不同層次的教學目標與評量目標」（10人）；在空間項中，「安全舒適的空間」（12人）最重要；在態度項中，「接納的心」（25人）最重要；在其他項中，「團隊合作的重要性」（6人）最重要。

第六節 問卷及教師訪談

壹、問卷

一、教師接納與關懷特殊幼兒

筆者請竹大附小學前融合班的6名教師針對接納與關懷特殊幼兒提供意見並舉例說明，表17-2列出部分教師接納與關懷特殊幼兒的問卷。

● 表17-2　教師接納與關懷特殊幼兒問卷

題號	問卷題目	請舉例說明之
1-1	教師會提供身心障礙幼兒課堂學習及表現的機會	・請特殊幼兒發材料，讓特殊幼兒有服務大家的機會。鼓勵並給予表現機會，例如：發表作品 ・中度智能不足的幼兒喜歡發東西給人，就請他先坐好，專心聆聽老師上課，能遵守規定後，發材料時，就請他當小老師，他就很能專注參與小組課程 ・每日的日曆計畫時間會讓特殊幼兒帶大家讀出今天的日期 ・於日曆計畫時間讓特殊幼兒找出與日曆上相同之數字和天氣圖 ・由特殊幼兒帶領大家讀出今天的日期和天氣 ・作息轉換時由特殊幼兒帶領大家做動作 ・提供特殊幼兒適合其能力的教材和教學內容，例如：多重障礙幼兒的心理發展尚處於2歲左右的階段時，教師提供適合他心智年齡的實物教材，增加特殊幼兒的學習機會與學習效果
1-2	教師會適時與身心障礙幼兒互動	・安排特殊幼兒坐在老師旁邊，隨時關心其需求，給予適當的提示和協助 ・隨時都與特殊幼兒互動，尤其生活自理需加強的特殊幼兒，更是隨時隨地注意其生活自理；另外，也特別留意特殊幼兒與普通幼兒互動時的技巧，並隨時提示或示範合宜的語言 ・與特殊幼兒邊洗手邊唱洗手歌（前搓搓、後搓搓、左搓搓、右搓搓……）

● 表17-2　教師接納與關懷特殊幼兒問卷（續）

題號	問卷題目	請舉例說明之
1-2	教師會適時與身心障礙幼兒互動	・特殊幼兒於角落玩扮家家酒時，會主動問老師要吃什麼？他們會煮好吃的食物請老師吃 ・教師會與特殊幼兒玩其喜歡的遊戲，例如：中度智能不足幼兒喜歡玩組合積木和看書的遊戲，教師就陪他玩組合積木的遊戲，並且陪他看書。戶外場還陪特殊幼兒玩「你來追我啊」的遊戲 ・教師陪伴多重障礙特殊幼兒玩扮家家酒的遊戲，陪他玩溜滑梯、坐飛機翹翹板的遊戲，還有陪特殊幼兒和家中姊姊玩的擊掌比勝利手勢的遊戲
1-3	教師會持續關心並改善身心障礙幼兒的班級適應情形	・開學初，教師會關心特殊幼兒的分離焦慮，並適時安撫不安情緒，並且向同儕說明特殊幼兒的需求和相處之道 ・適應後，教師會指導特殊幼兒儘量自己完成自己的生活自理工作，若因身體或發展限制，則給予協助或提示 ・教師會留意特殊幼兒的各方面發展，若有進步會立即給予讚美和鼓勵，適切時機也會公開表揚，並謝謝同儕給予的機會、協助等，讓特殊幼兒與普通幼兒有良好的互動模式，使班級氣氛融洽美滿 ・平時觀察，並在適當的時機介入輔導 ・平時與幼兒閒聊時會適時帶入合宜的話題，以增進特殊幼兒的語言能力 ・幫聽損幼兒矯正發音，方便與同儕溝通，並指導普通幼兒如何與特殊幼兒相處和提供協助
1-4	教師會爭取幼兒家長對身心障礙幼兒的接納	・利用任何機會讓家長看到特殊幼兒的潛能，並適時安排家長與幼兒互動的機會，讓家長看到特殊幼兒可取之處 ・利用學校大型活動，如運動會、教學觀摩，或是放學時，讓家長親身看到並感受到特殊幼兒的潛能及可愛處，並體認到幼兒間彼此接納融洽互動的情形 ・將親子活動、教學觀摩、校外教學等活動照片分享到班級網頁及臉書上，讓大家了解特殊幼兒也是班上的一分子 ・若遇到特殊幼兒家長不能接納特殊幼兒的行為時，會適時適切地以幼兒發展的角度切入，並引導家長用正向的眼光來面對幼兒的問題行為，增進特殊幼兒家長接納與了解特殊幼兒，使家長能夠更明白自己孩子的發展，學習引導及處理技巧，在家長與學校配合的情況下，使特殊幼兒的情緒穩定，學習效果佳

學前融合教育
—— 理論與實務

二、學校資源與支援系統

筆者亦請竹大附小學前融合班的6名教師針對學校資源與支援系統提供意見並舉例說明，表17-3列舉出部分學校資源與支援系統的問卷。

● 表17-3　學校資源與支援系統問卷

題號	題目	請舉例說明之
3-1	學校會提供全體教師有關特殊教育相關資訊	・會告知相關研習、講座、競賽、甄選訊息
3-2	學校會提供教師所需要的特殊教育諮詢管道（如行政諮詢、教學協助）	・安排研習，教學輔導教師制度 ・教師專業評鑑，邀請夥伴進班做課室觀察 ・行政會舉辦研習讓教師參加 ・教師一起討論幼兒問題行為之處理方法，能提供有效率、一致性的處理方法
3-3	學校會鼓勵行政人員及教師參加特殊教育進修與研習	・安排特教研習 ・鼓勵教師參加校外研習
3-4	學校定期辦理特殊教育實務研習與融合教育宣導活動	・每學期會辦理一次特殊教育實務研習，期初會辦理融合教育宣導活動
3-5	學校會主動舉行定期或不定期之特教相關會議	・如期初IEP會議、期末IEP檢討會議
3-6	身心障礙幼兒之任課教師會獲得學校特教教材教法的資源或支援	否
3-7	身心障礙幼兒之任課教師會獲得學校或同事的協助（如人力、經費或相關資源）	・教師助理員
3-8	學校能整合校內外資源（如志工、家長及相關專業服務），提供身心障礙幼兒、任課教師或家長所需之支援	・班親會 ・新竹市治療團隊 ・竹教大志工

貳、訪談

問：有人說帶特殊幼兒要特別的細心、有愛心，你以為呢？

答：其實我會覺得對任何幼兒都一樣，不是說因為他是特殊幼兒。我比較不喜歡

把特殊幼兒跟一般幼兒劃分得太清楚，因為在我的心裡面，他們都是幼兒嘛！我不會說因為他是特殊幼兒，我就特別有愛心，我會去考慮到他是特殊幼兒的話，大概就是在他們的學習比較停滯不前的時候，或是他出現了一些障礙的部分，例如：自閉症幼兒會有固著行為，我才會特別考慮到他是特殊幼兒這個部分。基本上他們對我來說都是幼兒。

問：你覺得普通老師、特教老師，還有融合班老師有什麼不一樣的地方？

答：我覺得一樣辛苦，一樣要用心啦！說真的要比較，我覺得融合班老師可能自己的應變能力、挫折容忍度要比較高一點。

問：老師待在這裡這麼久了，有沒有什麼印象最深刻的事情？

答：我覺得是幼兒的進步，那種驚訝，會讓我印象很深刻。譬如說，我教了他一年，他都不理我，突然叫我老師，那我就會很高興。

問：那如果說，老師的理念或態度不一樣，你會怎麼辦？

答：應該就是要去協調啦，我覺得很難免耶，有時候真的會碰到理念不合，或是做事情的方法不一樣，我覺得就是跟每個人的特質有關係。每個人解決的方法也不一樣，因為在同班，我覺得我們的目標也是一致，如果有老師的作法跟我不一樣的時候，我會找一個時間，找他好好談一談，可能吃個飯、聊個天，我一定會把我的想法告訴他，我也想知道他的想法。我以前會覺得說人家怎麼不跟我合作，現在這個年紀就會覺得說，我要去了解一下到底是怎麼回事？是不是我自己的態度上有一些問題，我自己的理念不是那麼好。我覺得我運氣蠻好，有時候我覺得我在堅持某一些東西的時候，他們反而會比較讓我（笑），這點我覺得要很感謝他們啦！不過有時候老師很堅持一些東西，我還是會尊重他，如果說有時候僵持不下，一般來講，我的個性是，我一定會把他們找來，一起好好的討論。當然不是說剛好在衝突的時候，緩和個一、兩天，自己的情緒也比較穩的時候，可能就會坐下來好好的說。基本上，我覺得這麼多年好像也都就這樣進行，也沒有很大的問題。

問：常態是不是在這一週作下一週課程的告知或是討論，就是已經進行完課程討論？

答：還要包括提供材料，在上課前一天交給我們上課的材料，因為每一組幼兒的程度可能不一樣，我們就是一個老師負責一個領域嘛！負責的老師一定會幫忙準備材料，就是就材料跟其他老師分享。因為我們希望三個老師不只是了解自己那一組的幼兒，是要了解全班的幼兒，還有根據那天的特殊行為，會一起討論出共同的辦法。我舉個處理幼兒特殊行為的例子啦！比如有些老師可能覺得幼兒翹個腳吃飯不好，一定要他把腳放下來。可是有的老師就會覺得沒關係，只要他高興就好。這點就會變成老師們需要做一些溝通。還有就是，幼兒在玩玩具時發脾氣了，有的老師就會覺得就讓他去發脾氣，有的老師就會覺得要馬上去安撫他，就是說，處理的方式會不一樣。所以我常常跟老師講，我們只要保持一個原則，我們都是替幼兒著想，這樣就可以了，至於什麼方法，我覺得可以每位老師都試試看，因為每位幼兒接受的方式是不一樣的，跟每位老師的契合度也是不一樣的，不覺得說哪一個一定是最厲害或是最好的方式。所以說，有不同方式的話，不見得是不好的。

問：我知道特殊幼兒有IEP，IEP需要評量，但課程是否也要評量？

答：我覺得不管是特殊幼兒、普通幼兒，連老師都要評量。像我私底下會評量自己，事前會自我評量一下就是說，我現在進行一個教學會進行到什麼程度，可能說幼兒要用什麼樣的東西，那做完之後，我會評量一下，是不是低估了這個幼兒的能力或是高估這個幼兒的能力，會做修正。

第十八章

與家長溝通

　　父母是孩子最親密的人，也是對孩子行為影響最大的人，故父母應參與孩子學習的每一個階段。父母應對孩子關心、體諒，給予孩子正確的引導和幫助，不能因孩子有學習問題或過動而感到厭倦、心煩，也不能因孩子有發展遲緩的問題而嫌棄孩子，造成孩子的自卑心理或精神壓力。當他們在學習中出現適宜行為時，就要及時給予獎勵，以鼓勵他們繼續前進，老師們也要帶著父母用積極的態度去面對不一樣的孩子們，給予他們足夠的關注和學習的引導；也許，孩子會有很大的改變，甚至創造奇蹟。

第一節　與家長溝通的管道

　　家庭教育是學校教育的基石，請家長共同參與幼兒們的成長極為重要，幼兒園應依據教保目標、教保計畫及家長需求，規劃與實施多樣化的親職教育活動，並促使家長願意積極參與。家長與學校溝通的管道應該多元且必須順暢，該溝通管道除了平時的溝通、電話、透過聯絡簿同父母溝通幼兒在家學習的情形，或是透過學習單上的家長意見欄與家長溝通教學是否需要調整，讓家長了解孩子在校的學習情形之外，還包括下列方式：

1. 親師座談：每學期舉辦一次的親師座談，多半在學期初舉行，家長可自由參加。座談通常分為兩段時間，第一段時間介紹學校的理念，由老師及助理老師介紹這學期進行的課程內容、作息、行事曆及活動，以及教室常規

和期望、在學校可以接聽或回覆電話的時間等。第二段時間則是親師交流時段，家長可在此時段提出關於他們孩子進展的問題，以及對育兒及對幼兒園教學與活動的問題，由教師解答。教師也可提供一些教養小秘訣給家長，例如：規劃指導幼兒看主題相關的書及電視節目。

2. 主題教學家長參觀日：通常是在下學期舉辦主題教學成果並邀請家長參加。成果包括幼兒參與主題進行各類活動的影像、文字紀錄，請家長蒐集主題相關資料及記錄幼兒主題學習情形。

3. 請家長與老師共同規劃及參與幼兒園活動：比如一起規劃每年一次親子運動會、迎新活動、義工媽媽表揚、母親節活動及畢業典禮活動等。

4. 家長親職講座及身心靈活動：邀請家長參與座談、講座、身心靈活動及成長團體，提供家長教養方法及親子溝通技巧，增進家長親職教育之知能，或藉由共同經驗分享，提升生活教育、生命教育、品格教育於家庭之實踐。

5. 義工培訓：培訓義工於班級的協助技巧，協助班上需要協助的特殊幼兒及其家庭。

第二節　教導家長如何處理孩子的情緒及行為

幼兒3至6歲時，家庭為其生活重心，父母最常抱怨的是孩子的情緒，如亂發脾氣及行為問題，尤其在孩子3歲以後上了幼兒園，要面對不同的環境轉變，開始認識到自我以外的世界，學習與其他幼兒交往及相處。當他們的表達能力不足以表達自己的情緒，或者和同儕相處不懂得處理自己的情緒時，就容易出現發脾氣或者用消極及逃避等態度來表現自己，因此幼兒園必須將協助家長處理幼兒的情緒及行為視為親職教育的一環，尤其是剛入園的幼兒。

壹、處理孩子的情緒問題

在幼兒社交情緒技能發展中,首先需要了解幼兒的情緒認知能力,了解幼兒是否具備識別、理解、察覺自己及對他人的感覺,並以健康的方式表達情緒的技能。Dupont(1994)參考Piaget的認知發展理論,建立情感發展理論,他將情感發展分成六個階段:自我中心期(約新生兒至2歲)、他律期(約2至6歲)、人際期(約6至12歲)、心理期、自主期(12至25歲),以及統整期。學齡前階段的幼兒正處於他律期,這個時期幼兒逐漸發展對具體物體的抽象概念,故能對他人產生較持久的情感,此外情感也已經開始分化,知道自己與別人是不同的。但是,在他律期仍不具備克制衝動的能力,因此必須依賴重要他人如父母的協助與指導,並逐漸了解哪些行為是會被獎賞或懲罰。

在融合環境中提升幼兒情緒認知能力的教學方法,除了閱讀情緒認知的繪本,認識不同情緒的聲音、照片或圖片,說出情緒圖片的人物是生氣還是快樂,將情緒圖片與聲音配對或是扮演情緒圖片,說出今天的感覺等方法之外,老師也可教導幼兒識別並描述情緒,設計情緒知覺活動來增進情緒認知能力,以識別情緒好壞,幫助幼兒使用情緒詞彙(如「我很生氣」)及學習處理憤怒的情緒,讓幼兒的情緒發展更成熟,學習更正確地評估環境和做更恰當的反應。

重要的是,老師及父母平時要以身作則,表現穩定的情緒行為,作為幼兒的榜樣,且使用幼兒能了解的情緒語詞,同理並能引導幼兒正向的抒發及表達自己的情緒,像是喜怒哀樂、害怕或恐懼。透過家庭與學校合作,促進幼兒社交情緒技能的全面發展。

貳、處理幼兒的行為問題

父母習慣使用指導、糾正、命令、不贊同或批判等方式,讓孩子去做某事或不做某事,結果是孩子依然故我,甚至產生情緒反應,如逃避、消極、憤怒等不良行為。此時,父母反而使用更多指導、糾正、命令、不贊同或批判等方式去促

使孩子改變，導致親子之間的關係變得緊張。事實上，父母和孩子之間的友善關係，對於改善和糾正孩子的不良行為至關重要（李玉芳，2008）。

Eugster與Tredger（2006）建議，父母宜使用積極關注和遊戲改善親子間的緊張關係。使用積極關注和遊戲時，父母會將注意力集中於發展及增強親子關係而不是行為矯正策略，其最終的結果是孩子的情緒能接受外來的糾正，並處於一個健康的狀態。使用積極關注和遊戲減少不良行為的技巧如下。

一、關注孩子的行為

一天之內，關注孩子並留意孩子做了什麼，對孩子做的事情做陳述（每條陳述中要用到「你」這個詞）。如果孩子做了恰當的事，可以給孩子一個回饋，讓孩子知道你是關注他所做的事的，例如：

「我留意到你今天先穿好了鞋子再穿外套。」
「你正在很努力地玩積木。」
「我看到你真的盡力去推那個車了。」
「你好像找不到你的小汽車。」
「你在很認真地看書上的圖。」

如果孩子做了一些不恰當的事，可以使用你覺得有效的行為管理策略介入處理這些不當行為。

二、關注孩子的感受

一天之內，理解孩子的感覺是什麼並將它回饋給孩子，例如：

「你感到非常高興，因為媽媽要帶你出去了。」
「我覺得你很著急，因為你的車子不見了。」

「我注意到你感到很沮喪，因為電動玩具不能動了。」

「你覺得很生氣，因為你不能繼續玩玩具了。」

陳述你注意到孩子的感受（每條陳述中要用到「你」這個詞），但不要問問題。在這個技巧中，你接受孩子的感受，但要說出限制，例如：

「你感到很生氣，因為你現在不能吃餅乾，還有30分鐘就要吃晚飯了。」

「你感到很傷心，因為弟弟把你的積木撞倒了，但是你不能打弟弟。」

三、留意孩子的喜惡

一天之內，留意孩子的喜惡並將它回饋給孩子，例如：

「你喜歡那本書。」

「你不喜歡胡蘿蔔的味道。」

「你不想繼續玩沙了。」

「你今晚想多吃點肉。」

「你希望可以晚點睡。」

記住，接受孩子的慾望和想要的東西，但仍應說出限制，例如：

「你希望再看一下電視，但現在是睡覺的時間了。」

「你想繼續和小雯玩，但現在是我們從幼兒園回家的時間了。」

四、給孩子鼓勵或讚揚

如果孩子做了一些你感到很高興的事或者想要鼓勵的事，鼓勵孩子或者表示你的讚賞，例如：

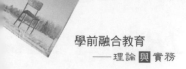

「我注意到你在很努力地把積木搭起來，你沒有放棄！」

「我知道你已經有計畫要怎樣建城堡。」

「我很高興你把玩具收好了。」

　　然而，要小心使用鼓勵或讚揚，不要過度使用讚賞或者僅僅是把焦點放在成就而不是努力上，這可能會讓孩子覺得只有當表現到一個特定的標準時，他們才是對的。

第三節　教師訪談

問：與家長溝通時，有什麼樣不一樣的地方？

答：在一般普通班跟特殊班都只要面對單一對象，不是普通幼兒就是特殊幼兒的家長，這裡可能要面對不一樣的家長。我覺得我們的家長可能是因為進來的時候，都已經知道這個班級的狀況，所以在面對家長溝通上面，其實跟其他的會差不多。喔，還有就是我剛剛講的我們比較尊重幼兒，有些家長還是蠻傳統，他們比較希望用一些嚴厲的方式，基本上比較開放式的家長對我們的支持度是比較高的。

問：那特殊幼兒的家長會不會拜託老師幫忙照顧，其他家長會不會抱怨？

答：不能說抱怨啦，會說出他們的心聲啦！其實這個部分我是太常碰到了。其實家長不用跟我們講，我們就心裡有數，幼兒如果學習一直都沒有進步的時候，我會比別人更急。因為我會覺得說，教了這麼久，沒進步的話，要怎麼跟家長交待。我以前會給自己很大的壓力，像回家就會哭這樣子（笑）。我現在就會分析，如果真的是我能力之外的，比方說像復健，或是心理上的問題，我沒有辦法touch到的部分，我就會跟家長說，請他們去尋求另外的資源。如果是我自己沒有做到的部分，當家長跟我反應，最先要檢討的應該就是我自己，我就會想辦法，看書啦、請教人呀，有時候我也會問教授說，這

個幼兒我要怎麼解決啦，或是找一些相關的書呀，或是一些諮詢專線的老師啦！現在家長跟我講，我會先想是我的問題還是其他的問題。

問：像你們學習單會要求家長協助嗎？會放這樣的東西進去嗎？

答：嗯……有時候會。

問：是因為課程的需要，就是可能連普通幼兒都需要，還是只有特殊幼兒才需要學習單？

答：有時候連普通幼兒都需要學習單。像現在訂了一個主題，裡面有一個課程出來，有幾種狀況需要家長協助：他在我們小組裡面做不完的，我們會請他帶回家，請家長看著他、協助他一起做，其實有沒有做完沒關係，我們覺得過程比較重要。如果說家長要幼兒做完，那也可以；可是如果是我們覺得特殊幼兒能力不夠了，或是普通幼兒能力不夠了，我們會跟家長講說，只是給家長參考，就像我剛剛講的，強調過程，至於結果，我們不是那麼重視啦！

問：有什麼需要家長協助？

答：我們會請家長協助資料的蒐集。比如說，我們有一個主題「故事大王」，我們會請家長跟幼兒一起蒐集；我們有一個主題學習單，請家長帶著幼兒去蒐集相關的資料，我覺得這樣可以補充在學校裡的不足。我覺得在學校時間很短能給幼兒的不多，常常有家長不知道要教幼兒什麼，就讓他們知道學校現在教什麼主題。比方說，我們在上和食物相關的主題，我們就會跟家長講，剪貼一些吃的東西，貼在學習單上面，或者請他們用畫的就可以了！

問：那除了面對面溝通、聯絡簿，還有什麼？

答：很嚴重的話，我們就是用電話請家長過來跟我們面談。找個時間坐下來談，因為接送時無法談。

問：那你會直接用電話溝通嗎？

答：電話溝通比較少，偶爾會啦，我覺得比較少。

問：那你覺得哪一個比較有效，就是比較嚴重的問題的話？

答：當然就是面對面囉！比較嚴重的問題，大部分是比較特別的問題，當然就要面對面，因為不可能貼公告（笑）。

問：那如果家長對你的教學有意見，譬如說，你剛剛也有講說，太open啦，你會
　　怎麼樣去處理？

答：我比較希望家長直接跟我講啦！那如果說家長親自直接來找我面談的話，我
　　會給家長一種感覺，就是我真的很虛心受教。如果家長講說，我給幼兒太
　　大的空間的話，我會分析給他聽，或請他舉例，是哪幾件事，然後我會把我
　　的想法告訴他，大部分的家長就可以接受了。如果有些家長覺得他的幼兒需
　　要比較嚴格的一些方式的時候，我可能會問他為什麼，就是一些理念的溝通
　　啦！大部分的家長都會蠻尊重老師啦，如果真的溝通不良，那他們就會選擇
　　離開啦！

第四節　家長看融合教育問卷調查結果

　　為了解家長對子女就讀融合班的看法，特別設計了下列開放性問卷，填答結
果如下。

家長看融合教育問卷調查：學前篇

一、融合班在整體環境上對幼兒的幫助與影響，請舉例說明。

- 可以更多元接觸普通教學，認識老師、小朋友，在耳濡目染之下，會模仿、學習，如睡午覺、摺疊棉被、吃點心等團體活動作息。
- 班上同學遊戲時會拉著幼兒一起學習，沒有負面的語言，而是融入與接納。
- 融合班的小朋友十分友善，原本內向怕生的小鋒，會親近並試著加入團體。
- 我的孩子動作較慢，在融合班老師的耐心教導下，學會生活自理。
- 能讓孩子們了解體會特殊幼兒生活中的困境，試著學習去幫助他們，也懂得感恩，自己較易有同理心，且學校有各種感覺統合教具，讓孩子摸索玩玩。
- 孩子很喜歡去上學，很喜歡每一位老師，也很愉快地和每位同學相處，喜歡上學是家長最大的安慰。
- 老師們照顧幼兒很周到、細心、溫柔。
- 小而美讓幼兒可在無壓力下學習。
- 課程安排生動活潑。
- 老師具專業及愛心。
- 家長能主動參與學校活動、課程形成整體，如一家人氣氛。

- 參與團體生活，學習生活上的認知與習慣，能懂得禮讓與禮儀。
- 讓孩子體會到自己是有能力的，並且可以運用自己的能力去幫助別人，也能接納每個人的能力不同。
- 對於有人被孤立或受欺負會挺身而出，指出這是不對的，要欺負人的小朋友不要這麼做。
- 融合班就整體環境而言，是一個友善、溫馨且積極投入資源的環境，孩子在這樣的環境很自然地耳濡目染，很容易發展出積極友善的性格，不是幾本繪本幾堂課或是父母不斷耳提面命就能要求得來的，是最棒的境教。從孩子每天回家的分享，就能看見他的成長。
- 整體來說，我的孩子在融合班快樂的學習，除了老師給予的知識，協助弱勢幼兒更讓他們開始懂得照顧別人，多替別人想想。我認為從小在他們的心中種下這些種子，並予以適當灌溉，對他們德育的培養是有正面且強大的影響，這些在一般學校教育應該很難確實做到的，當然老師們都會教，但沒有實際去感受很難體會。我很慶幸我的孩子能在融合班就讀，而在這個環境裡學習，他所獲得的比我想像中還多、還要好。

二、融合教育在課業學習上對幼兒的幫助與影響，請舉例說明。

- 我的孩子會模仿普通生，對於他的各項發展，如物理、職能及語言等有長足進步。
- 在師生互動比較好的情況下，每位幼兒能得到較高品質的學習，且老師較有愛心，並有多元方式的教學。
- 孩子常帶他在學校完成的作品回來，和全家人分享，甚至會教弟弟、姊姊如何製作。
- 普通幼兒能因了解特殊幼兒進而能給予協助。
- 特殊幼兒能在觀摩、學習普通幼兒，以及獲得普通幼兒的幫助下快速進步，具更好的學習效果。
- 認識節慶、國旗、小動物。
- 能開心地唱歌，回家後會教媽媽與外婆唱歌。
- 能利用隨手可得的紙張、線、筆、吸管等製作出許多生活上的用品，很有創意。
- 老師們用心設計的課程與各個角落，讓幼兒可以自主選擇，也透過實際操作，增強印象，不同的程度有不同的學習目標，使幼兒保持旺盛的學習心。
- 體會到學習並不會因年齡而停止，例如：會指出媽咪的錯誤，說一些安慰的言語。
- 每個人學習吸收的時間及內容速度不會相同，例如：承認自己不是馬上就學會每一樣東西，但會持續去學並保有好奇及熱忱。
- 在課堂上，多元智能融入教學設計中，幼兒能在每一個教學單元裡得到全面性的學習，且與生活息息相關，例如：「魔法線」主題讓幼兒認識生活中的線、可吃的線、可玩的線、科學中的線、數學中的線，甚至還穿針引線，縫起小玩偶、小抱枕，課程內容與生活如此貼切，所學都是有用的、實際的，也讓幼兒有不斷學習的動機，總是學得興致勃勃。
- 從上學第一天開始就很喜歡上學，學校設計的課程很生活化，像上一次主題「寵物」，老師和家長們帶來小雞、兔子和狗，還有鴿子，讓幼兒們近距離觀察和照顧小動物，這對我們沒有養寵物也很少有機會接觸小動物的家庭幼兒來說，是很好的認識動物的教學，進而讓幼兒更喜愛動物。

三、融合教育對幼兒行為上的改變與影響，請舉例說明。

- 可以讓他學習遵守團體規範，其他幼兒也會幫忙照顧、提醒上課坐好、下課一起牽手步出校門。
- 幼兒的模仿力強，不管好壞都愛模仿，融合的環境使他學習正確、合宜的行為。
- 孩子變得自信、活潑，到陌生環境不再需要緊黏著父母。
- 能跟普通幼兒一起遊戲，會排隊、等待。
- 較有同理心，能夠體貼一些特殊的幼兒。
- 會照顧並教導弟弟，並獨立完成分內的事。
- 能因更了解特殊幼兒的狀況及困難，進而幫助特殊幼兒。
- 使本身更有愛心、耐心。
- 會主動照顧比較幼小的幼兒。
- 會主動照顧小動物。
- 會說請、謝謝、對不起。
- 回家後會主動告知與同學相處情形，晚上睡前有親子聊天的時間。
- 從沒想過家中的小調皮鬼在學校竟能協助照顧特殊幼兒，還會分享心得，說哪位同學要用何種方法協助。
- 學習團體生活，為自己也為別人發聲。
- 更能夠表達自己的想法及情緒。
- 我的孩子是一般生，他在老師的教導與鼓勵下，學習自理能力，獨立，並行有餘力去協助其他幼兒，從中，幼兒也得到自信與能力。
- 進入融合班一個多學期來，我覺得孩子變的感恩和惜福，例如：爸媽幫他盛飯菜，他會「很主動地」跟我們說謝謝，給他的飯菜，他也會吃完，對於玩具和書本也會愛惜不破壞。

四、您認為融合教育有哪些優點，請舉例說明。

- 可以更多元的讓特殊幼兒接觸不同刺激，讓特殊幼兒與一般社會環境不會感覺差異太大，師生比高，特殊幼兒能得到比較好的照顧。
- 老師有特教背景，對普通及特殊幼兒都能引導。
- 特殊幼兒需要普通幼兒潛移默化，發展出合宜的行為。
- 社會上本來就有各樣的人，教導幼兒用合宜的態度相處，不因不了解而誤解。
- 有特教背景的師資，可以幫助這些特殊幼兒加緊腳步。
- 跟隨普通幼兒一起遊戲、學習，可以透過模仿，加快進度。
- 讓特殊幼兒與普通幼兒在同一教室裡一同學習，除了讓特殊幼兒獲得與普通幼兒互動的機會外，也讓普通幼兒學習如何與特殊幼兒相處。
- 對普通幼兒而言，可更了解特殊幼兒進而協助或包容特殊幼兒。
- 對特殊幼兒而言，可更多和普通幼兒接觸，從而得到更多、更好的學習、模仿。
- 我的孩子挑食，學校老師用鼓勵與耐心引導孩子嘗試各種蔬菜與水果，目前已發現孩子能接受的食物增加，也願意多試試新的食物，很感謝老師，謝謝。
- 教會孩子有同理心、包容力，並能尊重差異，從未聽過孩子嫌惡特殊幼兒的能力，我想這是大多數幼兒做不到的事。
- 看見差異，習慣差異，有正確的心態，平常心看待。

- 特殊幼兒和普通幼兒能融洽相處。老師在學期之初就積極教導幼兒如何與他人相處、遇到問題怎麼解決，有別於一般學校大多對特殊幼兒保持距離，甚而排斥，霸凌等。
- 培養接納異己的雅量及關懷的同理心，每位幼兒都有各自的特殊性，不單特殊幼兒才是特殊的，能多一份包容，同時自己也能受惠。
- 因材施教，每位幼兒都有發揮的舞臺。
- 課程設計很活潑，引導幼兒享受快樂學習。
- 透過與需要幫助的幼兒之間的相處，學習幫助。
- 讓孩子除了學習獨立外，也試著幫助其他幼兒。

五、您認為融合教育有哪些缺點，請舉例說明。

- 暫時沒有。
- 融合教育必須要有充足的師資，較佳的師生比才能順利完成教學。
- 希望家庭聯絡簿上能有更多關於了解幼兒在學校的生活情形、學習狀況（由於家長上班，無法充分與老師在每日談話，希望能請老師多幫忙，利用紙本或聯絡簿告知，謝謝）。
- 對幼兒園的年紀而言，沒體會到缺點。
- 融合教育是個很棒的理念，可惜在推廣方面，在一般學校並未落實，而在竹大附小融合校區內雖能落實，但學校班級數少，幼兒能活動的校區小，接觸的同儕較少，是我認為較為可惜的。

六、您認為融合班與其他學校不一樣的地方有哪些？請舉例說明。

- 班上有不同類型的同學，可以彼此尊重，體會不同差異的存在，進而產生同理心。
- 特殊幼兒自然融入班級，而非班上獨一不同的人，整個學校就像大家庭，充滿愛和接納。
- 學習「學習」這件事，而不是填鴨式的教育。
- 能讓幼兒們及早接觸特殊幼兒，在師長同儕潛移默化的環境中，培養包容心、同理心。
- 在正常學校中的特殊幼兒而言，較少的時間與普通幼兒互動、學習。
- 雖有補救措施但還是不足。
- 除特教班（資源班）老師外，普通班老師不具特教經驗，在教導特教生時常不知所措。
- 學校有特殊幼兒與普通幼兒的融合班，可使幼兒了解每個人的不同狀況，進而學習主動幫助人與照顧自己的方法。
- 新聞偶爾會聽到特殊幼兒被霸凌、取笑欺侮的事，這些在我的幼兒班上從未發生。
- 師生比好，例如：老師才有時間和精力在教學。
- 師資好，例如：老師都很有愛心。
- 環境好，例如：無障礙空間，規劃較好。
- 融合班是一個友善而溫馨的園地，幼兒較其他學校的幼兒受到較多的理解、包容，顯得較有自信、積極。融合班的課程設計都是老師親自完成，而且老師們十八般武藝樣樣精通，不同於一般學校，課程背課較多，取自出版社既定內容。

- 除了融合應該沒有其他學校像這樣，把普通、特殊幼兒放在一起學習，這樣的方式，特殊幼兒透過普通幼兒學習社會化，而普通幼兒透過與特殊幼兒的互動，學習了「真、善、美」，我認為這是非常珍貴的部分，尤其以我們以前不曾接觸這樣的融合教育，雖然我們知道要協助弱勢，但真的遇到的時候，往往是束手無策，但現在幼兒在融合班和弱勢的幼兒相處，我相信將來他們面對這些需要幫助的幼兒時，就不會像我們一樣手忙腳亂，也更能實際幫助他們，這對社會來說一份很重要的資產和力量。

第十九章

設立融合幼兒園

　　比起其他階段，在學前階段實施融合教育是比較容易、也比較容易成功的，
理由如下：

1. 在一般幼兒園，特殊幼兒的行為不突出：在進入幼兒園就讀時，多數幼兒
   都沒有上過學，都需要學習認知、社交等技能和適應團體生活的作息，
   例如：學習一起吃點心、吃午餐、在戶外場遊玩、一起聽故事、一起唱兒
   歌、一起午睡等，老師通常不太會注意到特別的幼兒，即使是普通幼兒也
   會在幼兒園哭鬧、不遵守指令，因此特殊幼兒在這種環境下就不顯得突
   出。

2. 幼兒園環境強調遊戲中學習，更能接納及包容差異：幼兒園的環境比起小
   學來說更加包容，一是因為幼兒年紀尚小，幼兒園比較能包容幼兒的行為
   且比較在乎家長和幼兒的需要。在一些採用開放式教學理念的幼兒園，強
   調在「遊戲中學習」及「探索學習」，幼兒在幼兒園有較多時間自由玩耍
   和探索，這對幼兒間的融合非常有幫助。幼兒園中的普通幼兒及特殊幼兒
   差異小，特殊幼兒較易被接納。

3. 幼兒園上課時間彈性，可以讓特殊幼兒漸進地融合：幼兒園課程沒有進
   度，以社交行為為主，可視特殊幼兒適應情況，逐步增加特殊幼兒到幼兒
   園融合的時間，例如：一星期三個上午，慢慢變成五個上午，再到全天融
   合，幼兒這樣就可逐步地適應融合的環境。

第一節　幼兒園的任務

　　設立融合幼兒園前，要先了解幼兒園的任務為何？幼兒園應以幼兒的需求為基礎，讓幼兒在幼兒園快樂學習及成長。學習不止意味著學習所謂的「知識」，而是培養幼兒的社交能力，培養幼兒學習的興趣和好奇心，以及分析問題、解決問題的能力。

壹、幼兒園的幼兒到底該學什麼

1. 不要小學化。
2. 教導早期教育學習和發展涉及的七大領域，包括：社交和情緒、動作和健康、語言、創意和藝術、數學、科學、認知等。
3. 透過遊戲中學習，透過聽、看、動手，以及與他人的互動來學習。在玩耍的時候，幼兒透過以上所有管道來學習。
4. 學語言：早期語言技能愈好，後期學術能力愈高。在幼兒0至6歲時，培養幼兒語音敏感性很重要，但不是指要讓幼兒多識字、寫字，而是要讓幼兒聽到各種聲音、各種語言，鼓勵幼兒問候他人、唱兒歌、複述故事，培養幼兒對語言理解的能力、語音辨識和正確發音能力，特別是聽和說的能力。
5. 學數學：用堆積木和遊戲的方式教幼兒數學，當幼兒們把積木搭起來，數數用了多少塊積木，然後將積木推倒，無形中就學習了數學。學前階段不要求幼兒會算多難的加減法、會做多少題目，而是要給幼兒提供豐富的玩具和活動，幫助幼兒從玩中學習，具備生活中簡單的數學知識，例如：對數、量、圖形的認識和理解、對大小產生概念、學習度量衡的單位，以及測量的方法等就可。

6. 學社交及情緒：幼兒園主要教社交和情緒，這是重中之重，可學習到如何與不同背景、不同理念、不同價值觀的幼兒相處。開學當月的要務就是建立安全感和信任，等過了適應期，重點就是學習社交和自控能力。

7. 學問題解決：0至5歲階段的幼兒，最需要培養的是解決問題的能力。具體的說，就是透過溝通和交流，來促成合作或解決問題的能力。

8. 學習慣：培養聽得懂指令、能自始至終完成一項任務，以及會遵守規則等行為習慣。

9. 學自我管理：對自己的事情與物品負責任，由管理自己的書包及用品開始。

10. 激發幼兒的好奇心與想像力，滿足幼兒主動探索的心理，鼓勵幼兒對新奇事物和未知事物的好奇與關注。

11. 學合作與分享：學習團體生活，成為班上合群的一分子。鼓勵與同伴交往的同時，要引導幼兒學會合作與分享，處理同伴矛盾、學會社交技能以及發展友誼。

12. 學獨立性：讓幼兒愉快地玩耍，自由地交流，自己做主，做能力能及的事情，獨立思考解決問題。

13. 學動作能力：在玩耍與遊樂中培養幼兒的綜合能力，只要能讓幼兒自己動手的，都儘量讓幼兒自己動手。每天至少有一個小時的戶外活動，冬天也不例外。

14. 學閱讀：透過講故事、親子共讀故事的方式，培養幼兒的閱讀興趣與習慣。

15. 學繪畫、音樂：從玩耍與遊樂中培養幼兒的繪畫、音樂興趣。

16. 培養安全概念：採用圖片、繪本教導幼兒對危險情境、事故原因、後果的認識，提升幼兒的安全防範意識，學會自我保護。

17. 「開心玩樂和潛能發展」是幼兒園一致的目標，藉由組合玩具激發幼兒們手腦並用及創意，透過一起玩學習與他人合作分享。

18. 學習向他人表達自己的想法。

第二節　什麼是融合幼兒園

將「融合」作為特色的幼兒園，其目的不外乎是讓幼兒在那裡學會、感受如何與不同的幼兒互動、合作，學會從彼此身上觀察、學習，讓幼兒們用合作的方式去習得知識，而不是純粹靠灌輸式的教育。竹大附小學前融合班的幼兒和家長認為，融合就像做菜一樣，將各種食材加以調味，變成美味可口的佳餚，像交響樂團一樣，需要很多種樂器，才能合奏出動人的樂章。

Thompson等人（1993）認為，融合（inclusion）指的是接受各種能力、背景的幼兒一起學習、一起玩及一起生活。所有幼兒參與所有日常活動，其活動及作息經過調整以符合每位幼兒需求。在堪薩斯州教育局製作的融合教育影片及手冊中指出，融合教育強調的是適合所有人的教育，認為學校的教育對象沒有障礙與非障礙的區別，因為每位幼兒都是獨一無二的個體，有他的特點、能力、興趣和學習需要，從而尊重幼兒的差異，為幼兒們提供適性的教育和支援系統，讓幼兒成為最好的自己（Kansas State Board of Education,1990）。換句話說，融合教育的意思就是有教無類。教育要尊重差異、要適合所有人，所以融合教育的特色為尊重差異、合作、友誼及多元化。

第三節　融合教育的各種嘗試

在臺灣，某些幼兒園、學前特教班及早療中心都曾嘗試過融合教育，將普通幼兒及特殊幼兒放在同一個班級學習，作法如下。

壹、社區式

一班至多3名特殊生，課程與教師以普通班為主，師生比學前階段約1：15，易忽略特殊生需求。

貳、合作式

指普通班與特教班合併成一個班，例如：

1. 新北市成州國小為一班普通班（30人）加一班學前特殊班（5人）：有2位普通班教師、2位特殊班教師及1位助理教師，師生比為1：9.5，課程與教學雖以普通班為主，然經過調整以符合特殊生的需求。

2. 南投縣水里國小為一班普通班（24人）加一班學前特殊班（4人）：有2位普通班教師及2位特殊班教師，師生比為1：7，課程與教學雖以普通班為主，然經過調整以符合特殊生的需求。

3. 新北市國光國小為二班普通班（60人）加一班學前特殊班（4人）組成兩班學前融合班：每班有2位普通班教師及1位特殊班教師，師生比為1：10，課程與教學雖以普通班為主，然經過調整以符合特殊生的需求。

4. 高雄市左營國小為二班普通班（60人）加一個半班學前特殊班（15人）組成三班學前融合班：有1位普通班教師、1位實習老師及1位特殊班教師，師生比為1：10，課程與教學雖以普通班為主，然經過調整以符合特殊生的需求。

5. 新竹縣竹北國小為半個普通班（15人）加半個學前特殊班（5人）：有1位普通班教師及1位特殊班教師，師生比為1：10，課程與教學以普通班為主，然經過調整以符合特殊生的需求。

參、反融合

指特殊班收普通生。師資及學生以特殊生為主，讓極少數的普通生進入特殊班，課程與教師以特殊班為主，易忽略普通生需求。

肆、特殊班轉型

1. 新竹市載熙國小將原有學前啟智班學生（5名）加上兩倍普通生（11名）組成融合班：有2名學前特教班教師，師生比為1：8。
2. 彰化啟智學校將原有學前啟智班學生（6名）加上兩倍普通生（12名）組成融合班：有2名學前特教班教師及1位助理教師，師生比為1：6。
3. 伊甸基金會鳳山區早療中心將輕度身心障礙幼兒（3名）加上三倍普通幼兒（9名）組成融合班：有2名學前特教班教師，師生比為1：6。

伍、其他

目前，將一定人數之特殊生與普通生按比例融合在同一班級的作法者，除了竹大附小學前及國小融合班，尚有新竹市育賢國中融合班及財團法人福榮融合教育推廣基金會附設國中融合班（學籍屬新竹市建功國中），每一個班級都是重新招生，每位學生及教師都是新的，不受過去的經驗影響。

第四節 設立學前融合班的條件

設立學前融合班不是一件簡單的事，需要具備下列條件。

壹、建立理論架構

　　幼兒園有理論架構才能有特色，理論架構能引導教育理念、課程與教學、環境與空間的安排、老師的角色。以下為常見的幾種學派及強調重點。

一、行為學派

　其強調：

1. 計畫性的教學。
2. 示範與增強。
3. 學習準備度。
4. 語言的學習。
5. 自我的學習步調。

二、Piaget認知學派

　其強調發現及探索學習：

1. 幼兒是主動學習者，老師是引導者。
2. 階段論。
3. 強調感官動作與語言領域。
4. 重視啟發。
5. 重視遊戲。
6. 重視思考的過程，而非結果。
7. 自我的步調。
8. 角落學習。
9. 創造性活動。
10. 語言的隨機教學。

三、蒙特梭利模式

其強調：

1. 主動學習探索。

2. 結構化的學習。

3. 順序系統：操作教具有一定的步驟與順序。

4. 感官動作與生活自理領域：在蒙特梭利教室的學習過程中，教具可自我導正錯誤，例如：操作蒙特梭利教具「帶座插圓柱體組」時，當圓柱體放不進去洞裡就是拿錯了，拿錯大小不對的圓柱體，可以自我導正錯誤。

5. 個別的學習。

6. 老師作為引導者。

7. 角落及學習區方式布置。

四、行為／技巧學派

其強調：

1. 能力與結果。

2. 工作分析。

3. 人是被動學習者。

4. 以示範及強化增進學習。

5. 直接學習。

6. 每一位幼兒有個別目標。

貳、將學前特教技巧融入幼教課程

比如說，將個別化教育計畫（IEP）融入幼教課程。

參、有明確的教學領域

包括：藝術、語言、健康、社會及科學、數學、認知領域。

肆、安排各種學習型態（涵蓋以教師或幼兒為主的教學型態）

比如說，團體、小組、個別、角落、戶外。

伍、建立教學特色

強調主動學習及自主學習，讓幼兒可以參與及操作。

陸、學習區提供想像遊戲及感官刺激，配合領域規劃及設計

柒、作息配合學習型態及領域

捌、教學活動包含老師安排的活動及幼兒主導的角落和自由遊戲的時間是均衡的

玖、教學環境配合學習領域及作息，並朝開放空間設計

拾、調整課程及教學，以增進特殊幼兒參與

拾壹、訂有考慮特殊與普通幼兒需求的教學計畫

　　教學計畫包括：(1)主題教學計畫；(2)個別教學計畫；(3)一週課程計畫；(4)小組教學計畫；(5)個別教育方案；(6)角落教學計畫。

拾貳、實施多元文化教育

　　社會是多元的，應讓幼兒在文化多樣性的環境中成長，認識並與不同的人互動，尊重與同理多元與差異。平時可安排不同年齡層（大、中、小班）幼兒相處及互動，例如：辦理大手牽小手活動，也可嘗試下列方式以實施多元文化教育：

1. 參觀不同國家的展覽。
2. 安排多元文化主題，例如：地球村。
3. 放映不同國家的影片。
4. 欣賞不同國家的音樂。
5. 學習不同國家的運動。
6. 拜訪來自不同國家或種族的朋友。
7. 介紹不同國家的習俗。
8. 協助班上弱勢的同學。
9. 學習不同的語言，例如：客家話。
10. 邀請不同背景的人分享其習俗。

拾參、氣氛放鬆及接納

第五節　設立學前融合班

綜合上面的條件，草擬學前融合班招生簡章如下。

壹、設立宗旨

幫助幼兒發展技能，讓他們能發展自己的潛能，成為民主社會的公民，其原則如下：

1. 讓幼兒參與及了解日常生活的作息及課堂上發生的事。
2. 共同學習所有的課程。
3. 學生、老師及家長間建立合作關係，並相互支持。
4. 支持學習：為所有幼兒設計有效的教學，提供積極的支援，以滿足幼兒的需要。

貳、信念

1. 人必須在一個多元化的環境中生活與學習，和不同特質的幼兒互動才能學得好。
2. 在異質的教室中學習，幼兒才能學得更深入 。
3. 每一個幼兒都是獨特的，從小學習尊重彼此的差異、接納每個人的不同，才能與不同的人相處。
4. 每位幼兒都以自己的步調接受適合他們的教育，教育的程式是個性化、因材施教的教育。
5. 教學以幼兒為中心，要因應幼兒的需要調整教學。
6. 讓幼兒快樂地成長，將教育融合在玩耍中才能真正的學習。
7. 幼兒園的信念為將人視為資產，以人為本，提供「人人相互尊重」的理

念,教導幼兒從尊重彼此的差異開始,培養對生命尊重與敬意的觀念,讓每個幼兒都有機會參與及學習,以他們自己的步調接受適合他們的教育,教學以幼兒為中心。

參、班級特色

1. 混齡或分齡設班:班級用3至5歲混齡形式,激發不同年齡幼兒的合作、互助和學習。

2. 採用Piaget的兒童發展理念,將幼兒視為主動學習者,以幼兒的興趣、需要及經驗出發,經由自己計畫、執行以及回想的過程學習,以提供幼兒更多的探究學習、解決問題和發表己見的機會。教師的角色是創設學習的情境、給予支援、擴展幼兒的遊戲內容、主動建構幼兒知識。

3. 融合教育的實踐:提供尊重差異、合作、友誼及多元化的教學與環境。

肆、課程內容

1. 涵蓋幼兒園五大領域課程,採跨領域及多層次活動式教學,豐富生活學習經驗。教師為各種不同程度的幼兒設計多層次的教學,給予支持和鼓勵,協助他們達到下一個程度水準。

2. 涵蓋團體教學、小組教學及角落學習等教學形式。

3. 每天特別提供30分鐘小組教學(分成兩組),針對小組目標評量。

4. 提供每位幼兒期末學習報告,讓家長全面了解幼兒在各領域學習情形。

5. 教導社交和自控能力,學習如何與不同背景、不同理念、不同價值觀的同儕相處,引導幼兒學會合作、照顧、分享或者解決困難的能力。

6. 生命及品格教育:透過閱讀和主題學習,培養對生命尊重與敬意的觀念。

7. 透過講故事、繪本閱讀、共讀故事的方式,培養幼兒的閱讀興趣與習慣。

8. 提供幼兒豐富的玩具和活動,幫助幼兒在遊戲中學習。

9. 多元智能:認知每個人都不一樣,能力都不同,都有不同的優勢智能。

伍、目標

1. 增進幼兒實用的工具技能。

2. 增進幼兒與同儕間的互動，學習照顧及社會互動。

3. 所有幼兒都在融合環境下學習。

4. 教室裡的同儕和老師支持學習。

5. 幼兒與老師、家長及社會之間建立自然的相處關係。

6. 透過多層次教學與真實情境、經驗和文化的連結，提升不同背景及程度幼兒的學習興趣。

7. 提供品德教育之陶冶，教導幼兒如何與人相處，尊重、包容、自信、負責、溝通、解決問題、獨立思考、自我管理。

8. 以學習者為主體，讓幼兒在學習環境中成長，發揮潛能。

9. 讓幼兒能主動學習、勤動手多用腦、親身體驗及表達思考。

10. 老師在教學過程中扮演著引導、觀察、協調者的角色，了解幼兒的發展及個別需要，因應幼兒的需要調整自己的教學。

11. 提供完整的學習內容，廣泛運用各類資源，重視日常生活教育，培養幼兒的獨立性。

12. 在教學活動的安排上依幼兒的能力、興趣，循序漸進地引導幼兒探索學習，使幼兒能得到適性的發展。

13. 啟發幼兒創造性的思考，培養自信、觀察、解決問題的能力，養成對人、我、大自然保有深度關懷的人格特質。

14. 培養幼兒一顆「美麗的心」、樂於助人與惜福感恩的心。

15. 引導幼兒適應群體生活，並發展與人合作學習及適應環境的能力。

學前融合教育
——理論與實務

參考文獻

中文部分

內政部（1993）。**兒童福利法**。臺北市：作者。

內政部（1994）。**兒童福利法施行細則**。臺北市：作者。

內政部（2004）。**兒童及少年福利法施行細則**。臺北市：作者。

王珮玲、許惠萍（2000）。學前兒童氣質與問題行為之研究。**臺北市立師範學院學報，31**，209-228。

何英奇（主編）（2004）。**心理與特殊教育新論**。臺北市：心理。

吳武典（2004）。融合教育的形式與功能。「**中華民國特殊教育學會年會**」發表之論文，臺北市。

吳淑美（1992）。發展遲緩幼兒在回歸主流教育安置下社會互動、社會地位及發展能力之研究。**國立彰化師範大學特殊教育學系暨研究所特殊教育學報，7**，45-83。

吳淑美（1997）。融合式班級設立之要件。**特教新知通訊，4**（8），1-2。

吳淑美（1999）。**學前課程本位評量**。臺北市：心理。

吳淑美（2016）。**融合教育理論與實務**。臺北市：心理。

李玉芳（2008）。**父親教養態度與幼兒社會行為之相關研究**（未出版之碩士論文）。國立臺東大學，臺東縣。

李慶良（1999）。美國99-457公法之研究。載於**臺中師範學院特殊教育論文集，8701**，17-69。

林育瑋、王怡云、鄭立俐（譯）（1997）。**進入方案教學的世界（I）**（原作者：S. C. Chard）。臺北市：光佑。

林朝鳳（1986）。皮亞傑的認知發展理論及其在幼兒教育上的意義。**教育科學研究期刊，31**（1），75-105。

邱紹春（1987）。Piaget早期教育指導手冊中文版簡介。**特殊教育季刊，22**，

48。

邱景玲（2007）。**鷹架式寫作教學對國小學童寫作成效影響之研究**（未出版之碩士論文）。國立臺北教育大學，臺北市。

姜忠信、劉瓊瑛、朱思穎（譯）（2014）。**丹佛早療模式：促進自閉症幼兒的語言、學習及參與能力**（原作者：S. J. Rogers & G. Dawson）。臺北市：洪葉。

柯澍馨、吳凱琳、鄭芳珠、林珮蓉（譯）（2004）。**幼教課程教學實務**（原作者：M. Hohmann & D. P. Weikart）。臺北市：華騰。

張秀玉、孫世恆（2017）。早期療育跨專業團隊模式之初步建構：以擬定個別化家庭服務計畫為目的。**靜宜人文社會學報，11**（1），151-193。

張美惠（2018）。**學習、互動與融入：自閉症幼兒的丹佛早療團體模式**。臺北市：張老師。

張素儀（2008）。**教師在學前融合班運用鷹架策略之探究**。臺中市：國立臺中教育大學。

教育部（2013a）。**師資職前教育課程教育專業課程科目及學分對照表實施要點**。臺北市：作者。

教育部（2013b）。**特殊教育法施行細則**。臺北市：作者。

教育部（2019a）。**特殊教育法**。臺北市：作者。

教育部（2019b）。**幼兒園教保服務實施準則**。臺北市：作者。

曹純瓊、劉蔚萍（總校閱）（2012）。**早期療育**。臺北市：華騰。

第一社會福利基金會（譯）（2005）。**嬰幼兒評量、評鑑及課程計畫系統III：3歲至6歲的AEPS測量**（原作者：D. Bricker & K. Pretti-Frontczak）。臺北市：心理。

郭美滿（2015）。美國特殊教育立法及發展。**特殊教育發展期刊，59**，45-56。

陳介宇、蔡昆瀛（2009）。「幼兒情緒與行為問題檢核表」編製之研究。**測驗年刊，56**（2），235-268。

陳怡真（2011）。**兒童發展評估標準化工具之探討**（未出版之碩士論文）。國立

臺中教育大學,臺中市。

陳淑芳(2002)。美國《發展合宜實務指引》的發展和修訂對我國幼稚園課程標準修訂之啟示。取自http://www.ntttc.edu.tw/shufang

陳淑琴(2000)。幼兒語文教材教法:全語言教學觀。臺北市:光佑。

湯志民(2006)。學校建築與校園規劃(第三版))。臺北市:五南。

鈕文英(2015)。擁抱個別化差異的新典範:融合教育(第二版)。臺北市:心理。

鈕文英(2016)。身心障礙者的正向行為支持(第二版)。臺北市:心理。

黃美慧、鈕文英(2000)。社會故事對廣泛自閉症者介入成效之分析。特殊教育與復健學報,22,1-23。

黃惠姿、林銘泉(譯)(2006)。愛上小雨人:自閉症參與融合教育完全手冊(原作者:P. Kluth)。臺北市:心理。

楊淑朱(1995)。美國 High/Scope高瞻學齡前教育課程在臺灣地區的實驗探討:一個幼稚園的實施經驗。幼兒教育年刊,8,1-20。

楊靜青(2011)。建立身心障礙福利機構早期療育專業團隊會議之研究(未出版之碩士論文)。國立臺中教育大學,臺中市。

鄒啟蓉(2004)。建構接納與支持的班級文化:學前融合班教師促進普通與發展遲緩幼兒互動及人際關係之研究。特殊教育研究學刊,27,19-38。

廖華芳(譯)(2005)。早期介入:嬰幼兒及其家庭(原作者:P. M. Blasco)。臺北市:華騰。

趙家琛、吳怡慧、曹光文、陳明終(修訂)(2017)。自閉症類群障礙檢核表(華文版):指導手冊(原作者:S. D. Mayes)。臺北市:心理。

劉學融(譯)(2015)。學前融合教育:理論、實務與省思(原作者:A. M. Gruenberg & R. Miller)。臺北市:心理。

蔡昆瀛(2005)。活動本位教學在學前融合教育之應用。國教新知,52(3),12-19。

蔡明富、吳裕益(2014)。「學前兒童社會行為評量系統」編製之研究。特殊教

育研究學刊，**39**（2），1-31。

衛生福利部（2015）。**兒童及少年福利與權益保障法施行細則**。臺北市：作者。

衛生福利部（2019）。**兒童及少年福利與權益保障法**。臺北市：作者。

盧明（譯）（2001）。**活動本位介入法：特殊幼兒的教學與應用**（原作者：D. Bricker, K. Pretti-Frontczak, & N. McComas）。臺北市：心理。

盧明、魏淑華、翁巧玲（譯）（2008）。**學前融合教育課程建構模式**（原作者：S. R. Sandall & I. S. Schwartz）。臺北市：心理。

蘇盈宇（2003）。自然環境教學：促進特殊兒童功能性溝通的教學方法。**屏東特殊教育**，**5**，34-42。

龔瑪莉（2007）。**啟智學校高職部閱讀理解教學鷹架之分析研究**（未出版之碩士論文）。中原大學，桃園縣。

英文部分

Bailey, D. B., & Wolery, M. (1992). *Teaching infants and preschoolers with disabilities*. Upper Saddle River, NJ: Prentice-Hall.

Bailey, D. B., Buysse, V., Edmondson, R., & Smith, T. (1992). Creating family-centered services in early intervention: Perceptions of professionals in four states. *Exceptional Children, 58*, 298-309.

Baker, J. M., & Zigmond, N. (1995). The meaning and practice of inclusion for students with L.D. *Journal of Special Education, 29*(2), 163-180.

Belsky, J., & Most, R. K. (1981). From exploration to play: A cross-sectional study of infant free play behavior. *Developmental Psychology, 17*, 630-639.

Booth, T., & Ainscow, M. (Eds.) (1998). *From them to us: An international study of inclusion in education*. London, UK: Routledge.

Bredekamp, S., & Copple, C. (Eds.) (1997). *Developmentally appropriate practice in early childhood programs*. Washington, DC: National Association for the Education of Young Children.

Bricker, D., & Cripe, J. J. W. (1992). *An activity-based approach to early intervention*. Baltimore, MD: Paul H. Brookes.

Bricker, D., & Cripe, J. J. W. (1997). *An activity-based approach to early intervention* (2nd ed.). Baltimore, MD: Paul H. Brookes.

Bricker, D. D., Pretti-Frontczak, K. L., & McComas, N. R. (1998). *An activity-based approach to early intervention* (2nd ed.). Baltimore, MD: Paul H. Brookes.

Brooke, I., & Anna, D. (2019). *Teaching social communication to children with autism and other developmental delays: The project impact guide to coaching parents*. New York, NY: The Guilford Press.

Carta, J. J., Atwater J. B., Schwartz I. S., & McConnell, S. R. (1993). Developmentally appropriate practice: A reaction to Johnson and McChesney Johnson. *Topics in Early Childhood Special Education, 13*, 243-254.

Case-Smith, J., & Bryan, T. (1999). The effects of occupational therapy with sensory integration emphasis on preschool-age children with autism. *American Journal of Occupational Therapy, 53*, 489-497.

Cook, R. E., Klein, M. D., & Chen, D. (2013). *Adapting early childhood curricula for children with special needs*. Upper Saddle River, NJ: Pearson.

Cook, R. E., Richardson-Gibbs, A. M., & Nielsen, L. (2016). *Strategies for including children with special needs in early childhood settings*. Belmont, CA: Cengage.

Division for Early Childhood & National Association for the Education of Young Children. (2009). *Promote the pooling: A joint position statement of the Division for Early Childhood (DEC) and the National Association for the Education of Young Children (NAEYC)*. Chapel Hill: The University of North Carolina, FPG Child Development Institute.

Dunn, L. (1968). Special education for the mildly retarded: Is much of it justifiable? *Exceptional Children, 35*, 5-22.

Dupont, H. (1994). *Emotional development, theory and applications: A Neo-Piagetian*

perspective. Westport, CT: Praeger.

Eugster, K., & Tredger, B. (2006). A way to help children who are experiencing problem. *Visions Journal, 3*(1), 20-21.

Fewell, R. R., & Sandall, S. R. (1986). Developmental testing of handicapped infants. *Topics in Early Childhood Special Education, 6*, 86-100.

Gaylord-Ross, R. (1989). *Integration strategies for students with handicaps.* Baltimore, MD: Paul H. Brookes.

Glascoe, F. P., Byrne, K. E., & Ashford, L. G. (1992). Accuracy of the Denver II in developmental screening. *Pediatrics, 89*, 1221-1225.

Gullo, D. F. (2006). Alternative means of assessing children's learning in early childhood classrooms. In B. Spodek, & O. N. Saracho (Eds.), *Handbook of research on the education of young children* (pp. 443-455). Mahwah, NJ: Lawrence Erlbaum Associates.

Guralnick, M. (1997). *The effectiveness of early intervention.* Baltimore, MD: Paul H. Brookes.

Horn, E., & Banerjee, R. (2009). Understanding curriculum modifications and embedded learning opportunities in the context of supporting all children's success. *Language, Speech, and Hearing Services in Schools, 40*, 406-415.

Horn, E., Lieber, J., Li, S. M., Sandall, S., & Schwartz, I. (2000). Supporting young children's IEP goals in inclusive settings through embedded learning opportunities. *Topics in Early Childhood Special Education, 20*, 208-223.

Kansas State Board of Education. (Producer) (1990). *MAPS: A plan for including all children in schools* [Videotape and Manual]. Topeka, KS: Kansas State Board of Education.

Kirk, S. A., Gallagher, J. J., & Coleman, M. R. (2015). *Educating exceptional children* (14th ed.). Belmont, CA: Cengage.

Kostelnik, M. J., Soderman, A. K., & Whiren, A. P. (1993). *Developmentally appropriate programs in early childhood education*. New York, NY: Macmillan.

Lichtenstein, R., & Ireton, H. (1984). *Preschool screening: Identifying young children with developmental and educational problems*. Orlando, FL: Grune & Stratton.

Linder, T. W. (1993). *Transdisciplinary play-based Intervention: Guidelines for developing a meaningful curriculum for young children*. Baltimore, MD: Paul H. Brookes.

Linder, T. W. (2008). *Transdisciplinary play-based assessment 2*. Baltimore, MD: Paul H. Brookes.

Losardo, A., & Bricker, D. (1994). Activity-based intervention and direct instruction: A comparison study. *American Journal on Mental Retardation, 98*(6), 744-765.

McBride, N., & Logie, C. (1992). *Basic issues in the early recognition of autism*. Workshop presented by Project Access.

McEvoy, M. A., & Odom, S. L. (1987). Social interaction training for preschool children with behavioral disorders. *Behavioral Disorders, 12*, 242-251.

McLean, M., Bailey, D., & Wolery, M. (1996). *Assessing infants and preschoolers with special Needs*. Englewood Cliffs, NJ: Simon & Schuster.

McLean, M., Wolery, M., & Bailey, D. B. Jr. (2003). *Assessing infants and preschoolers with special needs* (3rd ed.). Upper Saddle River, NJ: Pearson.

Miller, L. J., Reisman, J. E., McIntosh, D. N., & Simon, J. (2001). An ecological model of sensory modulation. In S. S. Roley, E. I. Blanche, & R. C. Schaaf (Eds.), *Understanding the nature of sensory integration with diverse populations*. USA: Therapy Skill Builders.

Mittler, P. (2000). *Working towards inclusive education: Social context*. London, UK: David Fulton.

Novick, R. (1993). Activity-based intervention and developmentally appropriate practice: Points of convergence. *Topics in Early Childhood Special Education, 13*(4), 403-417.

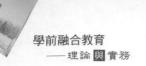
Parten, M. B. (1932). Social participation among pre-school children. *The Journal of Abnormal and Social Psychology, 27*(3), 243-269.

Pretti-Frontczak, K., & Bricker, D. (2004). *An activity-based approach to early intervention* (3rd ed.). Baltimore, MD: Paul H. Brookes.

Pretti-Frontczak, K., Barr, D., Macy, M., & Carter, A. (2003). Research and resources related to activity-based intervention, embedded learning opportunities, and routine-based instruction: An annotated bibliography. *Topics in Early Childhood Special Education, 23*(1), 29-39.

Ramey, C. T., & Ramey, S. L. (2004). Early learning and school readiness: Can early intervention make a difference? *Merrill-palmer Quarterly, 50*(4), 471-491.

Reinertson, B. (1993). *Handbook for the inclusion of young children with severe disabilities*. Lawrence, KS: Learner Managed Designs.

Rubin, K. H., Fein, G. G., & Vandenberg, B. (1983). Play. In E. M. Hetherington, & P. H. Mussen (Eds.), *Handbook of child psychology: Socialization, personality, and social development* (pp. 693-774). New York, NY: John Wiley & Sons.

Salend, S. J. (1998). *Effective mainstreaming: Creating inclusive classrooms* (3rd ed.). Upper Saddle River, NJ: Merrill/Prentice-Hall.

Sandall, S., McLean, M. E., & Smith, B. J. (2000). *DEC recommended practices in early intervention/early childhood special education*. Longmont, CO: Sopris West.

Sandall, S., Schwartz, I., & Joseph, G. (2001). A building blocks model for effective instruction in inclusive early childhood settings. *Young Exceptional Children, 4*(3), 3-9. https://doi.org/10.1177/109625060100400301

Santamaría, L. J., & Thousand, J. S. (2004). Collaboration, co-teaching, and differentiated instruction: A process-oriented approach to whole schooling. *International Journal of Whole Schooling, 1*(1), 13-27.

Shonkoff, J. P., & Meisels, S. J. (1990). Early childhood intervention: The evolution of a concept. In S. J. Meisels, & J. P. Shonkoff (Eds.), *Handbook of early childhood intervention* (pp. 3-31). New York, NY: Cambridge University Press.

Smilansky, S. (1968). *The effects of sociodramatic play on disadvantaged preschool children*. New York, NY: John Wiley & Sons.

Snyder, S., & Sheehan, R. (1996). Program evaluation. In S. L. Odom, & M. E. McLean (Eds.), *Early intervention/early childhood special education: Recommended practices* (pp. 359-378). Austin, TX: Pro-ed.

Stainback, S., & Stainback, W. (1992). *Curriculum considerations in inclusive classrooms*. Baltimore, MD: Paul H. Brookes.

Thompson, B., Wickham, D., Wegner, J., Ault, M. M., Shanks, P., & Reinertson, B. (1993). *Handbook for the inclusion of young children with severe disabilities: Strategies for implementing exemplary full inclusion programs*. Lawrence, KS: Learner Managed Designs.

United Nations Educational, Scientific and Cultural Organization. [UNESCO] (1994). *The Salamanca statement and framework for action on special needs education*. Paris, France: Author.

Vygotsky, L. S. (1962). *Thought and language*. Cambridge, MA: MIT Press.

Weikart, D. P. (1972). Relationship of curriculum, teaching, and learning in preschool education. In J. C. Stanley (Ed.), *Preschool programs for the disadvantaged* (pp. 317-332). Baltimore, MD: Johns Hopkins University Press.

Westby, C. E. (1991). A scale for assessing children's pretend play. In C. E. Schaefer, K. Gitlin, & A. Sandgrund (Eds.), *Play diagnosis and assessment*. New York, NY: John Wiley & Sons.

Widerstrom, A. H. (2005). *Achieving learning goals through play: Teaching young children with special needs*.Baltimore, MD: Paul H. Brookes.

Wiggins, G., & McTighe, J. (2005). *Understanding by design*. Alexandria, VA: Association for Supervision and Curriculum Development.

Wood, D. J., Bruner, J. S., & Ross, G. (1976). The role of tutoring in problem solving.

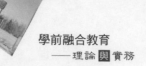
Journal of Child Psychiatry and Psychology, 17, 89-100.

Yoshinaga-Itano, C. (2003). From screening to early identification and intervention: Discovering predictors to successful outcomes for children with significant hearing loss. *Journal of Deaf Studies and Deaf Education, 8*(1), 11-30.

附錄

幼兒學習經驗

　　「幼兒學習經驗」乃筆者於1998年訂定，共列有十三類學習經驗，詳細說明如下。

一、數

1. 比較數字及數量之多少（例如：比較兩堆餅乾，哪一堆較多）。
2. 一對一對應（一樣的東西，一個對一個）。
3. 認識並寫出數字。
4. 在談話、畫畫及寫字時，了解數字代表的意義。
5. 辨別、說出形狀。
6. 分辨／做出組型。
7. 會配對及數數（各種形式的配對，例如：數量與數量、數字與數量、數字與數字）。
8. 會計算（例如：加、減、乘、除）。
9. 會使用測量工具（例如：尺、量杯、體重計）。
10. 會辨認及使用錢幣。
11. 比較大小。
12. 數東西（在一堆物品中數到n為止）。
13. 有保留的概念（不因瓶子形狀，而改變量多少）。
14. 排數字及集合大小順序。
15. 估計數量多少。

16. 會買賣物品。

二、分類

1. 探索及標明每樣事物的特性及名稱（例如：命名物品）。

2. 能辨別及描述物品相同及相異之處。

3. 用各種不同方法操作及描述事物。

4. 描述每件事物的特徵，以及知道其所屬的類別。

5. 可同時用兩種標準來描述及分類（例如：找出一張是紅色又是木頭製的椅子）。

6. 分類時可以用不同的標準（例如：可以用顏色，也可以用形狀）。

7. 使用同一種的標準來比較事物（例如：比較大小、輕重、粗細、軟硬之異同）。

8. 按照一種標準，把物品分成幾類（例如：大的一堆、小的一堆，或是依長短、軟硬分類）。

9. 把物品按照某種順序排列（例如：長短），並了解之間的關係（或規律）（找出一系列圖片的排列順序，例如：依數量遞減，四片葉子—三片葉子—兩片葉子——一片葉子）。

三、時間

1. 計畫及完成自己所計畫的活動。

2. 描述及了解過去發生的事件。

3. 用語言表達對未來的期望，並事先做準備。

4. 在指示下，開始及停止一件事物或動作。

5. 注意、描述及了解事物間的先後次序。

6. 使用時間來描述過去及未來的事物。

7. 比較時間之長短。

8. 觀察到時鐘及日曆可用來記錄時間，並用時間做記錄。

9. 觀察到季節之變換。

10. 會使用時鐘。

11. 會看日曆及月曆。

12. 能依照功課表或作息表作息。

四、空間

1. 把物品組合在一起，以及分開（例如：樂高積木）。

2. 把一些物品重新組合（例如：摺、轉、拉、堆、綁），並觀察組合後在空間中所呈現之不同現象（例如：不同的形狀、不同的平面，如摺紙後形狀的改變）。

3. 從不同的空間（例如：室內、戶外）角度觀察事物。

4. 經驗及描述物品之間的位置（例如：中間、旁邊、上下、左右）。

5. 經驗及描述人、事、物動作的方向（例如：進入、出去）。

6. 經驗及描述事物間之位置及距離（例如：遠、近、在一起）。

7. 經驗及了解自己的身體（例如：身體部位的位置及不同部位的功用）。

8. 認識周圍環境（例如：教室、學校、鄰居）中各種事物的位置及關係。

9. 描述圖畫及相片中空間之關係。

10. 認識物體各個部分及從部分認出全部。

11. 認識及表現物體在空間中排列的次序。

12. 經驗及了解對稱之意義。

五、主動學習

1. 充分使用學校的設備（例如：圖書室、操場、戶外場）。

2. 經由感官主動探索、認識各種物品及材料的功能及特性，並正確操作（包括：玩具及教具）。

3. 藉由經驗了解物體間的關係（幫助幼兒發現關係）（例如：把水放入冰箱，發現結冰；退冰融化成水，發現水會變冰，冰會變水）。

4. 預測可能發生之問題（含情緒問題），並解決問題。

5. 操作、轉換及組合材料（例如：操作及組合積木）。

6. 能選擇材料及活動，並表現出學習的興趣及需求。

7. 使用教室器材設備，以增進其學習（例如：玩具、錄音設備、電腦、DVD放映機、遊樂器材、音響）。

8. 充分使用小肌肉（例如：剪、貼……）。

9. 在教室及戶外場間自由的活動（充分使用大肌肉，例如：跑、跳、走、爬樓梯、溜滑梯）。

六、聽及理解

1. 傾聽。

2. 理解並遵守指令。

3. 喜歡聽故事。

4. 能理解看到的圖（經由各種方式及情境）。

5. 能理解字詞（從熟悉的情境à各種不同的情境à書上）。

6. 能理解聽到、看到的句子（從日常生活及書上）。

7. 理解故事中的細節及內容。

8. 能做圖與人、事、物的配對。

9. 能照順序排圖片（包括：各種相片、卡片、圖片及廣告單）。

10. 能分辨現實與幻想。

七、說

1. 和他人談或分享自己的經驗。

2. 描述人、事、物間的關係。

3. 表達自己的需要、喜好、感覺。

4. 讓他人把自己的想法寫下來並讀出來。

5. 讓語言成為有趣的活動（經由唱兒歌、故事、童詩等）。

6. 模仿及描述周圍之聲音。

7. 問問題。

8. 講故事（按順序）。

9. 回答問題。

10. 會表示繼續或希望再多一點（例如：製造一些聲音或動作來表示他還要吃或玩）。

11. 會選擇並說出自己選擇的人、事、物。

12. 會要求（例如：會要求物品、食物、活動、協助）。

13. 會召喚他人（例如：會以手勢或語言召喚他人）。

14. 會拒絕（例如：會表示要停止某些事，或不要某些事開始）。

15. 會向別人打招呼。

16. 會使用電話。

17. 適當的與他人溝通（例如：輪流保持注意力並切合主題）。

18. 會提供個人身分的資料（例如：姓名、地址、電話號碼）。

八、閱讀

1. 重複大人讀給他聽的內容（例如：故事）。

2. 認識及讀出字之拼音，並用音來記字（說出同音開頭的字）。

3. 讀出自己寫的故事。

4. 讀出字的連結（例如：名字、常見物品）。

5. 閱讀句子。

6. 對書感興趣。

7. 會認識及讀出常見的符號（例如：交通標語、洗手間、文字、布列斯符

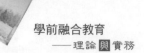

號）。

8. 能主動閱讀並從閱讀中獲得訊息。

9. 會閱讀及使用媒體資源（例如：報紙、電話簿、字典）。

10. 能讀常用的字及了解其構造。

11. 閱讀常見的、可用的訊息（例如：卡片、書、雜誌、溝通卡、作息表、食譜、工作順序卡上的字）。

12. 自己選書及選擇喜歡的書。

13. 有目的地尋找書中的圖片。

14. 能閱讀簡單的短文及故事。

15. 能把相同的字詞句子配對。

九、寫

1. 寫出自己的經驗。

2. 從寫故事及文章中，表達自己的想法及感受。

3. 寫便條。

4. 會寫出個人的資料（例如：姓名、地址、電話號碼）。

5. 會寫字、語詞及句子。

6. 貼字代替寫。

7. 蓋印代替寫。

十、經驗及表達想法

1. 用語文或其他方式表現出想法。

2. 把圖片上看到的東西聯想到真實之事物。

3. 經由角色扮演及藝術創作表現自己的情感。

4. 討論及分享自己及他人的意象（representation），能把看到、聽到或感覺到的呈現出來。

5. 用繪畫及創作表達自己的想法。

6. 把自己的話記錄下來及讀出來。

7. 把郊遊或旅行的心得，用繪畫、建設模型或寫作表現出來。

十一、照顧自己的需要

1. 能獨立吃及喝。

2. 能用手指食物。

3. 能使用合適的餐具進食（例如：筷子、湯匙）。

4. 能穿脫衣服。

5. 會選擇合適的衣服穿。

6. 會如廁。

7. 會照顧自己的清潔衛生（例如：刷牙、洗臉、洗手、洗澡等）。

8. 會準備食物。

9. 會使用自動販賣機。

10. 會上下學及使用大眾運輸工具。

11. 會自己撿起掉落的物品。

十二、社會學習

1. 能主動引發、持續及終止社會互動。

2. 能和不同年齡、背景的人產生互動。

3. 能扮演家庭、社區及學習中的各種角色及事物。

4. 能享受參觀旅行的活動。

5. 能接受他人的協助。

6. 對他人能提供協助。

7. 能與他人分享。

8. 能安全地在社區活動（例如：公園、教室）。

9. 能輪流。

10. 能到餐廳（例如：麥當勞）用餐。

11. 能協助家中或學校的工作。

12. 能參與購物及消費。

13. 參與課外活動。

14. 參與小組活動。

15. 參與靜態與動態團體活動（例如：團體遊戲、運動等）。

16. 會區分與熟悉的人及陌生人之互動方式。

17. 能適當的回應人、事、物。

18. 能獨處，或與人共處時，能保持合宜的社會行為。

19. 能獨自從事動態及靜態的活動（例如：看電視）。

20. 能適應日常作息活動的轉移。

21. 適應休息中不可預期的改變。

22. 會整理或看管好個人物品（例如：玩具、文具用品）。

23. 可以獨自完成遊戲／工作，沒有挫折感。

24. 能和他人一起玩或一起工作。

25. 能和殘障同儕互動及工作。

26. 會對警告或危險的訊號有反應（例如：聽到警報器響時，會逃離）。

27. 會選擇喜歡的物品、卡通節目、人、娛樂項目。

28. 會遵守團體的規則。

十三、科學

1. 照顧動物。

2. 養植物。

3. 觀察氣候變化。

4. 觀察及描述一些變化。

5. 探索自然環境。

6. 蒐集自然界的東西。

7. 問問題及做結論。

國家圖書館出版品預行編目（CIP）資料

學前融合教育：理論與實務 / 吳淑美著.
-- 初版. -- 新北市：心理, 2019.09
面；　公分. --（障礙教育系列；63158）
ISBN 978-986-191-882-2（平裝）

1. 融合教育　　2. 學前教育

529.5　　　　　　　　　　　　　108014677

障礙教育系列 63158

學前融合教育：理論與實務

作　　　者：吳淑美
責任編輯：郭佳玲
總 編 輯：林敬堯
發 行 人：洪有義
出 版 者：心理出版社股份有限公司
地　　　址：231026 新北市新店區光明街 288 號 7 樓
電　　　話：(02) 29150566
傳　　　真：(02) 29152928
郵撥帳號：19293172　心理出版社股份有限公司
網　　　址：https://www.psy.com.tw
電子信箱：psychoco@ms15.hinet.net
排 版 者：辰皓國際出版製作有限公司
印 刷 者：辰皓國際出版製作有限公司
初版一刷：2019 年 9 月
初版二刷：2021 年 10 月
I S B N：978-986-191-882-2
定　　　價：新台幣 480 元